Nicolaus Lenau, Sophie Löwenthal

Lenau und Sophie Löwenthal

Tagebuch und Briefe des Dichters nebst Jugendgedichten und Briefen an Fritz

Kleyle

Nicolaus Lenau, Sophie Löwenthal

Lenau und Sophie Löwenthal
Tagebuch und Briefe des Dichters nebst Jugendgedichten und Briefen an Fritz Kleyle

ISBN/EAN: 9783743690844

Hergestellt in Europa, USA, Kanada, Australien, Japan

Cover: Foto ©Thomas Meinert / pixelio.de

Weitere Bücher finden Sie auf **www.hansebooks.com**

o

Lenau

und

Sophie Löwenthal.

———

Tagebuch und Briefe des Dichters

nebst

Jugendgedichten und Briefen an Fritz Kleyle

herausgegeben von

Ludwig August Frankl.

———

Mit Lenaus und Sophiens Porträt und der Abbildung des
Lenau-Denkmals in Wien.

Stuttgart 1891.
Verlag der J. G. Cotta'schen Buchhandlung
Nachfolger.

Inhalt.

		Seite
Vorwort		V
Einleitung		VII
Tagebuch		1
Sophie		183
Fritz Kleyle		211
Gedichte an Sophie		249
Denkmale		262

Vorwort.

Dem Sohne Sophiens Arthur sind nach dem am 9. Mai 1889 erfolgten Tode seiner Mutter die hier vorliegenden Tagebuchblätter und Briefe Lenaus zugefallen. Er beschloß, in Ausführung des Willens der Hingeschiedenen, dieselben der Oeffentlichkeit zu übergeben.

Mit der innigen Freundschaft, die mich durch Dezennien mit Lenau verbunden hat[1] und meinen freundlichen Beziehungen zum Familienkreise Sophiens bekannt, gewährte er mir Einsicht in den litterarisch merkwürdigen und biographisch wichtigen Nachlaß derselben. Zugleich sprach er den mir ehrenvollen Wunsch aus, die Manuskripte zu ordnen, da, wo es nötig ist, mit erklärenden Noten zu versehen, das Leben Sophiens zu schildern und die Herausgabe des Ganzen zu besorgen, wobei er in pietätvollster Teilnahme für das Unternehmen dasselbe durch einzelne Daten aus seiner Erinnerung zu unterstützen versprach.

Diesem hier nunmehr vorliegenden Nachlasse schließt sich eine Anzahl von Briefen an, die Lenau an seinen Jugendfreund, Fritz Kleyle, gerichtet hat. Anastasius Grün beklagt es in der von ihm verfaßten trefflichen Biographie Lenaus,[2] daß über dessen erste Studienzeit so wenig be=

---

[1] „Beitrag zur Biographie Nikolaus Lenaus." Wien 1853. II. vermehrte Auflage. Wien, A. Hartleben 1885.
[2] „Lenaus sämtliche Werke." Stuttgart, J. G. Cotta 1881.

kannt ist, und seine ersten poetischen Versuche, um an ihnen die Entwicklung des Dichters studieren zu können, nicht erhalten sind. Glücklicherweise ist dem nicht so. In den hier mitgeteilten Briefen ist nach beiden Richtungen hin ein kostbares, die Biographie des Dichters ergänzendes Material, in überraschender neuer Beleuchtung ein Bild seines Jugend- und Liebeslebens geboten.

Noch ist eine kurze Erklärung der diesem Buche angefügten Illustrationen zu geben:

Lenau lud seine Freunde ein, um ihnen die eben vollendete Faustdichtung vorzulesen. Es waren versammelt: Bauernfeld, Baumann, Feuchtersleben, Frankl, Grillparzer, Hammer-Purgstall, Löwenthal, Withauer, Zedlitz; unter ihnen auch Moriz von Schwind. Während Lenau, sich über sein Manuskript niederbeugend las, zeichnete er dessen Bildnis. Es ist das ähnlichste unter allen von Danhauser, Franck, Kriehuber, Rahl, Frau Reinbeck, Staub gemalten, indem es den ihm eigenen, von den Eltern her ererbten magyarischen Typus wiedergibt. Nach dieser genialen Zeichnung — ein in meinem Besitze befindliches bisher unbekannt gebliebenes Unikum — ist es dem vorliegenden Buche beigegeben.

Ebenso die Nachbildung eines Aquarellporträtes Sophiens, das sie als Frau im Alter von siebenundzwanzig Jahren darstellt, vom Maler Andreas Staub gemalt ist. Leider kann eine Heliogravüre nach einem Aquarelle den Farbenreiz desselben und die Schönheit des Originals nicht wiedergeben.

Ueber die Abbildung des in Wien auf dem Schillerplatze errichteten und hier beigegebenen Monumentes enthält der Abschnitt „Lenau-Denkmale" das Nähere.

Wien, im Mai 1891.

Frankl.

Einleitung.

"Wenn ich einmal tot bin und Du liesest diese Zettel, wird Dir das Herz wehthun. Diese Zettel sind mir das liebste, was ich geschrieben habe. So unüberlegt sind mir dabei die Worte aus dem Herzen aufs Papier gesprungen, wie ein Vogel aus dem Nest fliegt. Wer mich kennen will, muß diese Zettel lesen."

Lenau.

So schreibt Nikolaus Lenau, und die Frau, an welche diese Zettel gerichtet und deren Eigentum sie sind, fühlt sich, nach seinem eignen Ausspruch, nicht berechtigt, seinem Volke die Kenntnis eines solchen Mannes vorzuenthalten; hoffend, es werde, was aus dem wärmsten, besten Herzen kommt, auch eingehn in das warme gute Herz der Oestreicher. Möge dieses große Lieben und dieses große Leiden seine Stätte finden bei Mitfühlenden, möge kein Fuß mit rauher Sohle sein zu früh geschlossenes Grab treten und keine Hand, der vermoderten Hand des Dichters, etwas andres nachwerfen als ein Blumenblatt.

Sophie.

Eine Furcht, nicht viel kleiner als die vor Deinem Tode, hast Du heute mit Deiner himmlischen Milde aus meinem Herzen gebannt, die Furcht, an Deiner Achtung etwas zu verlieren. Ich achte kein menschliches Wesen so hoch wie Dich, und ohne Deine Gegenachtung müßte mein Herz verkümmern. „Freudig kämpfen und entsagen", das sind Deine Worte, und Du bist mir groß genug, mich an Dir aufzurichten, o Du Herrliche! Liebe! Liebe!

Wien, Mehlmarkt,[1] April 1836.

Heute warte ich umsonst auf meine Nachtigall. Vielleicht ist sie gestorben. Es ist nach Mitternacht; da schlug sie sonst am lautesten und goß mir ihr Lied so tief in meine Wunde und rief alle meine Sehnsucht auf, nach Dir! Heut ist sie still, nur der Brunnen rauscht, und das Wasser zieht auch ohne ihr Lied, wie das Leben thut, wenn ein Dichter stirbt. Es gibt Augenblicke, wo Du gegen mich erscheinst, als ob

---

[1] Der Platz heißt jetzt „Neuer Markt", auf welchem der mit plastischen Gestalten geschmückte Brunnen von Raphael Donner steht, auf den im Briefe angespielt ist. Lenau wohnte im Hotel „Zur Mehlgrube", jetzt Hotel Munsch genannt, vier Treppen hoch.

die Quelle Deiner Freuden, die Dir rauscht im frischen Leben Deiner Kinder, ebenso fröhlich fortrauschen würde ohne mich, wie da unten der Brunnen ohne die Stimme der Nacht.

In solchen Augenblicken ist meine Liebe nicht schwächer, aber ich fühle sie als brennenden Schmerz, den ich Dir, zumal in Gesellschaft, hinter dem verberge, was Du Hohn nennst. Und es mag kommen, daß ich dann mich fortsehne von Dir und der ganzen Welt, denn Du bist mir so sehr das Aeußerste meiner Wünsche und Empfindungen geworden, daß ich mich von Dir nirgends hin sehnen kann, als in den Tod.

Und selbst diese Sehnsucht, der ich in den letzten Tagen recht nachhing, ist mir durch den Wunsch und die Hoffnung erträglich, daß ich Dich dort wiederfinde und daß Du mich dort nicht mehr betrüben wirst. O wärest Du jetzt bei mir! O liebe, liebe Sophie!

Reichenau[1] 1836, Juli, Samstag abends.

Soeben bin ich im Wirtshaus Wasnixens angekommen. Mein Kopf ist vom Fahren etwas eingenommen, und mein Herz von Sehnsucht nach Dir. Meine Reise war völlig einsam und ungestört. Zu Wiener-Neustadt hielt ich mein Mittagsmahl, umschwärmt von zahllosen Fliegen und verdrießlichen Gedanken. Nach dem Essen ging ich ins Gärtchen am Gasthaus und hatte da einige Gedanken der Erheiterung. Nun aber kommen andre, die ich gewaltsam niederdrücken muß, wenn ich nicht morgen zu allgemeinem Gelächter wieder

---

[1] Marktfleck am Fuße der Semmeringbahn und des Schneeberges.

in Penzing¹ erscheinen will. Eine würde freilich nicht la=
chen. — Bald ist die Stunde unsres gewohnten Spazier=
gangs. Denk an mich, wenn Du an unsre Bank kommst.
Dieses Brett möchte ich einst zu meinem Sarge haben. O
liebe Sophie! — Es ist sieben Uhr und schon dunkel in
dieser Bergstube. Ich werde hier lange Nächte haben. Wärst
Du da! ich bin sehr traurig.

---

24. Juli, Sonntag nachmittags.

Wie sehr meine Liebe zu Dir gewachsen, kann ich jetzt
ermessen. Nie war mir die Trennung von Dir so schwer
gefallen, wie diesmal. Wenn mich die Zukunft zwingen
sollte, Dich auf längere Zeit zu verlassen, so wird sie mich
sehr unglücklich machen. Mein Leben ohne Dich ist ein fort=
währendes stilles Bluten meines Herzens. Nur mit der
äußersten Selbstüberwindung kann ich arbeiten. Mein Sa=
vonarola wird unter tausend Schmerzen entstanden sein;
wenn er je fertig wird.

---

24. Juli, abends.

Ich habe einige Strophen geschrieben und einen Spazier=
gang gemacht. Dicht hinter dem Wirtshaus erhebt sich in
einem schönen und sehr ernsten Felsenkessel der Steig nach
dem Schneeberg. Im Thal sind freundliche Baumgruppen,
die den Blick von den düsteren Klippen versöhnend herunter=
locken. Große Stille ist in diesem Thale, da ist manche

---

¹ Vorort, jetzt zu Wien einbezogen, neben dem kais. Lustschlosse
Schönbrunn, wo Sophiens Eltern eine von einem parkartigen Garten
umgebene Villa besaßen.

heimliche Stelle, wo ich Dich gern hinführte, auch manche Bank im Walde, wo wir sitzen könnten und uns selig plaudern.

Soeben schickte mir meine Wirtin, eine sehr gutmütige und dienstfertige Frau, frische Erdbeeren. So gut werden sie mir aber nicht schmecken wie jene, welche ich an Deiner Seite aß, des Morgens, in Deinem noch unaufgeräumten Zimmer, in Deinem lieben Kindertumulte, von Zeit zu Zeit angestrahlt von Deinem Blicke.

———— ————

25. Juli, abends.

Ich habe heute viel gearbeitet, aus mir heraus und in mich hinein. Einsam bin ich hier, ganz einsam. Aber ich vermisse in meiner Einsamkeit nur Dich. Nur Du bist mir unersetzlich durch die schöne Natur, durch den Verkehr mit großen Geistern, wie Platon, den ich fleißig lese, ja selbst durch die beglücktesten Stunden meines Kunstlebens. Denn Du bist mir die wunderbare Vereinigung alles besten und die lebendige Fülle alles Wahren und Schönen, das mich warm und unmittelbar anweht in Deiner Nähe, o Du geliebtes Weib! Ich verdanke Dir auch mehr, als meinem ganzen Leben ohne Dich. Die Liebe hat die Welt erschaffen, und nur durch die Liebe lernen wir sie begreifen. Meine Schuld an Dich ist unermeßlich wie die Welt, die einst verlorene, die Du meinem Herzen wieder geschenkt. O könnte ich Dir vergelten und Dich auch ein wenig glücklich machen! Du!

———— ————

26. Juli.

Wenn Du nur da wärst, liebe Sophie! Wie unrecht Du mir immer thust, wenn Du meinen Gedanken vom Blockhaus nicht glauben willst, das war mir zwar immer gewiß, hier aber wird es mir sonnenklar, denn mir geht hier gar nichts ab, als Du, und mit Dir möchte ich mein Leben beschließen zwischen diesen Felsen. Soeben spielte ein Bursche unsres kleinen Gehöftes einen Ländler auf der Zither, dabei fiel mir meine Guitarre ein, die mir nie so lieb gewesen ist, als seit ich weiß, daß sie Dir gefällt, und die ich darum auch kultivieren will, wenn ich wieder in Penzing und Wien bin bei Dir. Wie freue ich mich auf unsre Lektionen im Winter.

Von Deiner Grillage verzehre ich eben das letzte Stück zu einem Glas Wein. Hättest Du mir nur mehr mitgegeben; aber Max,[1] den ich hier einen unberufenen Küchenkrittler schelten muß, hat Dich ganz eingeschüchtert mit Deiner doch so köstlichen Grillage.

Schlechtes Wetter hab' ich. Wind, Regen, Kälte, selten eine gute Stunde. Das Arbeiten geht gut.

27. Juli.

Ja, liebe Sophie, mit dem Arbeiten ginge es hier freilich, aber es ist mir doch jeder Tag aus dem Leben ge=stohlen, den ich ohne Dich verlebe, und so schön hat noch kein Sterblicher Verse gemacht, daß sie einen Blick von Dir ersetzen könnten. Ich will nur sehen, ob Du nicht, wenn wir wieder beisammen sind, über meine Gebirgsverse sagen wirst: „Das ist alles nur Zufluchtspoesie, so in der Not gemacht, weil ich Dir fehlte." Ich mache jetzt fort aus Vorsatz. Ich habe mir fest vorgenommen, in den drei Wochen meines Exils ein gewisses Stück wegzufertigen, und jetzt

---

[1] Der Gatte Sophiens.

treib' ich's Rößlein fort durch dick und dünn. Vielleicht kriegen die Rezensenten hellere Augen, wenn ihnen mein Rößlein etwas Rot hineinspritzt. Man kann nicht wissen, wovon so ein Rezensent gescheit wird. — Ich habe mein Fenster offen und belausche beim Schreiben zwischendurch den Ochsenknecht, der allerliebst auf der Maultrommel spielt. Maultrommel und Aeolsharfe haben doch den zartesten, verschwebendsten, geisterartigsten Ton.

28. Juli.

Ich werde es hier nicht mehr lange aushalten. Ist auch die Gegend herrlich und mein Aufenthalt hier so ungestört und poetisch, als ich ihn wünschen kann: wenn die Abendstunde kommt, dann genügt mir nichts mehr und ich möchte nur bei Dir sein. Wenn ich hier in der schönen Gebirgsgegend wandle und mich in den Anblick verliere, so fällst Du mir plötzlich ein und wie es wäre, hier mit Dir zu sein, da überfällt mich eine Wehmut, und um so schmerzlicher, je schöner die Gegend ist und das Leben, welches wir hier leben könnten. Ueberhaupt habe ich seit dieser Trennung eine wehmütige Empfindung, wenn ich Deiner gedenke, wie früher nie.

Stuttgart, Juli 1836.

Mein Leben hier ist ungeachtet der großen Liebe, mit welcher mich meine Freunde und Hausgenossen in ihrer Mitte halten, nur ein halbes. Es hat eine wehmütige Wirkung auf mein Herz, daß ich unfähig bin, die Freude meiner Freunde zu erwidern.

Meine Liebe neigt sich hinaus in die Ferne nach Dir,

sie lauscht und horcht nach Dir und starrt nach Dir in die Ferne, und achtet aller Liebe nicht, von der sie umgeben ist in der Nähe. Ich bin wahrlich krank. Ich denke immer nur an Dich und an den Tod. Mir ist oft sehr ernstlich zu Mute, als ob meine Zeit abgelaufen sei. Ich kann nicht dichten, ich kann mich an nichts freuen, nichts hoffen, ich kann nur an Dich denken und an den Tod. Neulich schrieb ich Dir, Du möchtest Deine Gesundheit pflegen, und habe selbst so wenig Lebensmut. Ich kann Dir einen Gedanken nicht verbergen, der seit einiger Zeit dunkel und immer dunkler meine Seele überschattet. Es drängt mich zu suchen, was ich wünsche. Doch das wird vorübergehen. Wenn ich Dich nur erst wiedersehe, o Du mein Liebstes!

---

10. August 1836, Wien.

Der gestrige Tag war mir der längste meines Lebens. Jetzt weiß ich erst recht, was Angst ist, quälende, rastlose Angst. Ich wollte schreiben und es ging nicht, und auch heute muß ich mich dazu nötigen, um Wort zu halten. Ist sie nicht krank? Das ist der Gedanke, der einzige, dessen ich fähig bin, seit ich Dich im Vorüberfahren an Deinem Fenster stehen sah. Als Du so müde und schwach zusammenbrachst auf Deinem Sofa und mich mit einem Blicke tiefsten Leidens ansahst, ward mir im Herzen, als ob mein ganzer Himmel zusammenbräche, ich fühlte mich im Innersten geschlagen und gebeugt. Es zog mich heftig, zu Deinen Füßen zu sinken, da sagtest Du, ich solle gehen, und ich ging. Wenn ich Dich verlöre, könnte mich Gott trösten?

Ich kann nicht an Gott denken, ohne an Dich zu denken,

und er würde mir die Wunde noch tiefer aufreißen. Ich
würde sterben, das ist gewiß. Wenn er Dich mir nimmt,
so nimmt er meinem Leben den Boden weg unter meinen
Füßen, er nimmt meinem Herzen Speis' und Trank, er
nimmt mir die Luft, in der ich atme, er will nicht mehr,
daß ich lebe. O wäre es schon zwölf Uhr!

Penzing, Oktober 1836.

Ein Gespräch wie unser heutiges erschien Dir seltsam
zwischen einer Frau und einem Manne; ich finde es in
unserm Falle gut und recht. Mir gewährt es großes Ver=
gnügen, Deinen Gedanken nachzuspüren bis an ihren Ur=
sprung, denn noch jedesmal traf ich auf die reinste Quelle,
daraus sie geflossen. Verständigungen dieser Art sind freilich
nur bei wenigen Frauen zu wagen, bei den andern käme
man zuweilen auf Moor und Sumpf, wo keine Blumen
mehr zu pflücken sind, sondern der Fuß ins Verderben sinkt,
in das Trostlose, Bodenlose der Nichtachtung. Gefährliche
Streifzüge für andre, sind solche Gespräche für uns nur
neue Bekräftigungen des Vertrauens. Scheue Dich ja nie,
mir Dein Inneres aufzuschließen, ich habe mir aus den
Tiefen Deines Gemütes jedesmal Freude und erhöhte Liebe
geholt. Auch heute erging es mir so.

Penzing, 4. Oktober 1836.

Es ist mir nicht mehr möglich, diese lustige Tanzmusik
zu hören, die mich anklingt wie aus einer längstverlorenen
Welt. Mein Herz versteht die Freude nicht mehr, ja es

glaubt nicht einmal mehr recht an die Freude, und so ein
Ball kommt mir zuweilen vor wie eine tanzende Heuchelei.
Je lauter sie sich freuen da draußen, denn sie freuen sich
doch — desto trauriger wird es hier innen, und ich muß
mich davonschleichen mit dem, was ich im Herzen trage,
und was niemand kennt und versteht als Gott, Du und ich.
Aber wir drei wollen recht fest zusammenhalten und das
arme Kind, die weinende Waise, schützend in unsre Mitte
nehmen, unsre Liebe. — Ich bin in meiner Stimmung auf
den Punkt gekommen, daß mir Einsamkeit not thut. Solang ich mit andern noch still und finster bin, steht es mit
meiner Stimmung noch nicht so schlecht; kann ich aber bei
innerem Verdrusse heiter und gesprächig sein, dann leide
ich am meisten. Dann ist es der Schmerz, der sich einsperrt
wie ein Falschmünzer und den Leuten, wenn sie an seine
Thüre kommen wollen, seine gesprächigen Kinder entgegen-
schickt, die den störenden Besuch von der Pforte ablenken,
während der finstere Alte drinnen sitzt und hämmert. O
meine Sophie! was schreib' ich Dir da wieder für dumpfes
Zeug. Werde nicht traurig, es geht ja auch vorüber. Das
arme Kind, die weinende Waise, hat mich heute gar zu sehr
erbarmt. Doch es wird ja wieder lächeln, habe nur Geduld
mit ihm. Bleibe Du heute nicht lange auf, liebes Herz,
geh zur Ruhe, sobald Du abkommen kannst, ich werde mich
auch bald legen. Max ist sehr gut, und mich freut es innig
und tröstet mich am besten, daß wir sein schönes Vertrauen
nicht mißbraucht haben. Schlaf wohl, mein Liebstes, und
träume Dich in eine Welt, wo unsre Liebe gilt in ihrem
ewigen Rechte. Gute Nacht! —

Ich habe vergeſſen, Papier herüberzunehmen und finde
nichts als dieſen Brief in meinem Spiegel, um Dir darauf
zu ſchreiben. Ich hätte nicht gedacht, daß dies Blatt einſt
noch zum Träger meiner innigſten Herzensworte werden
würde, und zwar in dieſem Zimmer. Daß ich jemals in ſolcher
Stimmung an ein Weib ſchreiben würde, war freilich das
Unerwartetſte. Ein hartes Wort zu ſühnen, das meinen
Lippen entfahren, wie in einem wunderlich böſen Traume,
der die Seele nichts angeht, ein Wort zu ſühnen, das Dir
ſo weh gethan hat, dazu hat dies Blatt nicht Raum genug,
dazu will ich mein ganzes Leben verwenden. Das Gefühl
für Dich, das ſchönſte, durchgreifendſte meines Lebens iſt
auch das dauernbſte; mein zerrüttetes und betäubtes Herz
konnte in ſchlimmen Augenblicken das Bewußtſein ſeines
Glücks, ſeines Lebens verlieren — es war ein Scheintod —,
aber mit dem erſten geſunden Pulsſchlag mußte ihm ſein
liebſtes Gefühl mit aller Stärke, mit doppelter Freudigkeit
zurückkehren. O zweifle nicht!

Guten Morgen, liebes Herz. Ich habe eine gute Nacht
gehabt unter dem gemeinſamen Dache. Ich wollte, wir
könnten den Winter dableiben! — Haſt Du heute ſchon an
mich gedacht? Ich habe von Dir geträumt.

———

Den 22. Oktober 1836, am letzten Tage unſeres Zuſammen-
leben in Penzing, abends.

Dein Abſchiedsröslein liegt neben mir auf dem Tiſche
und duftet ſo angenehm, als wollte der heutige Tag ſein
ſchönes Leben in dieſer Blume verhauchen. O es war ein

schöner Tag! Ich habe ihn beschlossen, als ich im Garten von Dir ging. Mir ist es fast lieb, daß ich Dich später nicht mehr allein gesehen habe. Die ungestörten Stunden waren einmal doch schon abgelaufen, und mit ihnen war der Tag vorüber. Fahr wohl, Du schöner Tag! Du flüchtiger Gast aus einer bessern Welt! Ich möchte weinen um Dich. O liebe Sophie! Das ist ein Tag, an dessen Erinnerung sich Dein Herz klammern soll; ich werde ihn feiern jedes Jahr wie Deinen Geburtstag. Ich habe in Deinem Um= gang mehr Bürgschaft eines ewigen Lebens gefunden, als in allem Forschen und Betrachten der Welt. Wenn ich in einer glücklichen Stunde glaubte, jetzt sei das Höchste der Liebe erreicht und die Zeit zum Sterben gekommen, weil ja doch nichts Schöneres mehr nachfolgen könne: so war es jedesmal eine Täuschung, und es folgte eine noch schönere Stunde, da ich Dich noch höher liebte. Diese immer neuen, immer tieferen Abgründe des Lebens verkürzen mir seine Ewigkeit. Ich habe heut in Deinem schönen Auge die ganze Fülle des Göttlichen erblickt. Ich war glücklich wie nie zuvor. Recht deutlich ward mir heute wieder, daß im Schwellen und Sinken des Auges die Seele atmet. In einem so schönen Auge wie das Deinige zeigt sich uns der Stoff, aus welchem einst unser ewiger Leib gemacht sein wird, wie in einer prophetischen Hieroglyphe. Wenn ich sterbe, so geh' ich reich aus diesem Leben, denn ich habe das Schönste gesehen.

Das Abschiedsröslein duftet so angenehm wie ein: Gute Nacht! von Dir — Schlaf wohl, liebes Herz! Be= wahre das zweite Röslein zum Andenken. Es war ein schöner Tag. Ich liebe Dich grenzenlos.

Als ich in Penzing meinen Koffer packte, war mir zu
Mut, als ginge es auf eine weite Reise fort von meinem
Liebsten. Ich habe vor fünf Jahren mit leichterem Herzen
das Schiff bestiegen, das mich übers Meer tragen sollte,
als diesmal den Wagen, der mich aus der Schmiedgasse[2]
trug. Die schöne Zeit ist vorüber. Gestern that mir
das heitere Wetter fast weh, weil ich nicht mehr bei Dir
war. Schurz ist sehr freundlich und vergnügt über unser
Zusammenwohnen. Ich kann mich über nichts mehr freuen,
als über Deine Gegenwart. Gestern früh war ich in der
Stadt, kam zum Essen heraus und blieb dann den ganzen
übrigen Tag allein auf meinem Zimmer, nur besucht von
mancherlei traurigen Gedanken. In meiner Verstimmung
schlug ich Klopstocks Messias auf und las einen Gesang, da
wurde es noch ärger. Dieses breite, nüchterne Abhandeln
religiöser Mysterien gleicht fast den neuen Entdeckungen der
Chemiker, welche in ihren Versammlungen sich die verdichtete
Luft in derben Brocken herumreichen. Viele von den Klop-
stockschen Versen stießen mir gestern auch so ein Stück ver-
dickten Himmel an die Seiten. Doch welches Buch in der
Welt hätte mir gestern gefallen können?

Wien, Schwarzspanierhaus, 27. Oktober 1836.

Guten Morgen, Liebe! in diesem Augenblick mußt Du
schon in der Stadt sein. Das beruhigt mich einigermaßen,

[1] In der Vorstadt Alsterstadt, jetzt VIII. Bezirk, wo Lenau bei
seinem Schwager Schurz wohnte.
[2] Gasse in Penzing.

obschon ich mich in die jetzige Entfernung unsrer Wohnungen noch immer nicht finden kann. Heute nacht schlief ich wieder unruhig. Plötzlich erwachte ich mit dem Gefühle Deiner unmittelbaren Gegenwart, ich glaubte Dich in den Armen zu halten, und es währte lange, bis ich wieder wußte, wo und daß ich allein war. Der gestrige Abend war nur ein flüchtiger Schatten der schönen, vielleicht nie wiederkehrenden Abende in Penzing. Ich werde diesen Ort mein ganzes Leben lang nicht können nennen hören, ohne einen Schnitt der Sehnsucht durch mein Herz.

———————

Wien, Schwarzspanierhaus, 29. Oktober 1836.

Hättest Du gestern Dein Trauerkleid um eine halbe Stunde früher angezogen, so hätten wir uns länger gesehen. Aber Du wartetest damit, bis ich kam. Vielleicht hast Du auch sonst die Trauer erst angezogen, seit ich gekommen. Ich muß gestehen, dieses symbolische Ohngefähr hat mich etwas verstimmt. Wie hast Du Deinen Abend verlebt? Mir ging der meinige verloren. Beim abscheulichsten Wetter nach Hause wandern, ohne Dich recht gesprochen zu haben, war mir ärgerlich. Auch standst Du immer in Deinem schwarzen Anzug vor mir, und ich wünschte fast, Du trügest ihn für mich. Doch nein. Ich will mein Bündel noch eine Strecke tragen, muß ich auch damit an Deinem Grabe vorbei. Vorbei nicht, aber vielleicht bis hin. Ich weiß es nicht. Vorgestern war es viel anders als gestern. Dieses krüppel=haft, abscheuliche Gestern verdient mir gar nicht den Namen eines Tages. Durch solche Zeiten muß man waten, um wieder einmal an eine frohe Stunde zu kommen. Das Leben ist elend.

————————

Den Gedanken, daß Du mir viel bist, so viel, daß mir ohne Dich alles andre nichts wäre, laß nicht fort, Du liebes, gutes Herz! Ja, Du bist mir viel. Du bist der innerste Kern meiner ganzen Lebensgeschichte, und wenn der Nerv Deines Daseins zerschnitten wäre, wie Du schriebst, so wäre auch mein Leben entzwei. Du warst gestern sehr liebenswürdig bei Tisch, als Du so freundlich und schonend mich zu sprechen nötigtest. Ich wäre gern mit Dir nach Haus gegangen. Heute seh' ich Dich. Willst Du den Görres wirklich kennen lernen? ich habe eine gewisse Scheu, Dir dieses Buch zu bringen. Ein Kriterium, ob ein Buch von den ganz echten und guten sei oder nicht, ist mir mein Gefühl, ob es mich drängt, dieses Buch D i r zu bringen, oder nicht.

————————

November 1836.

Du hast mir heute abend Unrecht gethan, da Du glaubtest, ich sei wieder zurückgefallen. Ich war es nicht und werde es nicht. Solcher entsetzlicher Stimmungen kann es nicht zwei geben in einem Menschenherzen. Es gibt nur einen Teufel in der Liebe, und ich habe ihn abgethan. Es ist eine klare Ruhe in mir wie nach einem Gewitter in der Luft. Vor gewissen Gedankenreihen habe ich jetzt einen Abscheu, daß ich gewaltsam absspränge, wenn sie sich einstellen wollten. Ich bin mir selbst unheimlich geworden in meiner

Leidenschaftlichkeit. Mein Fehler ist, daß ich die Sphäre der
Poesie und die Sphäre des wirklichen Lebens nicht auseinander
halte, sondern beide sich durchkreuzen lasse. Gewohnt, in
der Poesie mich dem Zuge meiner Phantasie zu überlassen,
thu' ich ein Aehnliches auch im Leben, und es geschieht, daß
in Momenten der Selbstvergessenheit diese, vielleicht zu viel
geübte Kraft aufstürmt und ihre eigenen schönsten Gebilde
verheerend niedertritt. Ich bin überhaupt ein sehr schlechter
Oekonom; auch in der Oekonomie meiner Seelenkräfte habe
ich zu wenig Berechnung, Maß, Ordnung.

Hier gilt Dein Wort: „Es ist nichts mit so einem
Dichter." Ich bin ein Melancholiker. Der Kompaß meiner
Seele zittert immer wieder zurück nach dem Schmerze des
Lebens. Vielleicht kann mir alle Religion und Liebe nicht
weiter helfen, als diesen Schmerz zu verklären.

Doch wisse, daß einem solchen Menschen die Augenblicke
einer wahren heiligen Liebe tiefe Einschnitte zurücklassen.
Hier wird nichts obenauf gemalt, sondern alles eingeätzt, ge=
graben und geschnitten. Dein Bild aber und unsre schönen
Stunden sind meinem Herzen eingezeichnet mit der Schärfe
und Treue des Unglücks, denn unsre Liebe ist unglücklich.

November 1836, Wien.

Mir ist es jetzt so klar im Gemüte, wie die Luft nach
einem Gewitter klar ist, und ich meine weit hinauszublicken
in unsre Zukunft; es ist eine schöne Zukunft. Die Liebe
ist die stärkste Macht im Himmel und auf Erden, sie hat
die Welt erschaffen und erhält und bewegt sie ewig; sie hat
sich unsrer Herzen bemächtigt und alles, was ihr entgegen

ift, muß verbrennen und vernichtet werden, wie ein Stroh=
halm in den brennenden Vulkan geworfen. Sophie! wenn
etwas Fremdes an mir war, das sich von Dir reißen wollte,
so hat sich dagegen mein eigentliches wahrhaftes Wesen um
so fester an Dich geklammert. Mein Innerstes war immer
fest mit Dir, alles andre waren nur äußere, anklebende
Gedanken, und das Feindliche mußte nur dazu dienen, die
Liebe noch mehr in mir zu befestigen.

Es ist zu Schanden geworden wie alles, was gegen
die Liebe ankämpft in der Welt. Sophie! Du hast mich
öfter gefragt: Was denken Sie jetzt? und ich hatte gerade
in den seligsten Momenten gar nichts gedacht, sondern war
untergegangen in meiner Liebe, wie in Gott zur Zeit des
Gebetes. Die Liebe ist über jeden Ausdruck, weil sie weit
hinaus ist über jeden Gedanken. Darum kann ihr auch,
wenn sie wahr ist, kein Gedanke schaden. O Sophie, Du
hast mich heute überzeugt, daß mir nichts bei Dir schaden
kann, keine Erinnerung. Du liebst mich, Du mußt mich
lieben als Dein bestes Werk. An Dir haben sich meine
erstorbenen Hoffnungen und Freuden wieder aufgerichtet zu
einem neuen und schönern Leben, Du bist mein Trost, meine
Lebenswärme, meine Offenbarung, Dir danke ich meine
Versöhnung hier und meinen Frieden dort. O Sophie,
laß uns recht zusammenhalten, getreu und freudig, immer,
immer.

Dezember 1836.

Ich hoffe, Du schläfst schon, indem ich Dir dieses schreibe.
Im Augenblicke haben Theres [1] und Schurz mein Zimmer

---

[1] Lenaus Schwester, Schurz' Gattin.

verlassen. Gott gebe Dir eine gute Nacht. Ich fühle eine wehmütige Freude, gedenke ich des heutigen Abends. Unser Zusammensein war so traulich und innig, aber du warst auch so matt und gedrückt.

Guten Morgen, Sophie! Diese Nacht bin ich öfter auf= gewacht. Mein kleines Rotkehlchen ist einigemal von seinem Sitze aufgeflattert und im Zimmer herumgeflogen. Es hat mich geweckt, denn mein Schlaf ist jetzt sehr leicht störbar. Doch hat mich der liebe Vogel nur geweckt, um an Dich zu denken, und so mag er seine Störungen forttreiben.

Als er so im Zimmer herumflog, war mir wirklich, als rauschten seine Flügel Deinen Namen. Wenn ich nur schon wüßte, wie Du heute nacht geschlafen und wie es Dir geht.

Ich wiederhole Dir, liebe Sophie: Deine Natur ist so edel und rein, daß Du Dich ihrem Zuge getrost überlassen darfst, so wie ich ihr Dein und mein Glück mit großer Be= ruhigung anvertraue. Werde nicht irre an Dir selbst. Du bist eine sehr tugendhafte, fromme, liebe Frau. Du brauchst über Deinen Wert nicht ängstlich zu grübeln. Ich hätte Dein sinnendes Wesen bedenken und eine mürrische Grille verschweigen sollen, die längst vorüber war, als ich sie aus= sprach, übrigens aber von Dir mißverstanden wurde, wie ich Dir gestern gesagt. Sei versichert, liebe Sophie! heilig versichert, daß meine Liebe nichts töten könnte, sie ist mit dem unsterblichsten Teil meiner Seele eins geworden, sie würde selbst in dem Falle, daß Du durch ein Wunder zum Unedlen gezogen würdest, nicht enden, sondern ewig dauern und ewig trauern. Wiederhole Dir alle meine Worte von gestern und sei fröhlich und frei. Grüble nicht, sei un=

befangen, strafe mich nicht für meine tote Grille so hart, daß Du Dich selbst quälst, liebes, liebes Herzerl!

Der heutige Morgen hat so trüb begonnen, indem ich wieder einmal ganz den drückenden Zwang unsres Ver= hältnisses fühlte, und er hat so freundlich und glücklich ge= endet, indem mich die Gewalt Deiner Liebe und Deines unbegrenzten Vertrauens über allen Gram des Lebens hin= aushob. O Freundin meines Herzens! Du hast mehr Trost und Balsam in Deiner lieben Seele, als das Leben je Verletzendes für mich haben kann. Dein Herz ist nicht un= sterblich, und das Schicksal könnte mich an dieser verwund= barsten Seite fassen. Tragen wir bescheiden unser Glück, das, wenn es auch nicht voll ist und werden soll, doch als Bruchstück eines Himmels von Freuden mehr wert ist, als das Glück von Tausenden in seiner kümmerlichen Vollständig= keit. Es wäre fast eine Versündigung an Deiner Seele, wenn mir Dein körperlicher Besitz unentbehrlich wäre, und doch ist Dein Leib so schön und seelenvoll in jedem Teile, daß ich wieder meinen muß, ich hätte Deine Seele noch mehr inne, wenn auch Dein Leib mir zufallen dürfte. Sei es wie immer, Du liebst mich, das ist gewiß, und genug, mir das Leben teuer zu machen und meinen Mut zu einem tüchtigen Streben für die Sache der Ewigkeit zu befeuern und aufrecht zu halten. Sei heiter und froh, Du mein liebes, liebes Herz!

9. Dezember 1836.

Du gingst heute mit Deinen drei Kindern spazieren, bist also gesund und hoffentlich nicht mehr so matt wie gestern. Es freute mich dies von Christalnigg [1] zu hören, den ich diesen Nachmittag besuchte. Ich bin heute recht wohl, liebe Sophie. Gestern abend beizeiten bin ich mit meinem Freudenrausche eingeschlafen und hatte eine sehr angenehme, erquickende Nacht. Gestern fühlte ich, wie un= gerecht es ist, wenn ich meinem Leben Vorwürfe mache und es anfeinde. Wie mancher muß von dieser Welt scheiden und hat nicht e i n e n solchen Augenblick gekostet, wie ich doch schon viele mit Dir gelebt. Und doch, wer weiß, wie bald ich wieder zurückfalle in jene grollende Klage, daß mein ganzes Leben ein unglückliches, verfehltes. Wären wir nicht glücklicher, wenn wir unten im sichern Thale unser Feld bestellen könnten und unsre Kinder pflegen? Jetzt ist unser Leben und unsre Liebe ein unstetes Jagen im Gebirg auf rauhen Felsen; wir müssen den guten Augenblick suchen wie eine flüchtige Gemse, unter beständiger Gefahr, in einen Abgrund zu stürzen. Doch hat unsre Liebe nicht eben da= durch etwas Rührendes und Schönes? War nicht die höchste Liebe, das göttliche Kind, auch auf der Flucht? Unser Pharao, die Welt, wird uns aber wohl immer im Rücken sein, bis wir dahin kommen, wo nur die Liebe etwas gilt und zu sagen hat.

---

[1] Graf Christalnigg wohnte während der Sommermonate, wo Lenau mit seiner Familie im Kleyleschen Hause seine Bekanntschaft machte.

Schurz hat mir soeben 15 Gedichte seiner Arbeit vor=
gelesen, darüber ist es fast Mitternacht geworden. Ich dachte
während des Lesens beständig an Dich, was den Gedichten
nicht günstig war, denn Du bist auf jeden Fall schöner als
diese. Jetzt wirst Du wohl schon schlafen? Ganz klar seh'
ich Dein liebes Antlitz, wie es daliegt, vielleicht von einem
freundlichen Traum leise bewegt.

Vor drei Stunden war ich noch bei Dir, jetzt bin ich
allein. Wieder dehnt sich ein ganzer Tag zwischen uns,
wir sind doch sehr wenig beisammen, und wie gezählt sind
vielleicht unsre Tage. Ich mag nicht daran denken. Freuen
wir uns wenigstens dessen, was wir haben, ganz und un=
gestört. —

31. Dezember 1836.

Ich ging gestern nach Haus mit den schönsten Ein=
drücken. Das Lied von der Nonne, Eurydice waren mir
mit Deinem Bilde zusammengeflossen, und ich that sehr recht,
daß ich mir diese Eindrücke nicht stören ließ durch das nach=
folgende Geklirr der Teller und Messer, und durch wüstes
Durcheinanderplaudern einer unharmonischen Menschenmenge.
Du bist sehr schön, denn ich kann die schönsten Eindrücke
der Kunst mit Deinem Angesichte zusammenhalten, das mir
gestern erschien wie ein stilles Lied Gottes. O, Sophie! ich
liebe Dich unaussprechlich.

Jänner 1837.

Als Du gestern abends am Boden saßest am Ofen,
während ich mit Max sprach, warst Du besonders liebens=
würdig, und ich wäre Dir gerne um den Hals gefallen.

Es war etwas so kindlich Vergnügtes und geheim Zärtliches in Deinem Wesen, daß ich meine Freude an Dir kaum bemeistern konnte. Ich konnte kaum fort von Dir. Ja, Du hast recht, es ist ein Bund auf ewig. Solang mein Herz nicht welk und tot ist, werde ich Dich lieben, und so- lang mein Geist nicht erloschen ist, werde ich Deiner ge- denken; die letzte Kraft meines Gefühls und die letzte Dämmerung meiner Gedanken sind Dein, Du unbegreiflich liebes Weib! O, Sophie, Du Herrliche! Einzige! Wüßten die Menschen, wie glücklich wir sind in unsrer Liebe, so hätten sie nicht den Mut, uns zu stören. Sie würden ein solches Glück, den seltenen Gast auf dieser Erde, mit schonender Scheue nicht betrüben. Aber sie ahnen es nicht, und können es nicht fassen, und der seltene Fremdling erscheint ihnen wunderlich und abenteuerlich. Sie mögen ihre Ansicht be- halten, für die sie nicht können, und wir behalten unser Glück, für das wir auch nicht können. Die Strömung hat uns erfaßt, wir müssen fort, wir müssen. — Heute regnet's wieder einmal tüchtig, und hoffentlich wirst Du verschont bleiben von störenden Besuchen. Der Regen ist für die Felder gut und für unsre Abendstunden. Er ströme reichlich. Der Garten in Penzing hat nächsten Sommer mehr Schatten, und Dein Stübchen hat heute mehr Ruhe, was beides uns zu statten kommt. Er ströme! Wär' es nur schon sieben Uhr! Liebe! Schöne!

20. Januar 1837.

Du warst gestern lange schweigend und in einer für mich peinlichen Beklommenheit. Ich hätte es nicht fünf Minuten länger ausgehalten, ich hätte fort müssen. Wie ein dicker Nebel lag es auf uns und unsrer Liebe, die ganze schöne Vergangenheit verhüllend und keinen frohen Blick gestattend in die Zukunft. Der Zweifel findet bei Dir gleich alle Thüren offen, und Du lockst ihn gern selbst herbei. Wenn Du mein Herz nicht hämmern hörst, daß es zu zerspringen droht, so glaubst Du gleich, es stehe still. Unser vorgestriges Gespräch hätte mich verstimmt und sogar abgewendet? Kleingläubige, hältst Du mich denn für einen rechthaberischen Gecken, der keinen Widerspruch ertragen könne, für einen Geschmackstyrannen? Gibt es was Lächerlicheres und Abgeschmackteres als ein solcher? Du warst in Deinem Widerspruche so gewandt und geistvoll, daß Du mir gerade dadurch sehr liebenswürdig erschienst und weit besser gefielst, als gestern mit Deinen fremden Bedenklichkeiten. Ohne die letztern wäre es gestern noch ganz anders gekommen. Ich hätte mich in dem Winkel (Deiner mißliebigen Neuerung) ausgegrollt, hätte eine Traube genommen und Deine zierlich hergerichtete Zigarre geraucht. So aber war mir alles entleidet.

Du hast den guten Traubenbissen
Und die Zigarre am Gewissen.

Liebes Herz! Sopherl! Zweiferl! warte nur, ich werde Dich schon noch strafen.

In der Nacht vom 25. auf den 26. Januar 1837.

Soeben bin ich aus einem schweren Traum erwacht. Meine Uhr steht, ich habe keine Andeutung von der Zeit, doch bin ich sehr wach und fühle, daß ich nicht wieder ein-

schlafen kann, bevor ich Dir geschrieben. Der Traum war
sehr bange. Es war ein rastloses Herumirren über Treppen,
Gänge, Hallen, wildverwachsene Rasenplätze, um den Aus=
gang zu finden aus einem ungeheuren finstern Turm. Ich
bin froh, daß ich heraus bin. Da liegt Dein letzter Zettel
vor mir. Hat mich der Traum auf den Zettel, oder dieser
auf jenen gebracht? Ich weiß es nicht. In diesem Augen=
blicke aber bin ich sehr wach, und ich will diesen Zettel aus=
lesen. Ist er auch nicht fertig geschrieben, so will ich ihn
in Deiner Seele auslesen. Dieser Zettel also, oder viel=
mehr was ich in Deiner Seele lese, ist aber so traurig, daß
mir's recht lieb wäre, wenn meine Seele aus dem finstern
Turm einen andern Ausgang genommen hätte, als wieder
ins Schwarzspanierhaus. Du liebst mich nicht mehr, wie
einst; das beunruhigt Dich. Du warst in Gesellschaft, die
Welt störte Dich, es gab einen Mißklang. Ich will ver=
suchen, dieses klar zu machen. — Du warst in Gesellschaft
mit andern Weibern, hübschen und angenehmen. Diese
glänzten vielleicht mit ihrer frohen Laune, mit witzigen Ein=
fällen, und es kam Dir vor, als ob Du ihnen nachstündest,
als ob Du von ihnen verdunkelt würdest mit Deinem feier=
lichen Ernst, welchen Du von mir angezogen hast. Nun
erwachte die Eitelkeit, und Du warst verstimmt. Diese Eitel=
keit aber verfolgt Dich noch von den Zeiten Deines lärmenden
Vaterhauses her, wo Du gewohnt warst, eine Schar von
Weibern zu verdunkeln. Nun aber dünkst Du Dir zu ernst,
gleichsam zu schwer für diese Konkurrenz, und das kränket
Dich. Zugleich erwacht das Gewissen der Liebe in Dir, und
Du machst Dir Vorwürfe, daß neben dem Bewußtsein unsres
Bundes noch ein Wunsch nach sieghafter Geltung in Gesell=

schaften bestehen könne. Dieser Wunsch, das fühlst Du, ist ein etwas frivoler Nachbar neben unsrer Liebe in Deinem Herzen. Darum warst Du gestern unzufrieden, benn Du lerntest fühlen, daß Du nicht mehr auf der Höhe unsrer Liebe stehst, auf jener seligen Alpenhöhe, wo Dir einst die Welt unten verschwand, und wohin Dich jene Eitelkeit nicht verfolgen durfte. Das ist vorüber. Ich lösche mein Licht wieder aus. Gute Nacht, liebe Sophie!

———

Den 29. Jänner 1837 nach einem Balle bei Deinen Eltern.

Ich weiß nicht, wie so schnell mir heute nacht die Zeit verging. Vielleicht das gespannte Harren auf einen Augen= blick ungestörten Gesprächs ließ mich der Zeit nicht gewahr werden. Gerne hätte ich Dir manches gesagt, was mir vielleicht nie wieder einfällt. Die Empfindung für Dich bleibt immer dieselbe, aber es gibt glückliche Momente, wo mir ein Wort gelingt, das Dich jenem innigsten Verständ= nisse, jenem unerreichbaren, wenigstens näher bringt. Völlig sagen kann ich Dir's nie, was Du mir bist; ich weiß es selbst nicht, was Du mir alles bist; Dein Wert für mich ist unnennbar und unfaßlich hier, weil er auch für dort gelten soll. O, liebe Sophie! Schlaf wohl, mein Herz! Gott küsse Dich!

Guten Morgen, Sophie! Ich habe gut geschlafen von zwei bis neun Uhr. Soeben steht Theres bei mir und macht mir Kaffee. Er siedet schon, wie auch mein Herz schon wieder siedet, Dich zu sehen. Ich habe beständig von Dir geträumt. Wenn Dir nur das Nachtwachen nicht schadet. Meine Theres plaudert unaufhörlich, während ich schreibe.

———

9. Feber 1837, abends im Kaffeehaus.

Aus dem Gewirre von Stimmen und allerlei Treiben um mich her finde ich nichts heraus, als was ich in allen Wirren und Kämpfen der Welt ebenso behaupten werde: Dein schönes Bild, liebe Sophie. Der Bleistift brach mir eben ab bei Deinem Namen; das ärgert mich. Er war zu fein gespitzt. Das ist sonst nicht der Fehler meines Griffels. — Ich habe zu fest aufgedrückt. Kann ich aber zu fest auf= drücken, wenn ich Deinen Namen schreibe aufs Papier oder in mein Herz? Der fatale Stift ärgert mich.

22. Februar 1837.

Diesen Morgen erwachte ich aus einem schönen Traum mit seligen Gedanken an Dich. Die Liebe ist allmächtig. Mag das Leben immerhin seine verdrießlichen Trümmer auf= lagern und häufen an seinem unfreundlichen Ufer — eine einzige Welle der Liebe, des tiefen, weiten und gewaltigen Meeres, spült die Trümmer fort, als wären sie nie da= gewesen. Diesen Morgen lag ich im Dunkeln einsam und glücklich. Kennst Du diese Augenblicke der Liebe, wo das Herz im Himmel ist und jeden Wunsch vergißt? O, Du kennst sie gewiß! — Meine Liebe ist so groß, daß mein Herz manchmal verwirrt wird und sie nicht fassen kann, und dann zu Bewegungen getrieben wird, die an Wahnsinn streifen und Dir weh thun. Darum glaube ich fest, daß dieser Liebe eine Ewigkeit vorbehalten ist, wo sie sich frei und ganz wird ausbreiten können. Doch gebe es für mich schon jetzt Augenblicke, wo ich ruhig versinken kann in Dir und dem Gedanken, daß Du mich liebst. So war es mir heute morgen.

22. Februar 1837, abends.

Der heutige Tag war einer der traurigsten, ja er war der traurigste meines Lebens. Alle trübe Vergangenheit ist lachender Sonnenschein gegen die drohende Zukunft. O Sophie! hab' Erbarmen mit mir und rette Dich. Du bist mein Trost, mein Glaube, meine ewige Liebe, mein Glück, oder meine Verzweiflung. Meine Seele hängt an Deinem Atem, und mein Leben vergeht mit Deinem Hauche. O ich möchte mir den Tod geben für jedes unfreundliche Wort, womit ich Dein Herz verwundet habe, und für jeden Augen= blick, den ich versäumt habe, Dir eine Freude zu machen, o Du liebe, arme, liebe Sophie! Könntest Du in mein Herz schauen! Gute Nacht! ich bin sehr angegriffen und müde. Ich halte gewiß Schritt mit Dir. Mein Schmerz wird rüstig sein, das ist meine einzige Linderung, er wird treu sein und mich nicht liegen lassen auf dem einsamen Wege, ohne Dich, als einen Bettler.

23. Februar 1837, morgens 4½ Uhr.

Mein Schlaf war ein beständiges Durchzucken der Klage, die mein ganzes Herz erfaßt hat. Ich muß mit dem Pro= pheten Jesaia rufen: „Mein Herz zittert, Grauen hat mich erschreckt, ich habe in der lieben Nacht keine Ruhe davor." Bald sah ich im Traume die Stephanskirche schwarz ver= hangen, bald ging ich in einem Garten spazieren, an schönem Frühlingsabend, und hörte eine Nachtigall schlagen und dachte an Deinen Tod und erwachte mit der heftigsten Wehmut. Es war im selben Garten, in welchem ich einst als Knabe

so gern und oft einsam ging, der Orczigarten in Pest;
dort schloß sich mein Herz zuerst auf, dort erwachte zuerst
meine Schwermut. Es ist bedeutend, daß mich der Traum
mit meinem letzten Schmerze unter dieselben Bäume führte,
wo ich einst meinen ersten Schmerz gefühlt. O liebe Sophie!
werde gesund!

23. Februar 1837.

Die gestrige Unterhaltung bei Alexander [1] war schlecht.
Bauernfelds neuestes Lustspiel „Der Vater" mißfiel mir
trotz der Gelungenheit einzelner Scenen in hohem Grade.
Das ist eine Leichtfertigkeit und Frivolität, ein plumper
Mangel des sittlichen Gefühls, die mich in der That ver-
letzten. Alle Stücke Bauernfelds, soweit ich sie kenne, bewegen sich um das delikateste aller Verhältnisse, um die
Liebe. Da tappt er immer gar so roh hinein. Die In-
trigue ist nichtig, weil unsinnig in der Anlage. Die Cha-
raktere sind nichtsnutzig, oder vielmehr: sie fehlen ganz und
gar; keines weiß, was es will; keinem ist es Ernst mit
irgend was; die Situationen sind gewöhnlich, sogar meist gemein zu nennen; Handlung gar keine; von sechs Personen,
die das Stück spielen, sind zwei ganz überflüssig. Zu alledem
eine unverzeihliche Anbequemung des Dichters an den tri-
vialen und verdorbenen Geschmack des Publikums. Kurz
ein geist- und heilloses Machwerk. Ich konnte mich einer
gewissen Anwandlung von Verachtung nicht erwehren. Beim
Nachhausegehen begleitete mich Bauernfeld eine Strecke, um
mein Urteil zu vernehmen. Ich sagte es ihm. Er suchte

---

[1] Baumann, dramatischer und Dialektdichter, geb. Wien 1814,
dessen beliebtes „Versprechen hinter dem Herd" noch aufgeführt wird.

seine Sache zu verteidigen. Seine Verteidigung war noch schlechter als das Verteidigte. Ich ging um zwölf Uhr sehr verdrießlich nach Haus, legte mich nieder und erholte mich von den widrigen Eindrücken des Abends in lebhaften, alles andre auslöschenden Gedanken an Dich, bis diese übergingen in Träume von Dir. Du saßest gestern abend so lieb an Deinem Schreibepult, daß ich es nicht vergessen werde. Dein Angesicht strahlte vor Liebe, und vor Dir lag mein halb= fertiger Freudenzettel, auf den ich mich sehr freue. Du bist meine Zuflucht, mein Trost, meine Stärkung. Du bringst bei mir das Leben wieder zu Ehren, wenn es mir andre entstellt und versudelt haben. Ich trachte auf die Menschheit zu wirken, nachdem mich Deine Liebe dazu er= muntert hat. So stehst Du durch mich mit der Welt in Verkehr, vielleicht in einem gesegneten. Das ist nächst der Erziehung Deiner Kinder Dein Beruf, und das soll Dir die Freude an unserm Verhältnis immer frisch und ungetrübt bewahren, liebe, liebe Sophie! — Ich habe Dir's manchmal gesagt, und werde Dir's noch manchmal wiederholen, daß Deine Liebe versöhnend und wahrhaft rettend auf mich ge= wirkt. Gleich in der ersten Zeit unsers Bundes war der Gedanke: mich zu heilen von meinen trostlos nächtlichen Grübeleien, der herrschende in Deiner Seele, und er hat Dich zu einem Liede begeistert.[1] Diesem Lied verdanke ich meinen Savonarola. Wer weiß, ob und wie spät mir das Licht gekommen wäre ohne Dich. Nun aber hab' ich Dich gefunden. Ich erkannte und erfühlte an Dir den vollen

---

[1] Die einzige Andeutung, daß Sophie sich auch gebundener Rede zu bedienen pflegte.

Zauber, das Schöne, Unersetzliche, Alleinbesiegende der Per=
sönlichkeit. Die starren und herzlosen Naturkräfte und
Naturgesetze konnten unmöglich ein Wesen zu stande bringen
wie Du bist. Du bist ein Lieblingsgeschöpf eines persön=
lichen, liebenden Gottes; das drang mir tief und fest ins
Herz in mancher schönen Stunde, die ich mit Dir leben
durfte. Das, meine Sophie! ist der feste und geweihte Bo=
den, auf dem unsre Liebe steht, aufrecht und immer.

————

Februar 1837, nachts.

Mit schwerem Herzen ging ich heute in die Gesellschaft,
mit einem noch schwerern kam ich nach Hause. Das Un=
gewisse, Zitternde meines Glückes haben mir Deine letzten
Zeilen wieder recht vors Auge gebracht. Ich konnte den
ganzen Abend nichts denken als Dich und die schreckende
Möglichkeit, Deinen Umgang zu verlieren. Die vielen Men=
schen kamen mir vor, als wären sie zusammengekommen,
um mir recht schmerzlich zu zeigen, wie mir die ganze Welt
so gar nichts wäre, müßte ich von Dir scheiden. Ich sah
immer nur Dein Antlitz, Dein schönes, heiliges Auge. Hatte
Martensen[1] eine Ahnung meines Seelenzustandes, als er
mir die Worte von Gemütsruhe schrieb? Hat er vielleicht
in meinem letzten Briefe die Bewegung meines Herzens ge=
spürt? Ich glaube es fast. — Meine Gemütsruhe findet
sich wieder in der Truhe. Ich habe dem Sturm mein Herz

————

[1] Johannes Martensen, mit dem sich Lenau während dessen An=
wesenheit in Wien innig befreundete, der einen bedeutenden Einfluß auf
des Dichters religiöse Anschauung übte und über seinen „Faust" (J. G.
Cotta 1836) schrieb. Er starb als Bischof und Konfessionär des Königs
in Kopenhagen 1884.

weit aufgethan ohne allen Rückhalt, er ist eingezogen und hat an allem Gezweig meiner Nerven gerüttelt. Doch war das gut. In den entlaubten Hain scheint die Sonne herein. Wenn ich Dich liebe, steh' ich bei Gott, denn er ist in Dir. O Du liebes, herrliches Herz!

Februar 1837, morgens.

Hat sich all mein Sehnen und Drängen an Dich geheftet? Du liebes, zudringliches Bild, find' ich keine Rettung vor Dir? Die ganze Welt wird mir zu Deinem Rahmen, und würde mir Dein Anblick entrissen, so wäre mir der Rahmen leer und nichts. Mit heftiger Sehnsucht nach Dir bin ich heute erwacht, o Sophie!

9. März 1837, 11½ Uhr bei der Stadt Frankfurt.[1]

Ich hatte heute einen sehr bewegten Tag, und die nächstvorangegangenen waren es nicht minder. Die Trennung von Dir durch meine Unpäßlichkeit schien mir sehr lange und hat meine Sehnsucht nach Dir wunderbar gesteigert. Nicht gern mag ich Dir erscheinen mit so ungebärdigem Wesen, wie Du mich in der letzten Zeit gesehen hast; und doch ist es mir noch viel unangenehmer, Dir gegenüber eine ruhige Haltung zu behaupten, welche mir zwar in Deinen Augen nützen könnte, aber von mir bis jetzt immer wieder verworfen wurde, weil ich Dir viel lieber in allen meinen guten und schlimmen Eigenheiten erscheine,

---

[1] Hotel, wo Lenau mit Freunden zu speisen pflegte.

als daß ich in unsre Liebe etwas Gemachtes bringen möchte.
Aber die gewisse Schranke habe ich bis jetzt nicht durch=
brochen, und ich hoffe für uns beide, es soll so bleiben.
Hast Du mir nach meinem Weggehen noch geschrieben? Mich
überfiel kurz davor eine sonderbare Bangigkeit. Du saßest
so traurig in Deinem Winkel, wie Du kaum trauriger sitzen
würdest, wäre ich gestorben. Könnte ich jetzt Deinen Pult
öffnen und mir die lieben Zeilen herausnehmen, die für mich
daliegen! Sophie, meine Unruhe ist nichts Mechanisches,
wie Du glaubst, gewohntes Reisebedürfnis ist es nicht, was
mich umhertreibt. Ich möchte nicht fortreisen. Ich weiß
selbst nicht, was ich möchte, es hat eigentlich keinen Namen,
aber es ist nichts ohne Dich, es ist nichts Einsames. Ohne
Dich ist alles ein Unsinn. Was für mich Wert haben soll,
muß alles zuvor bei Dir anfragen. Das vollendet meine
Abhängigkeit von Dir, daß sie ganz und gar eine freiwillige
ist. Gute Nacht! Meine Seele ist und bleibt mit Dir, sie
lebt von Dir. Gute Nacht, Herz!

Ende März 1837.

 Die Zeit des ungestörten Zusammenseins eilt vorüber.
Es naht der Frühling für die Natur, der für die Wünsche
unsrer Liebe ein Winter ist. Auch hier seh' ich ein weh=
mütiges Mißverhältnis zwischen unserm Geschick und der
Natur. Doch soll es die Aufgabe unsres Lebens sein, daß
wir die äußren Störungen und Mißklänge versöhnen durch
unerschütterliche, liebste Eintracht unsrer Herzen. Das Un=
glück unsrer Liebe soll für sie nur eine Stärkung sein;
vielleicht eine Uebung für die Ewigkeit. Haben wir gelernt,

in allen Wechseln dieses Lebens uns immer wieder zu fin=
ben, so werden wir vielleicht bereinst beim großen Wechsel
bieses Lebens in ein ewiges uns besto leichter finden
und behalten. Die Liebe ist nicht bloß da zur Fortpflan=
zung der Gattung, sondern auch, und gewiß hauptsächlich,
fürs ewige Leben der Individuen. Jenes ist der unsrigen
versagt, wir wollen uns also fest an bieses halten und die
Macht unsrer Liebe in unser Inneres kehren und einander
erfüllen und beglücken und getreulich das Zeichen verab=
reden, das wir uns einst bort geben wollen, um uns wieder=
zufinden. Ich will mich wohl ein wenig mäßigen in den
Ausbrüchen meiner Leidenschaft; ganz kann ich sie nicht be=
herrschen. Ich fahre auf höchster See, und da läßt sich
kein Anker werfen. Doch Deiner liebevollen Bekümmernis
wegen will ich thun, was ich kann. Du hast freilich recht,
daß der Affekt mein Leben verzehrt. Das ist nicht anders
möglich. Aber biese Verschwendung macht mir Freude.

11. April 1837.

Mein gestriges Briefchen war lebern, sagtest Du. Das
mag sein; aber Du ließest mich den Zettel doch nicht zer=
reißen, weil Dir der leberne Beutel, worin Du gleichwohl
ein Goldstück meiner Liebe gefunden, doch nicht ganz unan=
genehm ist. O liebes Herz, wie warst Du gestern so schön
und bezaubernd! Wie gern hätte ich um einen Kuß von
Dir alles andre hingegeben, selbst das treffliche musikalische
Spürhundgeschnupper und Hallogeschrei! Denn Du bist
das köstliche Wild, nach dem ich jage, und auf bessen Spur
alle meine Gebanken sind. Wie hast Du denn geschlafen?

Ich erwachte diese Nacht mit schönen, seligen Gedanken an
Dich. Es war mir auf einmal sonnenklar, was Gott mit
unsrer Liebe will. Sie ist ein Teil seiner eignen Liebe.
Ich werde Dir das einmal erklären. Jetzt kann ich nicht,
es ist zu viel. O Liebste! Gestern war Dein Gesicht wirk=
lich ein schönheittriefendes. Es war ein beständiges Wonne=
geriesel alle beine Züge herunter. Ich hätte Dich ver=
schlingen mögen. Aber auf dem Stephansplatz mußt' ich
Dich verlassen. Da war es aus, und ich war allein in der
trüben, feuchten Nacht.

* * *

Heute nacht hatte ich einen glückseligen Traum, der
mir den ganzen Tag hindurch nachgeklungen ist. Er läßt
sich nicht schildern, nur träumen oder vielleicht in einem
andern Leben erleben.

Liebes Herz! Der gestrige Abend war vielleicht der
letzte schöne für die lange, lange Zeit von Störungen unsrer
nächsten Zukunft. Ich kann mich gar nicht auf den Früh=
ling freuen, weil er mir diesmal wie ein schöner Räuber
naht. O der liebe Winter! Wie gern finge ich ihn wieder
von vorne an! Wir hatten eine reiche Welt mitten in
seiner rauhen Umgebung. Du hast es manchmal bedauert,
daß Dich die Liebe so ganz absterben macht für alle Freu=
den des Lebens. Ich bedaure das nicht, obgleich das viel=
leicht mich mehr betrifft als Dich. Mir ist es recht, daß
Du der alleinige Brennpunkt meines ganzen Lebens bist.
Freilich kann der leichter zum Bettler werden, der seine
ganze Habe beisammen hat in einem geliebten Herzen, als
einer, dem die Freude überall wächst in sicherer Verteilung.

Aber mein Glück ist inniger und mir besto teurer, je ge=
fährlicher es ist. Wo bleibst Du denn so lang? Es ist
schon halb acht. Komm doch einmal nach Haus. Es ist
schon ganz dunkel. Meine Feder geht wie ein Wanderer
bei Nacht durch das Labyrinth meiner Liebe, aus dem ich
nimmer hinausfinde. Komm! komm! Wo bleibst du nur
gar so lang? Die Uhr pickt in einem fort und mahnt mich
an Deine Verschwendung. Es ist schon ganz dunkel, und
wenn Du nicht bald kommst, werde ich recht traurig.

Mai 1837.

Es hat Dich gereut, daß Du neulich bei meinem Weg=
gehen ans Fenster getreten und mir geklopft. Das soll
Dich nicht gereuen. Liebevolle Nachgiebigkeit ist gerade Dein
hoher Reiz und Deine Unwiderstehlichkeit. Glaubst Du
denn, daß so etwas an mir verloren geht, und daß ich es
Dir in meinem Herzen nicht gutschreibe, wenn ich es auch
im Augenblicke nicht zeige? Du hast einmal den bedenk=
lichen Gang gewagt mit einem Menschen meiner Art, und
es wäre nicht gut von Dir, wenn Du mich irgend einmal
allein ließest. Ein gewisser finsterer Trotz ist mir so sehr
eigen, daß ich im stande wäre, wenn Du mich einmal ohne
ein Zeichen der Liebe gehen ließest, mich sogleich in den
Eilwagen zu werfen und ohne Abschied von Dir davon=
zufahren, sollte mir auch auf jeder Station das Herz zehnmal
brechen. O liebe Sophie! bleibe wie Du warst! Ich möchte
gerne mehr schreiben, aber eben kommt Seligmann [1] herein.

---

[1] Dr. Romeo Seligmann, Professor der Geschichte der Medizin an der
Wiener Universität, einer der geistvollsten Aerzte, gab unter andrem
ihm den Stoff zu dem rührend schönen Gedichte: „Frühlingsgrüße“.

Mai 1837.

Der plötzliche Wechsel meiner Stimmungen, von der höchsten Freude zur tiefsten Düsterkeit, zeigt mir eine krankhafte Spannung meiner Seele. Du irrst entsetzlich, wenn Du glaubst, es gebe Augenblicke, wo ich Dich weniger liebe. Ich liebe Dich immer. Aber es ist eine Verfinsterung, ein Vergehen meiner geistigen Sinne, welche ich Dir nicht beschreiben kann. Aber Du bist immer da. Wenn ich Dich auch nicht sehen kann, so greife ich im Dunkeln nach Dir und fühle Dich; und fühl' ich Dich nicht, so fühl' ich durch Dich, denn Du bist mein Herzblut. Darum hab' ich nie den Wunsch, ohne Dich leben zu können, wie Du ihn hast ohne mich. Versuch' es nur einmal, ohne mich zu leben. Du wirst es vielleicht aushalten eine Weile und vielleicht glücklicher sein; aber plötzlich wirst Du das Alpenhorn hören und Du wirst ein Heimweh empfinden nach der Gebirgsluft, die ich Dir zu atmen gegeben, und aus der Du dann verbannt bist in die ruhige, dumpfe Ebene der andern. Versuch' es.

1. Juni 1837.

Deine zwei letzten Briefchen waren doch gar zu kurz. Kannst Du denn nicht mehr in den alten Zug deiner süßen Geschwätzigkeit kommen, du liebes, liebstes Herz? Gelt, ich habe Dich in der letzten Zeit geschreckt mit meiner Bärbeißigkeit? Es hat Dich noch keine Hand im Leben so rauh angegriffen wie die meinige. Es ist nicht zu ändern. Ich liebe Dich so ungemessen, daß Du mich im Glück wie im Unmut gleich an die äußersten Grenzen hinausziehst. Du hast das ganze Saitenspiel meines Herzens in Deiner Gewalt; vom sanftesten Säuseln bis zum größten Sturm kannst Du es rühren mit einem Fingerdruck. Ich huldige Dir, wie ich keinem erschaffenen Wesen sonst huldigen könnte; ich verletze aber auch Rücksichten gegen Dich, die ich bei niemand andern außer acht ließe. Meine Liebe steht unter keinem Gesetz, als das sie sich selbst gibt. Von hier aus mußt Du mich beurteilen, und thust es auch. Heute warst Du liebenswürdig bis zum Verwirrenden. Es war ein seliger Abend, wie nicht bald einer zuvor. Gute Nacht, Liebe! —

*. Juni 1837.

O diese letzten lieben Zeilen von Dir! Es thut Dir so leid, sagst Du, daß Du manchmal stundenlang neben mir gesessen, meine Hand in der Deinen haltend, und doch grollend? Gräme Dich nicht! ich müßte mich ja hundertmal mehr grämen, daß ich Dich grollen gemacht. Wir lieben uns, das ist die Wahrheit, das steht fest, und alles andre ist Mückenwerk, das an einer ehernen Säule vorübertaumelt. O gräme Dich nicht! Wenn ich auch reise, bin ich bei Dir und verlasse Dich keine Stunde. Ich rasiere mich nur Dir zuliebe so oft, und wenn ich was für meinen Namen strebe, dann geschieht es auch nur Dir zuliebe. Ich möchte Dich gerne recht ausschmücken. Aller Schmuck ist Flitter; aber der schönste Flitter, womit man ein liebes Weib schmücken kann, ist der, den man aus Menschenherzen nimmt, das ist der Ruhm.

„Sie sind kindisch," sagtest Du erst heute wieder. Ich bin gerne kindisch und mürrisch und was Du willst, wenn's mir nur in Deinem Herzen gut angerechnet wird. Sopherl! Liebsterl!

So leid es mir auch thut, Dich wieder gekränkt zu haben, so sehr ich auch mit meinem allzu reizbaren Herzen habere, dieses eigennützige Herz freut sich doch an den Früchten seiner Unart, indem es sieht, wie sieghaft und herrlich Deine Liebe über allen Kränkungen steht und nicht zu erschüttern ist. O Sophie! der heutige Tag hat mich wieder gelehrt, was ich an Dir habe. Warum mußte einer daherkommen und uns den Abend stören? Der unglück= selige Störer mag sein ganzes Leben lang alle seine Freund= lichkeit für mich aufbieten, er kann mir nicht ersetzen, wessen er mich heute beraubte. Glaubst Du, mir liegt nichts an der Neige unsrer Zeit? Ich möchte jeden Augenblick fest= halten und streicheln und bitten, daß er nicht so schnell an unsrem Glück vorübereile. Doch die Zeit ist ein zu kaltes, seelenloses Ding; sie würde sonst stillhalten bei unsrem Glücke und in Freude verloren stehen bleiben. Sie flieht aber. Du legst Dich nieder, löschest Dein Licht aus und schließest die Augen, die mich noch vor einer Stunde so schön und zärtlich anblickten. Warum denn gar so schnell? Die Ewig= keit muß sehr schön und herrlich sein, sonst ist es wahrhaftig nicht der Mühe wert, daß wir ihr so eilig zugetrieben werden, von solchen Freuden weg, wie wir sie heute gehabt. Vor= derhand kann ich mir aber den Himmel nicht anders denken, als daß dort sicher und bleibend sein wird, was hier un= sicher und flüchtig. Ich male mir's genau aus, wie es wäre: meine Luft Dein Atem, mein Licht Dein Auge, mein Trank Dein Wort, meine Speise Dein Kuß, mein Lager Dein Herz, mein Wandel das Reich Gottes mit Dir, mit Dir! Liebe Sophie!

Ich werde Dir in Stuttgart täglich schreiben, weil es Dich so freut, Du sollst ein rechtes Päckchen meiner Plaubereien kriegen. Alles was ich thu' und erfahre, sollst Du bekommen. Ich will meine Zeit reblich verwenden, um bald wieder bei Dir zu sein. Wär' ich lieber schon wieder da! Gute Nacht, mein Herz! schlaf wohl!

Guten Morgen! Ich warte an meinem Fenster, um Dich auf Deinem Kirchengange vorbeiwandeln zu sehen. Wie hast Du geschlafen? Meine Uhren stehn, ich weiß die Zeit nicht, aber ein Mädel sagte auf der Straße, es sei halb sieben Uhr, und da mußt Du noch vorbei. Soeben aber seh' ich das Frühstück zu meinem Nachbarn Panovski tragen und glaube fast, daß es schon später ist. Oder sollte meines Nachbarn Magen früher auf sein, als Deine Andacht?

----

11. Juni 1837, Samstag abends.

Wieder eine Störung! Du kamst mit dem lieben Arthur[1] an mein Fenster, um mir zu zeigen, Du habest die Gesellschaft verlassen, und mir ein Zeichen zu geben, daß ich Dir folge. Aber das Zeichen hatte auch mein Nachbar bemerkt und es würde ihm aufgefallen sein, wenn ich Dir auf dem Fuße gefolgt wäre. In einer Weile wollt' ich ihn verabschieden, da kam Kaltenbaeck[2] und bestürmte mich mit seiner theologischen Polemik. Mein Savonarola hat, als er noch lebte, Kampf und Feindschaft gestiftet, und wird es

----

[1] Sophiens jüngster Sohn.
[2] Paul Kaltenbaeck setzte Hormayrs „Archiv" fort, gab „Mariensagen" und „Sonette" heraus. Forscher in Austriacis, zuletzt Beamter im k. k. geheimen Staatsarchiv.

in meinem Gedichte auch noch thun. Daß er dies thun wird, ist weniger verdrießlich, als daß er mich heute um eine selige Stunde gebracht hat. Ich konnte das Gespräch nicht abbrechen und meinen Gegner verlassen, weil dieser es als ein Zeichen meines Geschlagenseins genommen hätte. Ich mußte bleiben. Ich wußte überdies, daß meine Worte gegen ihn weitern Orts referiert werden, und ich ergriff die Gelegenheit, der hiesigen katholischen Partei zu erklären, wessen sie sich gegen mich zu versehen habe. Daß mich dieser Streit um eine Stunde Deines kostbaren Umgangs verkürzt hat, erfüllte mich mit einer besondern Bitterkeit und Heftigkeit, und ich spürte fast einen gewissen Widerwillen gegen das Ganze. Doch das ist unrecht. Du, liebes Herz, teilst meine Sache und wirst die schöne Stunde auch ver=schmerzen, wie wir so viele verschmerzen mußten und noch müssen werden. O, ich möchte diese Nacht an Deinem Bette knien und weinen, bis die Sonne wieder aufgeht. Deine Traurigkeit über meine Abreise erschüttert mich. O Du liebes, tiefes, heiliges Herz! Wie kannst Du Dich wundern, daß ich Dich der Marie vorgezogen habe? Ich kann mir diese Marie[1] in ihrem ganzen Werte vorstellen, und zu jedem einzelnen Zuge ihrer Liebenswürdigkeit die Vollendung hinzuphantasieren, und doch betrachte ich sie Dir gegenüber mit einem ganz ruhigen Vergnügen, denn Du überstrahlst sie in Deiner demütigen Hoheit tausend und tausendmal. Daß Du Dich häuslich herumplagst, sollte Deinem Adel etwas entziehen? Wenn Du wüßtest, wie lieb mir jedes Gerät in Deinem Haushalte ist, woran Deine Hand rührt,

---

[1] Sophiens Cousine, später mit dem Hofrate Abamel verheiratet.

wie sich mir unter Deiner Hand Dinge veredeln und vertraut und teuer machen, die mich sonst nur störten, Du würdest mir Dein häusliches Treiben nicht mehr schmähen. Gerade die Art Deines Lebens ist mir recht. Sophie, ich verehre Dich wie kein menschliches Wesen und ich liebe Dich, wie man nur Dich lieben kann. Tröste Dich über unsre Trennung, denk' an den nächsten Winter, denk' an den Rest des Sommers, den wir ja auch noch zusammen leben wollen. Trau' meiner Liebe. Ich komme, sobald ich kann, die Sehnsucht nach Dir wird mir jede Arbeit beflügeln und zum Spiele machen.

Fürchte nicht, daß mir eine Anstrengung schaden werde. Trabt doch das müdeste Roß schneller zu, wenn es heimwärts geht, und zu Dir, Du süße Heimat meiner Seele, sollt' ich nicht eilen über Stock und Stein des Buchdruckerweges? Herzerl! Dich wiederzusehen! ans Herz zu drücken! Sopherl! Wär' ich nur wieder da! Ich weiß nicht, ob ich im stand sein werde, meinen Wunsch, den alten Baader[1] kennen zu lernen, festzuhalten, wenn ich einmal in München bin; ob ich nicht mit jeder Stunde zu sehr geizen werde, als daß ich mich dort aufhalten möchte.

Wichtig für meine Arbeit wäre es freilich. Gute Nacht, ich muß schlafen gehn, sonst kann ich zu lange nicht einschlafen. Gute Nacht, ich bin bei Dir, solang ich bin.

Guten Morgen, Sophie! Heute gehst Du nicht vorüber, auch regnet es. Hast Du schon meiner gedacht? Ich habe viel von Dir geträumt und zwar lauter Angenehmes; nur hab' ich es in meinem Morgenschlaf wieder verloren, den Nachklang davon spür' ich noch, auch mußt Du mir viel Liebes gesagt haben, denn mein Herz ist noch ganz weich.

---

[1] Franz Xav. v. Baader, der philos.-theologische Forscher.

12. Juni 1837.

Ich bin diesen Abend lange im Garten gesessen allein, an Dich denkend. Man hat uns heute ein wenig üble Laune zu fühlen gegeben. Mag es drum sein! Unser Glück ist unantastbar, unnahbar jeder Macht auf Erden. Wenn man uns je den Umgang beschränkt, unser Gefühl wird man nie beschränken können. Man spielt ein gefährliches Spiel, wenn man es wagt, ein Verhältnis, das man bisher geduldet und gewissermaßen selbst veranlaßt hat, zu stören, zu hemmen. Es ist gewiß, daß dann in unsern Herzen ein Trotz erwacht, gegen welche alle äußern Veranstaltungen zu schanden werden. Wir lieben uns, und die Liebe hat ihren Heldenmut von Ewigkeit her. Doch so weit wird es nicht kommen. Es ist vielleicht sehr gut, daß ich jetzt reise. M.[1] scheint es sehr zu wünschen. Ich will ihm das zu gute halten. Es ist menschlich. Er ist wohl überzeugt, daß wir nicht zu weit gehn; aber es wurmt ihn, daß Du mir mehr bist, daß ich Dir mehr bin, als er. Zurücksetzung schmerzt an sich, wenn auch kein tieferes Interesse dabei verletzt ist, wie hier offenbar. Er ist ein guter Mensch und verdient darum schon, daß wir uns Wort halten. Aber er soll uns unser ungefährliches Glück auch fortan gönnen. Das wird er auch. Er hat uns doch beide lieb. Schlaf wohl, Herz! Ich bin etwas müde und wehmütig gestimmt. Gute Nacht, Liebstes!

―――――――

13. Juni 1837.

Dein letztes Briefchen hätte mich nicht freuen sollen? Ist es doch eines Deiner liebsten, schönsten. Du darfst kein

―――――――

[1] Sophiens Gatte.

Bedenken tragen, einen Wunsch gegen mich auszusprechen, der nur ein leiser Wiederhall meiner lauten Sehnsucht ist. Der heutige Tag bleibt mir sehr teuer. Jeder Himmel war mir hold, der in den Lüften und der in Deinem Herzen. Ich sagte beim Abendessen, daß ich mir die Luft des heutigen Tages fürs ganze Jahr möchte aufheben können, und dachte dabei, daß ich mir dieses linde, süße Wehen Deiner Seele fürs ganze Leben bewahren möchte. Dein Liebreiz steht in voller Blüte. Wenn ich Dich so recht anschaue, fängt meine ganze Seele zu klingen an. Du bist aus dem besten Kernstück der Schöpfung gemacht. Dein Wesen ist ein gediegener Zauber. O könnte ich Dir nur sagen, was ich damit meine! Ich meine eben, Du bist der süßeste Traum und die festeste Realität zugleich. O Sophie! Sophie!

Du hast mich heute ein paarmal angeblickt, daß ich dabei an Deinen Tod denken mußte. Deine Seele legte sich so weit heraus aus Deinem offenen Auge, als ob sie mir entfliehen wollte. Du hast wunderbare Momente. Ich freue mich, daß ich der einzige bin, der sie sieht. Sie sind das Schönste meines Lebens. Gute Nacht, meine Sophie!

Guten Morgen! Heute früh stand ich zeitig auf. Um vier Uhr war ich bereits auf der Schmelz,[1] wo ich bei den ersten Strahlen der Sonne und beim Frühgesang zahlloser Lerchen Dein liebes Briefchen wieder las und sehr vergnügt an Dich dachte.

---

[1] Vorstädtischer Paradeplatz des Militärs.

14. Juni 1837.

Halte nur unsern heutigen Abendgang recht fest in Deinem Gedächtnis, wenn Ungeduld Dich überfällt und Kummer Dich bezwingen will. Unsre Liebe ist einmal gewissermaßen eine unglückliche, und wir wollen unverdrossen und mutig die stille heimliche Tragödie, in der niemand spielt und zuschaut als unsre blutenden Herzen, bis an unser Ende fortführen. Vielleicht, ja gewiß gewinnen wir dann einst den Beifall der Himmlischen. Ich habe Augenblicke, in welchen ich vergehen möchte vor Schmerz über unser Los; aber ich habe auch andre, wo mir unser Unglück teuer ist, weil ich mir denke, Du würdest mich vielleicht weniger lieben, wenn Dein Gefühl nicht unter Gefahren und Schmerzen aufgewachsen wäre. Vielleicht müssen zwei Herzen erst aufgeschnitten werden, wenn sie ganz zusammenwachsen sollen?

Wir haben unsre blutenden Stellen aneinandergelegt und müssen so festhalten, wenn wir uns nicht verbluten wollen. O ich will Dich halten! Du wirst mich auch halten, ich weiß es.

Deine lieben Kinder! Du bist ja eine gute Mutter, und eine gute Mutter kann nicht ganz unglücklich sein, selbst wenn sie ihre Kinder begraben hätte. Die deinigen gedeihen so schön! Die heutige Geschichte mit Deinem Arthur hat mich recht bewegt. Ich hätte Dich gerne umarmt, als Du sie mir erzähltest. Lebe Dich nur recht hinein in das Leben Deiner Kinder, wenn ich fort bin; aber denke mich überall auch dazu, hörst du? Nenne mich ihnen oft, es thut mir wohl, wenn sie Deine Liebe spürend an mich denken, wenn so unsre Liebe auch durch die Herzen Deiner

Kinder geht. Ich hoffe noch viel schöne Stunden. Es wäre
schlimm, wenn am Ende nicht doch eine unwandelbare Liebe
den Sieg davon trüge über Launen, die aus keinem bösen
Gemüt kommen. Man wird uns doch unser schmerzliches
Glück gönnen müssen. Aber wir müssen wachen. Wachen
und nicht weichlich sein, manches entbehren und ertragen.
Unsre künftigen Tage warten ängstlich, was wir über sie
verhängen, wir wollen es reblich mit ihnen meinen. Gute
Nacht, meine liebe Sophie, ich küsse Dich mit ganzer Seele.

Guten Morgen, liebe Sophie! Gut geschlafen? Nicht
mehr so matt wie gestern? Ob Dich nicht das Baden ermattet, das warme? Versuch es einmal recht kühl. Schone
mir nur Deine Gesundheit recht, wenn ich fort bin, trag
den Arthur nicht herum, das Bürschlein hat ja so säulen-
hafte Füße, daß sie gar nicht in die Luft gehören. Thu's
nicht, Herz! Nimm auch Deinen Husten in Obacht. Vor
allem sei heiter! Male, schreibe. Das übrige brauche ich
Dich nicht zu bitten, dessen thust Du ohne das zu viel.
Guten Morgen, liebstes Sopherl! Ich eile Dir ihn selbst
zu bringen.

Donnerstag abends.

Wenn mich meine Liebe heute auch etwas verstimmt
und unfreundlich entlassen hat, ich lasse mich nicht stören
und schreibe ihr doch. Der Tag war wechselnd, bewegt
wie der Himmel. Es hat Dich etwas empfindlich berührt,
ich ahne, was es war, und es thut mir leid. Du hast
mich nicht recht verstanden. Ich war nicht unfreundlich
mit Dir. Ich mußte das Freie suchen, weil mich eine
peinliche, unausstehliche Beklommenheit überfallen hatte.

Ich erwartete Dich lang im Garten, immer nach Dir um=
blickend, alle unsre gewohnten Wege versuchend — um=
sonst; Du kamst nicht, Du schliefst. Du warst ja müde,
und ich gönnte Dir die erholende Ruhe von Herzen; aber
beim Scheiden zur guten Nacht hätte ich gerne noch den
lieben guten Klang Deiner vertraulichen Stimme gehört.

„Unfreundlicher!“ war Dein letztes Wort. Doch es
wird dies nicht Dein letzter Gedanke sein, bevor Du ein=
schläfst. Schlaf wohl, schlaf süß, meine Sophie! O Herz!
Denke noch recht freundlich an mich heute. Dein letztes
Briefchen spricht traurig. Peinlich ist auch mir, was Dir
so ist. Ich will darüber nicht schreiben und meine Seele
in das stachelvolle Dickicht ohne Ausgang hineinstürzen.
Hatte ich auch nicht alles, so hatte ich doch mehr als ich je
auf dieser Erde zu erringen gehofft, mehr als die Welt
ahnt, daß man von einem Weibe haben könne.

Das einzige, worauf ich mich bei dieser Fortreise freue,
ist, daß ich Dir werde zeigen können, wie ich in der Ferne
mit dir lebe. Gute Nacht, Sophie!

———

Den Abend vor meiner Abreise, 19. Juni 1837.

Du konntest mir heute kein vertrauliches Wort mehr
sagen. Die Trennung lastet schwer auf mir. Eine eigen=
tümlich unbehagliche Schwermut war meine Stimmung den
ganzen Nachmittag über. Ich kann Dir auch nichts Rechtes
mehr schreiben. Auch sagen könnte ich nichts. Gute Nacht,
Sophie! Gott segne Dich und stärke Dich und erheitere
Dich. Mein Herz bleibt bei Dir, vergiß Deine teuren
Worte nicht. Laß Dein Herz keinen Augenblick von mir

abweichen. Nimm mich überall in Dein Leben mit hinein. Freue Dich auf unser Wiederſehen, das ich mit allen Kräf= ten beſchleunigen werde.

———

Den 18. Juni 1837, im Kaffeehaus zu Linz.

Der Eilwagen hält hier ein wenig, und ich will etwas von den tauſend Gedanken und Empfindungen, die ſeit geſtern abend mich bewegten, für Dich feſthalten. Daß Du mit Deinen Kindern auf mich warteteſt und mich ſo zärtlich grüßteſt, bis ich Dich aus den Augen verlor, hat auf mich einen unvergänglichen Eindruck gemacht. Du eilteſt eine Strecke meinem Wagen nach, der ſchneller als Du mit mir davoneilte, und mir war, als Deine liebe Ge= ſtalt immer weiter zurückblieb, ob ich meinem Glück ent= flöhe, das mir vergebens nachſtrebte. Je weiter aber ich mich von Dir entfernte, deſto feſter fühlte ich die Kette an meinem Herzen, die mich zu Dir hält. Nie war mir eine Reiſe ſo läſtig wie dieſe. Ich fahre durch ſchöne Gegenden ohne den geringſten Anteil. O Du liebes, flaches, ſtau= biges Penzing mit Deiner vertieften Schmiedgaſſe! Du biſt mir lieber als alle Alpen der Welt. Die Liebe zu meiner Sophie hat mich ſogar der Natur entfremdet, wenn ich ſie allein genießen ſoll. Wäre ich hingegen einmal mit Dir in einem Walde ganz ungeſtört, ich würde die Natur ver= ſtehen und lieben wie nie zuvor. Ich bin ſehr, ſehr ein= ſam. Ich gehe meinen nächſten Tagen mit der dumpfeſten Verſtimmung entgegen. Die Welt liegt entſeelt vor meinen Augen. O Sophie! Mein ganzes Weſen neigt ſich zu Dir hin und kann nie mehr in eine andre Lage gebracht wer=

ben. Jeder mein Tropfen Blut bewegt sich nur in Deinem Andenken, in schmerzlicher Sehnsucht nach Dir. Die Trennung von Dir, der bange Abschied haben meinen Körper gestört. Meine Natur hat sich empört gegen diese Trennung. Ein heftiger Kopfschmerz und Uebelkeit begleiteten mich bis Sigharbskirchen. Dort stieg ich aus und glaubte schon nicht weiter zu können. Ich empfand einen heftigen Ekel. So mag einem Deportierten zu Mut sein wie mir. Wenn sie mich auch in Freundesarme bringen, es hilft nichts. Mir schmeckt einmal kein Freudenbissen mehr ohne Dich. Ich bin Dir vollkommen verfallen, und wohl mir, daß ich es bin! Wie wirst Du den heutigen Sonntag zubringen? Ich sitze hier am Fenster, wo die geputzten Linzer vorbeiziehen. Dieses Linz ist mir heute ganz unerträglich. Wenn's nur schon wieder fortginge. . . . Läßt es meine Ermüdung zu, so halte ich mich in München nicht auf. Jetzt bin ich sehr abgeschlagen. Ich kann Dein Bild von gestern, sobald ich nur die Augen schließe, bis zu visionärer Deutlichkeit in mir zurückrufen. Und Deine Kinder kommen mir da vor, als wären es die meinigen. O Sophie! Liebe Sophie!

————

Den 19. Juni, 11½ Uhr mittags.

Ich sitze in Salzburg vor dem Wirtshaus zum Schiff und schreibe Dir. Vor einer Stunde bin ich hier angekommen. Gestern sieben Uhr fuhren wir von Linz ab. Gegen elf Uhr abends traf uns ein heftiges Gewitter, eines der rasendsten. Ununterbrochenes Wetterleuchten, und schmetternde Schläge donnerten eine halbe Stunde, dazu strömte der Regen. In Wels warteten wir das Wetter ab. Wenn ich in das Leuchten der Blitze hinaussah, war mir immer, als müßte ich Dich und Deine Kinder sehen. Dies Bild verläßt mich nicht, es hat einen wehmütigen Zauber für mich. Auch mein Reisegefährte, der Graf Pejacsevich, fand Dich sehr schön und wollte es gar nicht glauben, daß die Kinder Dein sind. In meinen einsamen Stunden werde ich mir den Anblick recht oft hervorrufen und mich daran erfreuen und bekümmern.

Es ist hier Regenwetter. Die Berge sind trüb um=zogen, wie mein Herz; doch dieses wird sich später erheitern als jene. Meine Stuttgarter werden wenig an mir haben.

Den 20. Juni 1837, Salzburg.

Den gestrigen Abend und diese Nacht verlor ich hier unter heftigen Zahnschmerzen. Es war noch gut, daß der Eilwagen übernachtete, dadurch ward mir wenigstens einige Rast. Es ist jetzt fünf Uhr morgens, um sechs Uhr geht es nach München ab, wo ich in der Nacht eintreffen werde. Gelt, liebe Sophie! Diese Trennung ist bitter? Die lange schlaflose Nacht warst Du mein einziger Gedanke. Ich muß schließen, die Zeit drängt.

München, 21. Juni 1837, nachmittag.

In der Nacht bin ich hier angekommen in einem üblen Zustande. Der Zahnschmerz ist in eine Entzündung des Gaumens und Halses ausgeartet, es haben sich Geschwüre gemacht, und ich kann den Mund nicht öffnen. So liege ich denn, statt im Eilwagen zu sitzen, hier im Bette. Du aber, o Du mein süßes Leben, sitzest an meiner Seite. O ich habe Dich ganz bei mir. Du machst Dir auch gar nichts aus meiner unförmlich geschwollenen Wange. In meinem Kopfe haust und tobt es abscheulich; doch höre ich Deine liebe Stimme deutlich. Sopherl, komm her! Jetzt sehe ich Dich wieder mit Deinen Kindern bei der Schmied=gasse. Verfluchtes Reisen.

22. Juni 37, Augsburg.

Heut früh hab ich mich samt meinem Bausbacken von München davongemacht, doch nicht im Eilwagen, sondern, um die Nachtluft zu vermeiden, mit einem Landkutscher. Das Schlimmste dabei ist, daß ich mich von den Anstren=gungen der Reise nicht restaurieren kann, indem ich seit zwei Tagen den Mund kaum so weit öffnen kann, um Flüssiges hineinzubringen, wie Milch, Thee u. dgl. Morgen reis' ich bis Ulm, übermorgen Stuttgart. Alle diese Widerlichkeiten erachte ich nur als stachelichte Hecken, durch welche ich zu Dir dringe, o Du liebes, volles, warmes Herz. Wenn doch nur einer da wäre mit der Peitsche hinter den Stunden her, die sich noch vorüberschleppen werden, bevor die er=sehnte kommt. Ich wollte schon nachkommen mit meinen Arbeiten. Vor einer Stunde bin ich hier angelangt im Gasthof zum grünen Hof. Das Stubenmädel muß mir geröstete Kleien in ein Kissen nähen, das ich übernachten lasse auf meinem häßlichen Backen. Dieses Stubenmädel ist aber dumm, denn sie bringt mir kein Licht und es nachtet bereits. Schmerzen hab' ich zuweilen noch starke, ich glaube, in einigen Tagen wird diese rheumatische Eselei vorbei sein. — So! ich liege im Bett, eine Wärmschüssel mit heißem Wasser steht neben mir für den Kleiensack. In diesem Stübchen wär' es traulich für uns. Gute Nacht, Herz! ich bin recht müd und traurig.

———————

23., Augsburg.

Heute war kein Landkutscher nach Ulm zu bekommen, ich muß also bis morgen hier zuwarten, denn im Eilwagen müßte ich meine Geschwulst der Nachtluft aussetzen. Das hab' ich Dir aber schon einmal geschrieben. O Sophie, ich bin ganz dumm ohne Dich, die Zeit wird mir gar so lang ohne Dich. Die Minuten schwellen mir zu Stunden an. Das ist ein rechtes Unleben. — Soeben bin ich von meinem Mittagsschlummer erwacht, der jetzt wieder regelmäßig ein= gehalten werden wird. Mir träumte sehr lebhaft von Dir. Wir waren in Eurem Garten und spielten wie Kinder. Ich saß am Boden und warf mit kleinen, runden, un= bekannten Früchten nach Dir und traf Dich fast jedesmal, Du zogst Dich langsam fliehend in ein Gebüsch zurück und flohst immer schneller. Da sprang ich auf und lief Dir nach und erhaschte Dich im finstersten Dickicht. Die Freude war kurz. Ich mußte leider erwachen, aufgeweckt von meiner eignen Heftigkeit.

Mit meinem Uebel bessert sich's ein wenig. Der starke Schmerz ist ganz vorüber, nur zuweilen noch ein flüchtiger, gelinder. Aber die Wange ist aufgetrieben und der Mund noch zugeklemmt.

———————

24. Juni 37, Ulm.

Sehr erschöpft bin ich diesen Abend hier eingetroffen. Ich weiß nicht, warum gerade diese Reise mir so zusetzt. Mein Uebel ist im alten. Diesen Augenblick hab' ich auch Zahnschmerz. Doch wie gern hätt' ich das alles, hätt' ich nur Dich! In den Wirtshäusern, wo Dich niemand kennt, ruf' ich abends beim Einschlafen Deinen Namen ganz laut. Hörst Du ihn nicht hinüber? O, liebe Sophie! Unter meinem Fenster rauscht die Donau hinab. Ich möchte mit ihr gehn. Es ist sehr peinigend, wenn ich mir denke, wie sich eine Strecke von 80 Meilen zwischen uns breit lümmelt und uns auseinander hält. Doch! ihr 80! so bald will ich nimmer über euch hineseln, bin ich nur erst wieder bei meiner Sophie!

25., Stuttgart.

Endlich da! Um 9 Uhr traf ich ein; alle waren sehr erfreut, alle traf ich wohl, den lieben alten Hartmann recht heiter. Wir gingen bald zum Abendessen, es wurde viel gefragt, wegen Nichtschreibens gezankt, erzählt u. s. w., um elf Uhr kam ich in mein Bett, sehr ermüdet von der Reise und von der Aufregung des Wiedersehens. O, meine Sophie! wie bist Du mir gegenwärtig!

Stuttgart, den 26. Juni 1887.

Der erste Tag meines Hierseins verging mir meistens im Schlaf, der mir so not that auf die Erschöpfung durch Fahren und schlaflose Nächte. Erst abends macht' ich einen kleinen Ausgang zu Gustav Schwab. Später war Gesellschaft

bei uns, Musik. Mad. Guther sang, während die übrigen
bei Tische saßen, ein schönes Lied. Bei der Strophe:

> Ich sah dein ganzes Herz im Blick,
> Wie Himmel in der Flut,
> Gut' Nacht, fahr wohl, du all mein Glück!
> Mein Herz an Deinem ruht!

macht' ich die Augen zu und weinte an Deinem Halse, o Du
meine liebe Sophie! Mit meiner Wange geht es viel besser.
Morgen beginne ich meine Geschäftsgänge und dann arbeit'
ich rastlos an der Möglichkeit einer baldigen Rückkehr zu Dir.
Du fehlst mir überall. Kein Glas Wasser scheint mir voll=
wichtig und echt, solang ich Dich entbehren muß. Wenn
zwei Menschen so zusammengehören wie wir, so können sie
auch hoffen, daß sie einmal zusammenkommen. Unser Glück
darf uns nicht vorenthalten werden. Wir werden es dort
finden. Das wäre ein Riß durch unsre ganze Ewigkeit,
wenn's nicht so käme. Es· muß! Gute Nacht, mein Herz!

27. Juni.

Heute früh war ich bei Cotta und habe einiges Prak=
tische mit ihm gesprochen. Wir werden nächstens an den
Druck gehn.

Später las ich im Jacob Böhme. Dann zum Essen.
Nach Tisch war Alexander [1] bei mir. Später Pejacevich, der
närrische Kerl hat sich hier meine Gedichte gekauft, und kam
damit, als ich eben meinen Mittagschlaf halten wollte, als
ob ihm der Kopf brennte, und las mir meinen Ahasver vor,

---

[1] Graf von Würtemberg, der Dichter.

als ob ich den gar noch nicht kennte. Dann besuchte ich
Gustav Pfizer. Dann Thee im Garten, Gespräche, Abend=
essen. Endlich meiner Sophie schreiben. So werden noch
viele Tage vergehn. Ich darf mir die Strecke Erde gar
nicht vorstellen, die zwischen uns liegt, so wird mir bang.
Die absolute Unmöglichkeit, sich in einer Stunde zu sehen,
hat etwas Grauenhaftes. Und wie lang kann eine Stunde
werden! So aber brauch' ich fünf Tage wenigstens. Stutt=
gart liegt ekelhaft von Wien weg. In unserm Garten
blühen sehr schöne Rosen. Ich könnte Dir unmöglich eine
blühende bringen. Zwei Liebende sollten nie so weit ge=
trennt sein, daß sie sich nicht eine Rose frisch und blühend
bringen können. Doch ein Röslein kriegst Du frisch von
mir, wenn ich komme, meine treue Liebe. So weit kann
uns wieder kein Schicksal auseinander rücken, daß ich Dir
dieses Röslein nicht aufs frischeste erhalten zubringen könnte.
Herzerl! Gute Nacht!

28. Juni.

Der Vormittag verging mir mit Besuchen und Ordnen
meiner Gedichte, der Nachmittag mit Alexander, der mich
besucht, der ganze Tag aber mit Sehnsucht nach Dir und
einem stechenden Drange, fortzureisen. So wird mir noch
mancher lange Tag vergehen. Ich kann die Zeit nicht er=
warten. Und doch haben meine Reinbeck= und Hartmann=
schen eine so große Freude an meinem Hiersein. Ich habe
sie auch alle sehr lieb; aber was ich auch liebe außer Dir,
ich lieb' es doch nur gleichsam mit der Kehrseite meines
Herzens.

Wie geht's Dir denn in dieser bangen Ferne? Schreibst

Du mir auch täglich? Wirst Du mich recht lieb haben, wenn ich wiederkomme?

––––––

Wieder einer vorüber! Frühstück um 7 Uhr; dann Rauchen, Lesen, Präparieren des Manustripts, Besuch bei Schwab, Mittagessen, Schlaf, Rauchen, Lesen, Thee, Anhören einer guten Klavierspielerin, Fräulein Leibniz, Abendessen. Hier hast Du's. Der Abend war heute sehr hübsch im Garten. Die Rosen blühen da herrlich. Nichts aber mahnt mich so mächtig und schmerzlich an Dich, wie Blumen. Ich bin ihrer jetzt mehr empfänglich als jemals. Du malst sie ja, Musik kann mir jetzt weit weniger ins Herz, als sonst. Eine Musik, die sich nicht wenigstens auf Dich beziehen läßt, macht gar keinen Eindruck auf mich. Die Leibniz schlug ein Paar Töne an aus dem Ständchen von Schubert, und ich mußte mit solcher Heftigkeit an Dich denken, daß ich für die Gesellschaft verloren war und am liebsten —

Liebe Sophie! ich bin sehr unmutig. Gute Nacht! —

––––––

Ein langer, drückend heißer Tag.

Ich sehne mich vergebens nach einem Gewitter. Der Himmel überbrütet uns so still und schläfrig, ein ewig blaues Gähnen, daß man einschlafen möchte, wenn man nur hinaufsieht. O, meine Sophie! wie oft hab' ich mich heut zu Dir gedacht. Dein liebes Angesicht schwebt mir so lebendig vor. Das Kleid, welches Du anhattest, als Du mit Deinen lieben Kindern auf mich wartetest bei der Schmiedgasse, sollst Du nie weggeben. O, behalt es mir zulieb. Es war grünlicht.

Sophie! ich bin wieder gesund und tüchtig genug, um recht arbeiten zu können. Es soll mir geflügelt von der Hand gehn. Führt mich doch alles zu Dir. O, Du Un= maß von Liebreiz! Schlaf wohl, mein Liebstes auf der Welt!

1. Juli 1837.

Ich habe noch nicht Gelegenheit gefunden, meine Ge= schäfte mit Cotta ins reine zu bringen, folglich auch noch nicht ans vertrackte Korrigieren gehn können.

Meinen Stuttgartern hab' ich einiges aus meinem Savonarola mitgeteilt. Er gefällt. Morgen werde ich nach Cannstatt gehn, um mit meinem Freund Karl Mayer zu Mittag zu essen.

Mir vergehn hier die Tage in einer dumpfen Geistes= und Herzensstimmung. Ich bin gelähmt ohne Dich. Ich habe mit tausend Wurzelfasern mich an Dich angelebt und nun ist mir, als ob sie alle zerrissen wären und bluteten. O, meine Sophie! Du hast es aber mit Deiner festen un= erschütterlichen Liebe redlich verdient, daß Du mir Lebens= bedingung, ja, mein Leben selbst geworden bist. Nun stehst Du aber auch da in meinem Herzen mit ganzer Macht.

Den 2. Juli.

Heute hab' ich, eingedenk Deiner Mahnung, Bewegung zu machen, einen tüchtigen Marsch gethan. Ich bin auch ganz müde davon. Mein Freund Mayer hat mich in Cann=

statt erwartet. Wir aßen zusammen. Nachmittags ging ich
wieder nach Stuttgart zurück. Mir ist nie eine Zeit so
langsam vergangen wie diese. Meine Hausfreunde über=
häufen mich mit Liebe, ich erwiedere sie auch von Herzen;
aber die Sehnsucht nach Dir läßt sich mit nichts in der
Welt begütigen und beruhigen. Das ist alles recht schön, so
sagt mein Herz, — aber mir geht meine Sophie ab, mein
liebes, schönes, unersetzliches Sopherl. Ich habe eine Be=
merkung an mir gemacht. Ich bin nämlich jetzt viel weniger
artig und rücksichtig mit den Leuten als früher. Warum?
Erscheint mir meiner Sehnsucht und unerfüllten Liebe gegen=
über alles sonst unwichtig?

3. Juli.

Wie peinlich es mir ist, bereits neun Tage in Stutt=
gart zu sitzen und für meine Geschäfte nichts Entscheidendes
thun zu können, wegen der vielen Geschäfte Cottas, das
magst Du ermessen an der Ungeduld, mit welcher ich Deinem
Anblick entgegenharre. Ich bin in einer beständigen Bangig=
keit. Wenn nur bald ein Brief von euch kommt. Ich habe
mich schon darauf gefaßt gemacht, wenn der Druck meiner
Schriften einigermaßen im Gange ist, die Beendigung des=
selben andern Händen zu überlassen und mich davonzumachen.
Ich bin nicht im stande, Dir was rechtes zu schreiben, mich
verdrießen meine eigenen Worte und Gedanken. Ich leide
an einer merkwürdigen Verarmung der letzteren. Ich bin
der lieben Quelle zu ferne, aus welcher ich Gedanken und
Gefühle zu schöpfen gewohnt bin. Ich beneide die Tag=
löhner in eurem Garten, die Dich täglich sehn und grüßen
können. O Sophie! Sophie!

4. Juli.

Es ist halb elf Uhr abends. Der Tag verschlich sich mir in einer dumpfen Freudlosigkeit. Ich kann sagen, daß ich seit unserer Trennung keine frohe Stunde verlebt habe. Alle scheinbaren Freuden sind doch nur auf den Schmerz nach Dir aufgetragen. Mir ist sehr wüst zu Mute.

———

5. Juli, zehn Uhr abends.

Ein Brief von Max. O Sophie! wie klopfte mir das Herz, als ich ihn erhielt! O, daß Dein Name ein einziges-mal auf den vier Seiten steht. Eine so karge Nachricht von Dir. Max schreibt von Deiner Mattigkeit, was mich beunruhigt. Schone Dich nur, Du liebes, herziges, einziges Sopherl! Morgen will ich den Brief gleich beantworten. Mein ganzes Wesen ist in einen freudigen Aufruhr geraten, als ich das Papier sah, das mir Nachricht von Dir ent=hielt. O, Du mein Allerallerliebstes!

———

6. Juli, zehn Uhr.

Daß ich mit meinen Geschäften immer noch nicht im reinen bin und von Cotta noch herumgezogen werde, ist mir sehr ärgerlich. Ich bin schon so lange da und konnte noch nicht anfangen mit meiner Arbeit.

Heute hatten wir einen sehr belebten Tag in unserm Hause. Es war großes Ordensfest und Diner. Reinbeck hatte den Auftrag vom König, dem württembergischen Konsul in Rom u. s. w. Herzerl, wie geht's Dir denn? Denkst Du viel an Deinen Alten? Ich war in keiner Zeit meines ganzen oft sehr kummervollen Lebens so innerlich angefressen wie jetzt, da ich ohne Dich leben muß.

————

Die Emilie, die gute, ahnt den Kummer und die Sehn= sucht meines Herzens. Ich saß diesen Abend neben ihr auf dem Sofa, ergriffen von Dir und ganz versunken in Dein Andenken. Sie merkte es, und zeigte mir eine leise, aber innige Teilnahme. Sophie! Sophie! Du bist der schönste, liebevollste Gruß, den mir Gott gesendet hat. Ich sollte ewig nur auf Dich lauschen und Dich mit allen meinen Kräften in mich hereinziehen. Hätt' ich nur eine Handvoll von dem Staub, den Du tratest, als Du bei Penzing meinem Wagen nachgingst! Wie lange hab' ich nicht mehr in Dein Auge geblickt! O, diese Versäumnis kann mir nie wieder gut gemacht werden. Wenn ich meinem Dichterstreben mein Herzblut opfre und mit jedem Gedicht ein Stück Leben da= hingebe im redlichen Aufwande meines Ernstes, so ist das doch noch gar nichts gegen das Opfer, daß ich Dich ent= behre. Mir thut meine ganze Seele weh nach Dir. O, Du Liebe! Und wenn meine Arbeiten nichts taugen, so ist es zum Verzweifeln, daß ich so viel dafür geopfert habe. Liebe Sophie! Dieses flache Papier und diese schwache Feder. Könnt' ich's nur in was Festes recht tief eingraben: Liebe Sophie! Herz! Liebe!

————

Mir verging der heutige Tag sehr langsam. Ermüdende Konversationen hin und her. Nur einmal wieder eine Stunde

mit Dir, nach der alle meine Lebensgeister dürsten, als nach
ihrer erquickenden Quelle! Es spukt ein kleiner Gewalt=
streich in meinem Kopfe. Ich werde was Besonderes thun,
nur um bald wieder bei Dir zu sein. — Es ist elf Uhr
vorbei, alles ganz still im Hause, meine Feder rauscht sehr
laut auf dem glatten Papier. Manchmal kräht ein Hahn.
Alles aber macht mich traurig. Mir ist nicht zu helfen als
durch Dich. Ich habe einen Haß geworfen auf die ganze
Buchdruckerwirtschaft.

---

9. Juli, elf Uhr abends.

Du schläfst jetzt, o Gott wie weit von mir! Sophie!
Du hörst mich nicht, wenn ich Dich rufe. Trauriges, elendes
Leben. Herz! ich komme bald. Schlaf süß, o Du mein
höchstes Glück und meine tiefste Wunde! Gute Nacht!

---

10. Juli, zehn Uhr abends.

Lotti Hartmann spielte diesen Abend einige Melodien
von Bellini auf dem Klavier. Ich sollte die Musik fliehen,
wenn ich von Dir getrennt bin, denn sie erweckt in mir eine
Sehnsucht und einen Gram von verzehrender Heftigkeit. Ich
spüre, wie mein Herz sich traurig in sich zusammenzieht und
nur ungern weiterschlägt. Es lastet wieder recht schwer auf
mir. Beim Abendessen sagte der gute alte Hartmann mit
seiner eigenen Herzlichkeit: „Heut ist unser Niembsch ganz
kaput," während ich eben an Dich dachte.

Dieses schreibe ich, während Du vielleicht auch an mich
denkst und traurig bist. Gute Nacht, liebes Herz! ich liebe
Dich sehr.

---

11. Juli, 10½ Uhr abends, Eßlingen.

Heute bestürmte mich Alexander hieher zu kommen. Nach=
dem ich den ganzen Tag traurig gewesen war und sehr un=
mutig, flog auf dem Weg plötzlich eine Heiterkeit mich an,
weil es Penzing zuging. Ich ließ mir die liebe Täuschung
gern gefallen. Morgen geht es aber wieder zurück zu Kerner
nach Weinsberg. Ich kann die Freundschaft nicht mehr recht
pflegen, seit mich die Liebe hat.

----

12. Juli, morgens sechs Uhr.

Bevor ich aufstehe und abreise, will ich noch ein Wort
mit meiner Lieben schwatzen. Du hast heut schon gewiß an
mich gedacht, bist wohl auch schon auf in Deinem Schlafrock,
von dem ich nur den Saum möchte küssen können.

----

13. Juli, Weinsberg.

Alexander ging nicht von meiner Seite, ich konnte Dir
gestern nicht mehr schreiben, weil abends wegen seiner hef=
tigen Kopfschmerzen wir das Licht auslöschen mußten. Heute
besuchte uns Marie. Nach Tisch gingen wir auf die Jagd,
fanden aber nichts; morgen gehn wir nach Stuttgart zurück.
In diesem Augenblick, den ich für Dich raube, Du mein
tiefstes, liebstes Leben! — ist Kerner bei uns auf dem
Zimmer. Es ist 10½ Uhr. Ich muß schließen. O Geliebte!

----

14. Juli, Besigheim, ein Uhr mittags.

Auf dem Rückweg von Weinsberg sind wir hier ein=
gekehrt, und ich benütze die halbe Stunde Alexandrinischer

Pause für Dich, meine Sophie! Alexander hat sich aufs Bett gelegt, um zu schlafen. Kerner war sehr erfreut über den Besuch. Wir trafen in Weinsberg einen schwedischen Theologen Dr. Sederholm, auch Dichter, vorzüglich aber guter Kritiker. Ich las in Weinsberg meinen ganzen Savonarola vor. Bei der letzten Romanze fing Kerner an unruhig zu sein und brach zuletzt in heftiges Weinen aus.

Die Tage auf meiner Seereise bei windstillem Wetter mitten im weiten Meer sind noch lustige Tage gegen meine jetzigen. Ich habe alles Vermögen verloren, mich an andern Menschen zu freuen ohne Dich. Wärst Du da gewesen in Weinsberg! Selbst die Aeolsharfen wirkten nicht wie sonst auf mich.

Abends zehn Uhr in Eßlingen.

Heut übernacht' ich hier, um morgen wieder in Stuttgart zu sein. Der arme Alexander hat ein bedenkliches Kopfübel, auch ist er abgeschwächt und von üblem Aussehen, daß man das Schlimmste befürchten muß. Heute, hoff' ich, hast Du meinen Brief erhalten. Wirst Du mir auch bald schreiben? O thu' es, liebe Sophie!

Stuttgart, 15. Juli, zehn Uhr abends.

Der Ausflug nach Weinsberg war kurz. Ich sitze wieder auf meinem schwarzen Diwan und bin verdrießlich. Cotta zieht mich noch immer herum. Ich werde meinen Savonarola nicht selbst korrigieren, weil es mir zu lange dauern würde! Ganz korrekt will ich ihn noch einmal abschreiben, mit Cotta abschließen und dann abreisen. Hole der Teufel die Druckfehler! oder vielmehr: bringe er sie meinetwegen! Wenn meinem Dominikaner auch ein wenig Unrat auf der Kutte sitzt, oder kriecht. Lieber das, als daß ich so lang ohne Dich bin. Liebstes Sopherl! ich komme sobald ich kann zu Dir. Mein Herz ist vermauert nach allen Seiten hin, wenn Du mir fehlst. Häßlich ist meine Verstimmung.

———

16. Juli, zehn Uhr abends.

Cotta ist verreist, und noch ist nichts geschehen. Der Teufel soll alle Geschäfte holen. Ich bin so mürrisch, daß ich nicht einmal Dir was Angenehmes sagen kann. Ich fürchte, daß Du bei meiner Zurückkunft mich unangenehm finden wirst. Doch wenn ich Dich wiedersehe, werden mir alle Quellen der Freude springen. Alexander will nach Leuk ins Bad und mich mitnehmen. Er ist übel dran. Ich kann aber nicht mit. Wenn ich die Schweiz ohne Dich sehen soll, mag ich nichts davon. Wär' ich lieber schon wieder in der Schmiedgasse. ———

17. Juli, abends sieben Uhr.

Mein Leben ist hier einen Tag wie den andern. Doch glaube ich, daß diese Monotonie mir unsre Trennung erträglicher macht, als wenn mein Leben wechselnd wäre und geräuschvoll. Ich habe wenigstens ungestört Muße, an Dich zu denken, und bin nicht genötigt, mich zu einem gesellschaftlichen Treiben zu schrauben, das mir nie so lästig war als in diesen Tagen. Meine guten Hauswirte nehmen mich hin, wie ich bin, und sonst sieht mich fast niemand. Alexander reist den 20. in das Schweizerbad Leuk. Dann bin ich noch einsamer. Ich beschäftige mich mit der Revision meiner Gedichte. Noch manches fand ich drin zu feilen.

Wenn nur mein Savonarola bis zu Deinem Geburtstag fertig würde! Er freut sich schon sehr, in Deine liebe Hand zu kommen, denn er verdankt Dir wohl das meiste von dem, was allenfalls gut ist an ihm. Mir geht es schlecht mit dem Dichten. Treibt auch hier und dort ein Gedanke in mir, so welkt er doch bald und bevor er gereift ist. Ich werde einen dürren Strauß frühwelker Gedankenblüten mit zu Dir bringen und werde sie in Deiner Nähe wieder aufleben lassen, wie es warme Quellen gibt, in welche getaucht welke Blumen wieder aufblühen. Besonders viel habe ich an das Waldgedicht gedacht, weil Du es haben willst, doch kann sich in meinem Unmut alles nur flüchtig und nebelhaft zeigen. Ohne Dich geht's nicht.

---

18. Juli, zehn Uhr abends.

Heute hab' ich einen tüchtigen Fußweg und mich müde gemacht. Ich war abends bei meinem kranken Freunde Karl Mayer in Cannstatt. Er leidet an heftigen, anhaltenden Magenkrämpfen, sieht sehr übel aus und muß eine Badekur brauchen. Da Cannstatt nur eine Stunde Wegs von hier ist, werd' ich ihn während seines dortigen und meines hiesigen Aufenthaltes noch recht oft besuchen, wodurch ich ihm viel Freude mache und zugleich den Geboten meiner lieben Herz=, Kopf= und Füßebeherrscherin folge.

Heute morgen Druckereigeschäfte. Mittags Gäste. Nach=
mittag nach Eßlingen, um von Alexander Abschied zu nehmen,
der morgen in die Schweiz reist. Jetzt wieder hier und
bei Dir. Doch ich war auch den ganzen Tag über nirgend
anderswo. Sprech' ich auch mit den Menschen, so spreche
ich eigentlich doch immer über sie hinüber mit Dir. Manch=
mal ist mir, als ob sie das merkten. Ich wurde wenigstens
schon etlichemal plötzlich mit der Frage überfallen: Wo sind
Sie jetzt? Zerstreuung, wie es die Leute nennen, liebt man
nicht im Umgange und zwar mit vollem Recht. Niemand
mag mir gern einen Pfeiler abgeben, auf welchen gestützt
ich nur immer nach Dir hinüberschaue — Sei's! ich will
wenigstens mein einziges Glück, recht viel an Dich zu denken,
treu und warm pflegen in meinem Herzen, das so Dein ist,
wie Dein eignes Leben, mehr, viel mehr, wie ich auch Dein
Leben verstehen mag. O gutes Herzerl, wenn nur schon
ein Briefchen von Dir da wäre! Heute traf ich die Brief=
trägerin auf meiner Treppe, und sie antwortete: Ja! und
ich stürzte auf vermeintlich Deinen Brief; da war's ein ganz
gleichgültiger oder vielmehr durch die Täuschung ganz ärger=
licher, ich hätt' ihn lieber nicht bekommen.

Dieser Abend verging mir unter schöner Musik. Meine
Lieblingsphantasie von Schubert, die ich so oft in Penzing
gehört, wurde mir gespielt, dann einige meiner Lieder in
gelungener Komposition gesungen. Ich war sehr bewegt
und bin es noch. Jeder Ton schien mich zu verklagen, daß

ich Dich verlassen habe. Schon über vier Wochen weg von Dir, der zwölfte Teil eines Jahres, und wer weiß, der wievielste unsres Lebens. Wir sterben ja doch zugleich, gelt Du Liebste? gelt? Ich glaube nicht, daß nach Deinem Tod ein Tropfen meines Blutes so treulos wäre, noch länger sein Wesen zu treiben, jeder würde dem Leben den Gehorsam aufkünden und schlafen gehn. Und wenn ich stürbe, würdest Du auch nicht gar lange mehr leben. Unsre Liebe ist nicht bloß Gefühl, Wille, Bedürfnis; es ist mehr als das alles, was uns zusammenhält. Ich kann's nicht nennen. Unsre Seelen decken sich; jede friert ohne die andre und verblutet sich.

———

21. Juli, zehn Uhr abends.

Diesen Augenblick hör' ich die Turmuhr schlagen und mir wieder zehn Stunden vorzählen unwiederbringlichen Verlusts. Sie sind dahin, und was in diesen Stunden unsre Leiber dem Grabe nähergerückt, wer mag es wissen? Die gehn ihren Weg fort, wir mögen rufen und sie beschwören, unaufhaltsam und taub, Glieder und Sklaven einer andern Welt als die unsre.

Soll ich Dir was erzählen von meinem Heute? Das war eben wie gestern sozusagen. Zwar nicht die Musik, aber solche Unterschiede zählen nicht, das quetschende Einerlei Deiner Ferne ist doch da. Also wie gestern und morgen wie heut. Meine lieben guten Hausfreunde sind in meinem Herzen nicht verschnödet, aber die Kluft zwischen Dir und mir kann mir nicht ausgefüllt werden auf keine Weise, und wenn sie mir Wunder von Freundschaft hineinschütten. Gute Nacht, Sophie! Heute Nacht will ich was Gutes träumen.

———

Heute bin ich recht müde von einem Gange nach Cann=
statt zum kranken Mayer. Es geht ihm etwas besser, doch
immer noch bedenklich. Wie geht es denn meiner Sophie?
Mein Brief vom neunten könnte schon recht gut beantwortet
sein, heute ist der dreizehnte Tag. Treibe doch Maren, daß
er schreibt. Doch vielleicht ist schon Dein Brief auf dem
Wege. Ein stumpfer Postknecht hat das Felleisen, worin
so viel Freude für mich steckt, und er eilt nicht um einen
Peitschenhieb schneller damit. Morgen kommt der Brief
vielleicht. Jetzt weiß ich erst, was ich für ein Verbrecher
bin mit meinem Nichtschreiben. Diesen Augenblick fühle ich
einen quälenden Vorwurf Dir gegenüber. O laß mich's nicht
entgelten und habe geschrieben! Herz! Liebste! Süße!
O Sopherl!

23. Juli, abends.

Der ersehnte Brief ist heute richtig gekommen. Er ist
mir aber zu trocken und kurz. Gute Nacht.

23. Juli, elf Uhr.

Ein mißmutig schläfriges Durchgehen meines Briefes
Punkt für Punkt, das war Deine ganze frostige Antwort.
Nicht ein freundliches Wort im ganzen Zettel. Bettel.

24. Juli.

Liebe Sophie! Du bist doch sonderbar. Wenn wir
beisammen sind, laß ich mir's ja gerne gefallen, daß Du
steif und stutzig, verdrießlich und kalt bist zuweilen. Herz,
liebes Herz, wo neunzig Meilen zwischen uns liegen! schickst

Du mir ein so verflucht kaltes Trutzkartl herüber, und ich kann Dich nicht einmal fragen, was Dir ist! Abscheuliche!

25. Juli, zehn Uhr abends.

Du bist doch das allerliebste Wesen, so weit ich sehe und denke. Mach' was Du willst, Du kannst an meiner Liebe nichts verrücken. O wär' ich wieder bei Dir! Ich halte mein Wort am 20. August und vielleicht früher.

26. Juli, zehn Uhr abends.

Heut bin ich müd' wie ein strapazierter Jagdhund. Ich habe einen sehr großen Spazierritt gemacht in großer Hitze nachmittags um drei und kam erst neun Uhr heim. Ich bin noch immer gestört und sehr unmutig über Deinen Brief. Er könnte mich fast irre machen an Deiner Liebe. Ich kann noch immer nicht wie sonst mit Dir reden. Die verdammte Ferne. Der verdammte Brief. Mich treibt es übrigens mit aller Gewalt heimwärts. Bald reise ich fort. Gute Nacht, liebe Sophie! was hast Du denn?

27. Juli, zehn Uhr abends.

Heute war große Hitze den Tag über und abends Musik samt Hitze. Nichts von allem was ich hörte konnte mich bewegen wie sonst.

Meine Stimmung ist sehr sonderbar. Du sollst mir lieber gar nicht schreiben, als so wie das letzte Mal. Der Brief schnappt am Schlusse ab, daß ich's in allen Nerven spüre. Ich hab' ihn heut wieder gelesen, er liegt auf meinem Tisch wie ein Stück Eis, das nicht schmelzen will.

Liebe Sophie! ich mache ernsthafte Anstalten zu meiner Abreise. Dein Brief hat mich in eine seltsame Unruhe versetzt, aus der mich nur Deine Gegenwart wird reißen können. Es ist dadurch etwas verrückt worden, in meinem Herzen nicht, aber in meinen Gedanken. Ein dunkler Gedanke steht im Hintergrunde und neckt mich, und erwartet Dein Todesurteil. Ich mag ihn nicht aufzeichnen. Im allgemeinen ist es eine gewisse Furcht, Dir nicht mehr zu sein was ich war. Ich habe nicht mehr den Mut zärtlich zu sein nach Deinem letzten Brief. Eine verlorne Liebkosung ist ja das Kränkendste für ein Menschenherz. Gute Nacht.

———————

Heute ist bei mir Zahnschmerz eingekehrt. So ein kranker Zahn ist ein sehr lästiges Ding. Wie viel hast Du dran gelitten, o meine Sophie! o liebes, liebes Herz! wenn ich nur schon bei Dir wäre! Ueber allen Mißverständnissen und Kränkungen steht doch immer die unantastbare Gewißheit unsrer ewigen Liebe. Ich war gestern gewiß im Irrtum, wenn ich glaubte, ich sei Dir jetzt weniger lieb als sonst, liebe Sophie! Morgen früh reisen die Hartmannschen nach Mergelstetten und ich bleibe mit den Reinbeckschen allein zurück. Wie lange? Das wird hoffentlich sich morgen entscheiden. — Gute Nacht. Mein Zahn schmerzt.

———————

Heftiger Zahnschmerz plagt mich in diesem Augenblick. Wenn er nicht bald nachläßt, bin ich gezwungen, mir den hohlen Stumpf ausreißen zu lassen und so wieder einen

kleinen Teil meiner Bagage dorthin vorauszuschicken, wohin
ich in einiger Zeit selbst zu kommen hoffe. — O Sophie!

———————

1. August.

Zahnschmerz, Halsschmerz, Gesichtsgeschwulst — das
sind meine körperlichen Abzeichen; meine psychische ist eine
durch alle Miserabilien des Lebens durchschlagende Sehnsucht
nach Dir. Ich konnte heute nicht ausgehen wegen meines
Halses bei dieser feuchten Kühle, daher hab' ich Cotta, der
erst gestern von seiner mehrwöchigen Reise zurückkam, noch
nicht sprechen können. Hiervon aber hängt meine Abreise
ab. Meine Uebel quälen mich. Gute Nacht, Herzerl.

———————

2. August, elf Uhr abends.

Cotta war heute bei mir. Unsre Verträge werden bis
übermorgen zu stande sein. Dann sollen die ersten Bogen
des Savonarola wenigstens gedruckt werden, bevor ich ab=
reise, weil mir das unverläßliche Druckervolk sonst heillose
Dummheiten in mein Buch hineinstempelt, die für mich ein
stehender Aerger bleiben würden, und auch für Dich. Von
meinen Gedichten hab' ich heute erst den vierten Bogen kor=
rigiert; eine durch Cottas Abwesenheit verursachte Verzöge=
rung. Zu Deinem Geburtstage wird wohl keines der beiden
Bücher noch fertig sein.

3. August, elf Uhr.

Der Tag war wunderlich geteilt zwischen Himmel und
Erden. Savonarola und Cotta repräsentierten mir beide in
einem unangenehmen Konflikte.

Ich sprach mit Cotta über meine Sache. Miserables Zeug, verfluchtes Geld, fort damit. Ich war den ganzen Tag viel beschäftigt mit einem Traum, den ich mit Savonarola in seinem Kerker träumte vor seiner Hinrichtung. Gott! könnt' ich nur diesen Traum aussprechen, könnt' ich ihn nur Dir erzählen, o liebe, wunderliebe Sophie! Herz aller Herzen! In einer schlaflosen Nacht, von Zahnschmerz aufgeregt, träumte ich, wie Savonarola mit seinen Eltern ins Paradies wandert. Manches Deiner lieben Worte und mancher Deiner ewigen Blicke gab mir Klang und Licht zu meinem schönen Traum. Sophie! Du schöne Mutter lieber Kinder und meiner liebsten Gedanken!

4. August, zehn Uhr.

Heute verging mir unter wechselnden Eindrücken. Zu Mittag aß ich mit einem ausgezeichneten Geist, Dr. Passavant aus Frankfurt, der vielleicht bis jetzt das Beste über Magnetismus geschrieben hat. Er interessiert sich stark um alles Religiöse und hat manchen schönen Gedanken über diese Welt gefaßt und die andre. Wenn ich nur immer Dich dabei hätte, liebes Sopherl! wenn ich mit einem recht tüchtigen Kerl sprechen kann; ich würde viel besser denken und sprechen, wenn ich manchmal Dich dabei anschauen könnte. So freut's mich gar nicht recht.

5. August, zehn Uhr.

Dr. Passavant holte mich heut morgen ab auf einen theologischen Spaziergang im königlichen Park. Viel wurde gesprochen von Gott und Teufel, Himmel und Hölle. Es

hatte kurz zuvor geregnet, und wir gingen auf den nassen
Gartenwegen mit einsinkenden Füßen und sprachen von
Dingen, bei denen auch jeder Schritt einsinkt, und ich wurde
sehr schwermütig, und gar gerne hätte ich mich Dir zu Füßen
geworfen und hätte alle Zweifel und Kümmernisse vergessen.
O liebstes Herz auf dieser weiten Welt, einziges Glück! Ich
treibe Studien für meinen Huß. Mein Savonarola genügt
mir gar nicht mehr. Ich bin sehr mißmutig darüber.

6. August, abends elf Uhr.

Den Tag über arbeitete ich, schrieb ich an Max und
Dich, und um acht Uhr ging ich spazieren in den Schloß-
park. Der Himmel war trüb und schwül, die Schatten-
gänge des Gartens waren dunkel und einsam, und mein
Herz war traurig. Wie ich so fortschritt, rollte mein ganzes
vergangenes Leben vor meine Füße hin als ein dunkler
Knäuel, den ich immer weiterstieß, bis er wo an einem
Strauche hangen blieb. Meine liebsten Stunden, die mit
Dir gelebten, was sind sie? Blutige Fetzen eines schlechten
Verbandes. Schlaf wohl. Ich fühle mich elend.

7. August, zehn Uhr.

Meine Zigarre rauchend schreib' ich Dir noch einen
Gruß. Das Aschenstück an meiner Zigarre wird mit jedem
Zug länger, und das Aschenstück meines Lebens wird es
auch mit jedem Atemzug. So eine abglimmende Zigarre
ist ein trauriges Ding. Die Asche fällt nicht weg, sondern
bleibt, die Form des Verbrannten annehmend. So manches,
was wir als Trost bewahren, ist nur solche Aschenkontur.

O Weib! ich möchte weinen, wenn ich denke, wie ich so zer=
falle, ohne daß wir uns ganz umarmen durften.

O wie geht es Dir, Du mein liebes Leben, in dieser
garstigen Ferne? Ich sehe Dich in diesem Augenblicke wieder
recht klar und schön, wie Du mit Deinen Kindern meinem
Wagen folgst. Heute spazierten wir abends mit Reinbecks
und kamen an einem Minimum von Hütte vorüber. Rein=
beck bemerkte, wie genügsam der Mensch doch sein könne,
in solcher Hütte zu wohnen. „O!" rief ich aus, „unter ge=
wissen Umständen möcht' ich gleich da drin wohnen!" Ich
fühlte, als es heraus war, daß ich's mit einer verräterischen
Lebhaftigkeit gesagt hatte. Meine Begleiter haben aus meinen
Worten Deinen Namen herausgehört, wenn ich ihn auch
nicht nannte. Ich merkte das genau. Sophie! Du bist
und bleibst mein innerstes, süßestes und schmerzlichstes Leben,
solang ich lebe. Da fällt mein Blick auf Deinen Brief:

„Leben Sie recht wohl und vergnügt!

Sophie."

In dieser Zeile liegt mein ganzes Mißgeschick. Hättest
Du mir lieber gar nicht geschrieben. Gut Nacht. Liebe!
Liebe!

Ich habe heute einen Spaziergang gemacht eine Stunde
von Stuttgart. Da liegt in einem einsamen Wiesen= und
Waldthal ein recht heimlicher Teich mit Schilf und Fröschen.
Eine gute Einkehr für mich und meine Gedanken. Mein

Schmerz um Dich ift abjolut, da gibt's keinen Troft, das
ift hin, Du bift nicht mein Weib, das ift eine recht tiefe,
ehrliche Wunde, die blutet fort, folang noch ein Blut in mir
geht. Ein untröftbarer Kummer ift aber Deiner und meiner
Natur angemeffen, wir mußten darein verfallen. O, ich fehe
den Leidenszug an Deinem Munde. Laß uns leiden, laß
uns aber lieben, ewig.

10. Auguft, zehn Uhr.

Ja, ewig, ewig! Meine Sophie! Wir haben eine fehr
liebe Blume im Haus, ein blühendes Geranium trifte.
Der füße, geiftige, geheimnisvolle Geruch diefer Blume, die
nur des Nachts duftet, hat mich wunderbar an Dich ge=
mahnt. Blumen erinnern mich immer lebhaft an Dich.
Mich hat eine folche Sehnjucht nach Dir ergriffen, daß ich
das Zimmer bald verlaffen mußte, um nicht aufzufallen.
Gute Nacht, Du fchönfte Blume! füße Sophie!

11. Auguft.

Ein fehr heftiges Gewitter begleitet mich, indem ich Dir
fchreibe. Ein ununterbrochenes Wetterleuchten, wie ein
ftehender Blitz, erhellt die Nacht. Ein ganz vollendeter Por=
trätmaler müßte ein Bild malen können bei diefen Blitzen.
Ich habe mir wenigftens Dein Bild fo in mein Herz ge=
malt, bei aufflackernden Lichtern meiner Leidenfchaft. Und
ich habe es getroffen, das liebe, fchöne Bild. Das war ein
entfetzlicher Donner, ein fchmetterndes, grimmiges Krachen,
fo boshaft, als ob dem Teufel ein Zahn ausgeriffen würde.
Ein ftarker Kiefer, eine ftarke Fauft. Der Regen jammert
ordentlich herunter, es ift eine ganz wilde Nacht. Ich möchte

mit Dir sterben in einer solchen Nacht. Bei diesen Blitzen Dein Gesicht noch einmal sehen und dann nichts mehr. O Gott, gib mir meine Sophie!

————

12. August, zehn Uhr.

Heute war wieder starkes Gewitter abends, und ich höre es noch in der Ferne ausbrummen. Ganze Sträucher von Blitzen glühten am Himmel auf. Ich weidete mich lange an dieser schnellen Vegetation, wo Geburt, Leben und Tod so zusammenschlägt in einen flammenden Augenblick. Es war um neun Uhr. An Dich dachte ich dabei, wie ja nichts an meiner Seele vorübergeht, ohne mir Dein Bild noch tiefer hineinzudrücken.

————

13. August, elf Uhr.

Es war der Tag meiner Geburt. Meiner Mutter war dieser Tag vor 35 Jahren ein banger und froher, wie kein andrer, denn meine Geburt war äußerst schmerzlich und gefährlich, und ich war ihr vom ersten Augenblick meines Lebens das Liebste. Sie ist längst begraben. Sie hat mich zurückgelassen als Dein vorbestimmtes Erbe. Du darfst es nicht antreten. Und doch habe ich auf Dein Leben einen gewaltigen Eingriff gethan; vielleicht es in Trauer gewandelt. Meine Mutter ist schuldlos daran. Sie wird sich aber freuen an unsrem Unglück, an unsrer Liebe. Es ist mir doch sehr wohl dabei, so heimlich für Dich zu bluten. O Du liebes, gewaltiges Weib!

————

14. August, elf Uhr.

Ich bin in der fatalsten Stimmung von der Welt. Jener gewisse verdrießliche Ekel, jenes Aufgeben aller Hoffnung und Freudigkeit für die Zukunft.

————

15. August 1837.

Der Tag verging mir unter mancherlei Anstrengungen. Carl Mayer, dem es mit seiner Gesundheit wieder besser geht, stellt einen zweiten Band seiner Gedichte zusammen und hat mir sein ganzes Manuskript von etwa 500 kleinen Liedern in den letzten Tagen vorgelesen zur Prüfung und Auswahl. Dies Geschäft war sehr anstrengend und ermüdend. Nicht als ob es mir dabei an manchen Eindrücken des Schönen gefehlt hätte; aber das Aufpassen und scharfe Visitieren im Fluge, und stegreifische Kritisieren vorbeiflatternder kleiner Libellen ist Arbeit und Mühe. Zudem meine Korrekturen. Wenn ich in diesen einen recht argen Druckfehler finde, besonders einen solchen, der ohne meine persönliche Gegenwart stehen bleiben würde, bin ich 'ordentlich froh; denn das entschuldigt meine Trennung von Dir wenigstens in etwas. Außer meinen eigenen Büchern hab' ich noch eine Korrektur für Schwab übernommen, der das Wildbad gebrauchen muß. Ich habe heute noch einen Bogen durchzumachen und muß Dir gute Nacht sagen. Liebes Sopherl!

16. August 1837.

Heute war die letzte Sitzung mit Mayer. Im ganzen hab' ich 700 Gedichte angehört und geprüft und recensiert in vier Tagen. Ich bin davon und vom leidigen Korrigieren wirklich angegriffen. Ein abscheulicher Mißmut verfolgt mich schon seit mehreren Tagen. Die Hitze ist hier ekelhaft. Die Luft klebt einem ordentlich schmierig am Leibe. Mir ist infam zu Mute. Gute Nacht, liebe Sophie.

Soeben hab' ich mein heutiges Tagewerk geſchloſſen
und will noch ein Wörtchen mit meiner Liebe ſprechen.

Ich bin ſeit einigen Tagen unwohl. Eine bedeutende
Mattheit, Unluſt, Aergerlichkeit, die zuweilen ans Furioſe
ſtreift, das ſind meine hauptſächlichſten Eigenſchaften in
dieſer Zeit. Geſtern abend begegnete mir ein Eilwagen,
und ich hätte ihm nachheulen mögen wie ein Hund, dem
ſein Herr davonfährt und die Füße abgeſchoſſen ſind. Es
iſt nicht Undank und Gefühlloſigkeit gegen meine guten
Freunde hier; aber mein Lebenselement iſt einmal dort,
wo Du biſt, o Du Kern der ganzen Welt und alle Sehnſucht meines Herzens!

Wieder ein Brief von Dir, an dem ich keine Freude
haben kann. Eine gewiſſe Spannung finde ich in allen
Worten, die Du ſeit meiner Entfernung an mich gerichtet.
Es ſcheint faſt, daß es Dir unmöglich iſt, den Zuſtand innerſten Einverſtändniſſes zwiſchen uns feſtzuhalten, wenn es an
den äußern Zeichen fehlt. Das iſt eine Ohnmächtigkeit
Deiner Liebe, die ich beklage, wenn ſie nicht in beſſern
Stunden andern Gefühlen weicht; auf jeden Fall aber iſt
ſie mir ſtörend. Was iſt das für abgeſchmacktes Geſchwätz
von der Gräfin Marie?[1] Undankbar und ungalant und un-
natürlich ſei meine Art geweſen. Was hab' ich ihr zu
danken? Wann war ich galant? und wo liegt die Unnatur,
wenn ich das Geſpräch mit einem forſchenden Theologen

---

[1] Schweſter des Grafen Alexander von Würtemberg.

und Dichter, den ich wahrscheinlich nie wieder sehen werde, vorziehe dem Umgange einer noch so schönen Dame? Ich soll mich vollends fürchten vor ihr. Narrenspossen. Gute Nacht.

—·—

19. August 1837, zehn Uhr.

Ich habe heute Deinen Brief wieder und wieder ge=lesen und darin immer nur Verstimmung und schmerzliche Spannung gefunden. Kann ich Dir einen andern Beweis geben meiner Liebe, als mein Wort? Genügt Dir das nicht, so hab' ich nichts andres, und Du verdienst auch nichts andres. Ueber das Lügen bin ich wenigstens hinaus, wenn auch meine Fehler groß und viel sind. Es ist wirklich besser, das Korrespondieren ganz aufzugeben, als sich selbst das Glück der Sehnsucht zu verkümmern.

———

20. August, elf Uhr.

Ach! wärst Du mein, es wär' ein schönes Leben!
So aber ist's ein Kämpfen nur und Trauern,
Und ein verlornes Grollen und Bedauern;
Ich kann es meinem Schicksal nicht vergeben.

Undank thut wohl, und jedes Leid der Erde,
Ja! meine Freund' in Särgen, Leich' an Leiche,
Sind Freudenbilder mir, wenn ich's vergleiche
Dem Schmerz, daß ich Dich nie besitzen werde.

Du wünschest mir in Deinem Brief, ich soll fortan vergnügt leben? Meinst Du, ich lebe vergnügt? ohne Dich? O meine Sophie! mein alles!

——— —

21. August, elf Uhr.

Meine Plackerei ist endlos. Ich habe vier Korrekturen zugleich zu bestellen. Meine Gedichte, mein Savonarola, dann Schwabs Gedichte und Auerspergs letzten Ritter. Der heutige Tag war mühsam und traurig. Erst abends kam es etwas besser. Ein Konzert in einem Gartensalon, das man auch im Freien sehr gut hören konnte, füllte drei Stunden angenehm aus.

Das sind so gute Beschwichtigungen. Eine Ouverture von Mendelssohn zur schönen Melusine regte mich wundersam auf. Es tönt ein so träumerisches Leben, eine so dämmernde Schwermut in diesem Stück, daß ich ganz entzückt war. Eine Stelle ist, als ob in einer einsamen dunkeln Grotte krystallene Thränen klingend herab träufelten. Die linke Hand, der volle Baß, streute weiches Moos, die Passagen verwirrten sich wie gekreuztes dichtes Gezweig; ich war recht tief im Wald. — Was thust Du jetzt? o Sophie! Es ist eine stille Nacht. Die Luft schweigt. Wie banges, schwer sehnsüchtiges Erwarten, aber es kommt nichts, als wieder ein einsamer Morgen und ein trüber Tag. Leb' wohl. Ich bin sehr allein.

———

22. August, 10½ Uhr.

Ein stiller, warmer, arbeitsamer Tag. Viel Gedanken an Dich, frohe Aussichten Dich bald zu sehn. Meine Geschäfte gehn rasch vorwärts. Hoffentlich bin ich in zwölf Tagen fertig. Das ist freilich lang, aber ich denke mir's kürzer, damit ich einen Trost habe.

———

23. August 1837.

Wie ein Novembertag auf einer ungarischen Heide, so liegt mir's heut auf dem Herzen. Unsäglich öd und leer und abgestanden ist mir alles was ich treibe und beginne. Mein Erdenleben hat ein Loch, wodurch mir das Beste immer hinausfällt. Du fehlst mir, das ist ein so sonnenklares Unglück, daß mir die Augen wehthun und übergehn, wenn ich drauf hinsehe. Was will ich denn hier? Der geistlosen Horde irreligiöser Lumpen was vorleiern? Wär' ich ein Hufschmied und Du mein Weib, und ich wüßte doch, daß ich nicht umsonst gelebt. Es ist ein Sauzeug.

---

24. August 1837, 11½ Uhr abends.

Soeben hab' ich wieder einen Bogen durchgesucht und durchgeflucht. Ich fange schon an, die Zeilen zu zählen, die man mir druckt, denn ich werde stets ungeduldiger. O liebe Sophie! ich bin doch ein recht armer Teufel.

---

25. August, zehn Uhr.

Diese Trennung von Dir ist ein schleichendes Gift. Meines ganzen Wesens hat sich eine innere Unlust bemächtigt, die mir nach allen Richtungen das Leben anfrißt und verleidet. Heute dachte ich öfter an den Tod, nicht mit bitterem Trotz und störrischem Verlangen, sondern mit freundlichem Appetit. Das sind Folgen meines verödeten Lebens. Meine ganze Poesie erscheint mir auch immer ärmlicher, je länger ich darüber nachdenke. Gott möge mir's verzeihen, daß ich ohne Dich weniger warm für seine Sache sterbe. Ich bin eben krank, ich bin unglücklich ohne Dich und ich werde nur bei Dir froh oder nie mehr.

---

26. Auguſt, 10 Uhr abends.

Der Tag verging mit Arbeit. Die Sonne ſchien ſo hell und freundlich; aber ſie kam und ging, ohne mir Dich zu zeigen, und ſo erſchien es meiner ſelbſtſüchtigen Leidenſchaft, als habe ſie umſonſt geſchienen. Mir iſt alles zuwider. Was helfen dieſe Kritzeleien, wenn ich Dich nicht ſehen kann?

---

27. Auguſt.

Wieder ein recht trauriger Tag ohne einen fröhlichen Herzſchlag. Ich fürchte faſt, dieſer Unmut wird ſich bei mir ſo feſtſetzen, daß ich lange daran werde zu tragen haben. Es iſt ein allmähliges Hineinfreſſen des Verdruſſes in mein Leben, ein Verroſten aller meiner Freuden. Ich bin ein ſehr unglücklicher Menſch.

Was wird mir die Zukunft bringen? Hat ſie denn noch irgend was für mein Leben? Dich wiederſehen iſt ſchön aber ſchmerzlich, denn in der erſten Minute unſres Zuſammenſeins werden wir ſchon blutig anſtoßen an die eiſerne Schranke; nichts gute Nacht, Sophie.

---

28. Auguſt 1837.

Ich bin unwohl. Mein Körper iſt matt, empfindlich, verſtimmt und leidend. Reinbeck bewog mich ein Paar Partien Billard zu ſpielen, wovon ich ſo müde ward, daß ich mich kaum nach Hauſe ſchleppen konnte. Mein Ausſehen iſt erbärmlich. Die Zeit unſrer Trennung macht mich altern, wie eine recht froſtige Nacht im frühen Herbſt einen Wald. Gute Nacht, liebes Herz!

---

29. August 1837.

Mein Zustand ist sehr maßleidig und grämlich. Mich freut eben gar nichts, und ich wollte, es wäre alles vorüber.

---

30. August 1837, 11 Uhr.

Meine Geschäfte nähern sich gottlob ihrem Ende. Diese mechanischen Anstrengungen haben auch ihren Anteil an meiner Verstimmung, die ans Unerträgliche grenzt. Es wimmelt mir im Kopf von lauter Buchstaben. Lieber möcht' ich Holz hacken. Ich bin auch ganz dumm von der elenden Plackerei. Meine Gesundheit hat was Schleichendes ange= nommen, eine tückische Schwäche. Ein Spaziergang ermüdet mich schon, wenn er eine halbe Stunde währt. Es ist hohe Zeit, daß ich bald reise. Die hiesige Luft ist so drückend qualmend; das ganze Thal ist wie eine große Badstube. Ein Windstoß ist Seltenheit. Höchstens gähnt die Luft ein wenig. Mattes Zeug.

---

31. August 1837, elf Uhr.

Liebe Sophie, ich kann Dir heute nicht schreiben, was ich gedacht und gefühlt habe, denn mich plagt ein abscheu= licher Kopfschmerz. Ich bin gar nicht wohlauf. Mein Körper ist sehr abgeschlagen.

---

1. September 1837.

Mein liebes Herzerl, verzeih, daß ich Dir heute nicht geschrieben habe, das heißt heute hab' ich geschrieben, aber gestern nicht.

---

2. September 1837.

Liebes Herz! wie geht's Dir wohl jetzt, während ich basitze und mich in einem garstigen Unmut verzehre? Ein dumpfes, brütendes, und doch zugleich unruhig stachelndes Wesen hat mich seit einiger Zeit eingenommen, daß mir die ganze Welt wie verschimmelt vorkommt. Dieses Un= behagen ist bei mir so groß, daß es im Betragen gegen andre in Grobheit ausartet. Ich bin ein unerträglicher Mensch, auch mir selbst.

3. September 1837.

Ich habe Dir die letzte Zeit kein heiteres Wort, kaum ein freundliches geschrieben. Du kennst mich genug, um das zu entschuldigen. Der Unmut über unsre Trennung hat mir sogar das letzte genommen, womit diese für uns erträglicher werden kann, die Fähigkeit, Dir in der Ferne ein Wahrzeichen zu errichten, daß ich doch mit Dir lebe, weil ich Dich über alles liebe. Der Unmut ist der schlimmste Seelenzustand, weil er die Seele verdumpft und versumpft. Du kannst nicht glauben, wie dumm ich geworden bin. Ich kann über nichts reden, weil mich nichts freut und kaum noch etwas andres ärgert, als daß ich nicht bei Dir bin. Mit aller Voraussicht auf eine trübe Zeit der Trennung habe ich vor meiner Abreise von Penzing doch nicht geahnt diese Fülle von Verdruß und Trübsinn. Dazu erscheine ich mir noch als undankbar gegen meine Freunde hier, die ihr größtes Vergnügen in meiner Gegenwart finden. Weiß Gott, daß ich sie herzlich liebe; aber diese Liebe kann sich nicht geltend machen in mir zu dieser Zeit.

4. September, elf Uhr abends.

Soeben habe ich den letzten Bogen meines Savonarola und den letzten meiner Gedichte korrigiert. Nun ist nur noch Inhaltsverzeichnis und Titel übrig, dann reise ich zu Dir, zu Dir, o Du mein Leben! Die lange, lange Zeit! Ich werde mich lange nicht erholen können von meinem Seelenzustand. Mir ist gar nicht wohl zu Mute.

— ·—

5. September.

Ich kann Dir nichts schreiben heute, liebes Herz! und doch hab' ich so viel an Dich gedacht. Ich bin müde.

———

6. September.

Heute hab' ich an Max geschrieben. An Dich mag ich keinen Brief mehr schicken. Diese gezwungenen Wische heißen gar nichts. O, ein Wort aus Deinem süßen Munde ist mir mehr als alles Geschriebene der Erde. — Könnt' ich nur schon bei Dir sein; wenn ich an die 90 Meilen denke, graust mir.

———

7. September.

Ich bin mit meinen Arbeiten fertig und warte nur noch auf Cottas Zurückkunft, nach welcher ich sogleich ab= reise. O, wie freue ich mich auf Dich, o Sophie! wie viel hab' ich Dir zu sagen! Und doch werd' ich gewiß in der ersten Stunde des Wiederhabens nicht recht sprechen können. Das Herz wird, wenn es endlich wieder entfesselt ist, erst recht zusammensinken in seiner Wehmut.

———

Uebermorgen reise ich von hier ab. Gott! wie freu' ich mich auf Dich, Herzerl, liebstes, schönstes Sopherl!

Morgen früh fünf Uhr reise ich ab zu Dir mein liebes, liebes Herz! Es ist elf Uhr nachts, und ich bin vom Packen müde und von der Aufregung, wieder zu Dir zu kommen.

Auf der Heimreise.

Augsburg, 12. September 1837.

Der Eilwagen wartet hier vier Stunden ab; ich bin von der Fahrt in großer Hitze etwas ermattet, und doch brennt mir jede Stunde auf der Seele, die ich verzögern muß. O, wie hab' ich Deiner gedacht den ganzen Tag! Freudvoll und doch so bang. Ich fürchte mich fast dahin zu kommen, wohin mich doch meine ganze Sehnsucht treibt. Bist Du gesund? Hat Dich nicht jemand gekränkt? Mir ist, als ob mein Himmel auf dem Spiel stünde. Ich quäle mich selbst. Wie wirst Du mich empfangen? wirst Du grollen, daß ich Dir nicht mehr geschrieben? O, thu es nicht, liebstes Herz! Diese fremden berechneten Zeilen, die zwischen uns hin und her gegangen, haben ja doch nichts Gutes gestiftet. Das ist nicht unsre Sprache; besser ist Schweigen und Stillsein, als laut werden und doch schweigen.

München, 13. September 1837, abends elf Uhr.

Der heutige Tag bleibt mir ein wichtiger. Ich habe Franz Baader gesprochen. Ganz nach meiner Erwartung.

Ein großer, gewaltiger Denker. In einem stündigen Ge=
spräche mit ihm wächst man um viele Jahre. Da steigen
Gedanken auf! Der Geist wird einem größer, ganz fühl=
bar größer, um dem großen Gegenmann gewachsen zu sein.
Sopherl! Du solltest mein Weib sein, und wir sollten den
Martensen und den alten Baader in der Kost haben. Bist
Du wieder eifersüchtig? O Herz, sei's nicht. Mit solchen
Menschen werd' ich tiefer und klarer, und je mehr ich das
werde, je mehr muß ich Dich lieben, Du, Du bist —

München, 14. September 1837, elf Uhr.

Den heutigen Tag verlebte ich beinahe ganz mit Baader.
Er kam vormittags zu mir, aß bei mir, und blieb bis in
den Abend. Es wurde viel und gut gesprochen, der Geist
stand im vollen Safte.

Die Gedanken schlugen wie Hagelwetter herunter, es
war ein tüchtiges Leben. Außer Baader aß noch der Baron
zu Rhein bei mir, ein sehr gebildeter, artiger Mann, hiesiger
Oberstudienrat. Baader ist mir sehr lieb geworden, und
ich bin es ihm. Er will mir eine Abhandlung ausarbeiten
und nach Wien schicken, die ich poetisch behandeln soll. Es
ist dieses eine trilogische Darstellung des Verhältnisses der
Sophia, des Logos (das Wort, Christus) und des Satans.
O Sophia! Der alte Baader hat Deinen Namen so schön
und feurig ausgesprochen, als müßt' er Dich kennen.

O Sophie! Du liebes, liebes Herz! — Morgen geht der
Eilwagen nach Salzburg ab. Ich erwarte mit dem Stuttgarter
Postwagen ein Paket, ohne welches ich nicht fort kann.
Hoffentlich trifft es morgen früh ein, und ich reise mittags ab.

Gestern fuhr ich. Heute lieg' ich in Salzburg vor Langweile und verdrießlicher Ungeduld müd und öb. Morgen geht's mit dem Hauderer weiter, weil kein Eilwagen zu haben ist. Ich hoffe immer noch Wort zu halten und vor 20. bei Dir zu sein.

17. September 1837, abends in Lambach.

Ich bin unwohl von der Reise, und von einem Teil meiner Gesellschaft. Nämlich ein unerträglich gemein ge= schwätziger Kerl von Tabulettkrämer fuhr mit meinem Land= kutscher und gellte mir die Ohren voll. Eine alte Böhmin, ein gutmütiges Ding, war der Gegenstand, woran sich der Kerl wandte mit seiner Plauderei. Er trieb es so fort durch mehrere Stunden; endlich fiel ich auf den Gedanken, den Kerl zu langweilen und vielleicht so zum Schweigen zu bringen. Der Vierte im Wagen war ein mir gegenüber sitzender Student. Ich erhob meine Stimme pathetisch und hielt dem Studenten eine lange sehr gründliche und philo= sophische Vorlesung über deutsche Prosodie: da begann der Krämer zu gähnen und endlich schlief er fest ein. Es ist jetzt acht Uhr, ich nehme noch eine Weinsuppe und lege mich dann nieder.

Ich bin sehr angegriffen schon während meiner ganzen Reise. O Sophie! wie schlägt mein Herz nach Dir!

19. September, morgens fünf Uhr in Linz.

Guten Morgen, Du mein liebes, liebes Herz! Möge es für lange das letzte guten Morgen! aus der Ferne sein. Wenn das Dampfschiff Wort hält, so halte ich's auch, und wir sehen uns noch heute. Um sieben Uhr fahren wir ab.

22. September 1837, abends zehn Uhr.

Heute warst Du wieder einmal recht heiter, liebe Sophie, und hast mir wohlgethan in meinem Herzen. Es freut mich, wenn wir unser Los vergessen und froh sind wie Kinder, die in einer Wüste spielen oder auf Gräbern; hier mit den todentsprossenen Blumen, dort mit dem leeren Becher; bis sie auf dem Grabe plötzlich ihre Verlassenheit merken und unbefangen weinen; bis sie in der Wüste auch durstig werden und nach einem Trunke schreien. O laß uns öfter solchen Kindern gleichen und uns gerne vertiefen in die frohe Vergessenheit, und wachen wir auf, so laß uns die Verlassenheit verschmerzen und den brennenden Durst! O Sophie! Du liebes, edles, süßes Weib! Schlaf wohl!

Am Abend vor Deinem Geburtstag 1837.

Mit Bewegung erwarte ich diesen Tag, der in meinem Leben wichtig geworden ist wie kein andrer. An diesen schönen Tag knüpft sich meine tiefste Klage und mein unermeßliches Glück. Es ist mein zweites Weihnachten. Deine Geburt wird hinauswirken über mein Erdenleben auf meine Ewigkeit. Ich habe die stärkste Gewißheit davon. Gott habe Dank für diesen Tag. Mögen wir ihn noch oft zusammen verleben. Ich bin durch Dich besser geworden. Du überschätzest mich, aber Deine hohe Meinung von mir ist mir heilsam, denn sie ist mir ein dringendes Gebot, mich ernstlich zu veredeln, damit ich nicht allzutief unter den Gedanken bleibe, die Du von mir hast. Der größte Lohn für alles, was ich noch erstreben mag, wird mir in Deiner schönen Seele blühen, und in ihr finde ich die bitterste

Strafe für jeden verfehlten Augenblick meines Lebens. Wie Du mir ein rettender und versöhnender Engel geworden bist, so auch ein strafender. Ich bin Dein mit allen meinen Hoffnungen, Wünschen und Werken. Ueberall wo ich Gottes starke Hand fühle, spüre ich auch Deine liebe Hand, und ich kann oft beide nicht voneinander unterscheiden. O Sophie! Du bist das Herz meines Lebens, es kommt von Dir und strömt zu Dir zurück. Ich bin ewig Dein.

28. September 1837.

Ich hatte Dich den ganzen Tag so wenig. Ich möchte alle Verbindungen verwünschen, die mich von Dir abziehen. Auersperg ist in einer so fatalen Lage, daß ich seine Unart gegen mich verzeihen und ihn mit einem Rat stützen muß. Er ist gebrochen wie ein Bündel zerknickter Weinreben, die man in den Ofen schiebt. Es fehlt ihm der geistige Halt in dieser schlimmen Lage, weil ihm die geistige Heimat fehlt und er immer gewohnt war, vor den Stimmen des Ernstes ins Fleisch zu flüchten, dieses schlechte, verwesliche Asyl. Er dauert mich, weil, wenn er untergeht, ein schöner Funken mit ihm erlischt. — Du bist mir diesen Abend so schön erschienen in Deiner Heiterkeit und Liebe. O daß ich Dich verlassen mußte!

7. Oktober 1837.

Der heutige Tag war einer der schönsten meines Lebens. Mein ganzes Herz zuckte in seliger Wehmut vom Morgen bis in die Nacht. Du standest mir gegenüber mit Deiner unbeugsamen Zärtlichkeit, daß ich Dich verschlingen wollte und anbeten zugleich. Vergiß Du diesen Tag nicht, es war wieder einmal recht gute Zeit in meinem Herzen, jeder Winkel meines Herzens war beleuchtet, ein schöner, festlicher, unvergeßlicher Tag. Ich möchte jetzt an Deinem Bette knieen und Dir auf die Füße weinen und sie tausendmal küssen, die Dich heute früh zu mir trugen an unsre liebe Bank, wo mein Herz so manchen seiner heftigen Schläge gethan hat, in Freud' und Schmerz. Ich erwartete Dich heute mit brennender Ungeduld, und die kleinen Blümchen konnten Dir nicht sagen, was ich fühlte, als ich sie Dir zusammenlas. Ich hatte nicht den Mut, Dir das Sträuß= chen zu geben, ich weiß nicht warum, ich ließ es liegen bis Du selbst es nahmst. O verzeih mir den flüchtigen Ge= danken von neulich, die Erinnerung an meine Tage in Heidelberg. Nur ein leichter Wimpel flatterte zurück nach dieser Vergangenheit, während meines Lebens Anker wie immer festlag im festen Boden Deiner Liebe. Laß Dich nicht beirren, laß Dir das Liebevolle und Treuherzige, was ich Dir gesprochen in meinen besten Stunden, nicht auf= wiegen von einem mürrischen Einfall einer bangen Minute. Doch ich verlasse mich auf Dich. Ich gebe mich Dir hin mit allen meinen guten und schlimmen Seiten, mach Du meine Rechnung, sie liegt in Deinen Händen, Du wirst mich nicht verlassen. Deine Schwelle ist die letzte, an der ich was begehre; von dieser wende ich mich nur noch an jene dunkle, über welche ich freudig schreiten werde, oder zögernd und klagend, wie es unsre Liebe will.

8. Oktober 1837.

Du hast den heutigen Tag, der auch ein schöner war, noch mit einer Unfreundlichkeit geschlossen. Als wir zum

Abendessen gingen, schnittest Du kalt und fast trotzig ab.
Was war's? Ich weiß es nicht; aber ich weiß, daß ich Dir
heute noch manches schreiben wollte, was jetzt nicht mehr
heraus will. Je glücklicher, desto empfindlicher. Mich be=
unruhigt der Schluß des heutigen Tages. Du fandest mein
Gesicht falsch, als ich neben Dir saß, wie eine Katze, sagtest
Du. Ich hoffe, Du sagtest es zum letztenmal, denn das
ist ein Punkt, worin ich keinen Spaß verstehe, liebe Sophie.
So hoch steht mir kein Mensch, daß ich es der Mühe wert
fände, gegen ihn falsch zu sein; und hinwieder stehst Du
mir zu hoch, als daß ich's könnte. Statt dieser herben und
spitzen Worte hättest heute viel süßere und weichere be=
kommen, hättest Du mir noch einen freundlichen Blick ge=
gönnt.

Es erweckt mir eine peinliche Empfindung, wenn ich
auch nur im Scherz meinen Charakter gegen Dich vertei=
digen soll. Demütige mich nicht, auch nicht scherzend. Das
ist eine Verletzung, welche immer Blut gibt, wenn sie noch
so leise ritzt, welche aber selbst von Dir nicht geheilt wer=
den könnte, wenn sie einmal tiefer schnitte.

Du hast mich oft des Stolzes geziehen, und ich kann
ihn nicht leugnen. Auch meine Liebe, so breit sie sich auch
in meinem Herzen gemacht hat, konnte ihn nicht verdrängen,
sondern verband sich mit ihm schwesterlich. Ich liebe Dich,
weil ich auf Dich stolz sein kann, denn ich fühle, daß Du
sehr edel bist. Aber mutwillig warst Du heute. Diese
Nacht habe ich gewiß den Traum nicht wie in der vorigen.
Als Du mir die Pfeifenschnur übergabst, hieltest Du Deine
Finger so steif, als wären sie Dir gefroren gewesen. Recht
kalt warst Du da. O Sophie!

Wenn Kränkungen, deren ich bei meiner großen Reiz=
barkeit nur allzu empfänglich bin, mir das Verhältnis zu
Deinen Angehörigen so lange verunstalten, bis die böse
Empfindung verklungen ist, dann ist es immer das Schlimmste
daran, wenn Du die Störung gleich auf unser Verhältnis
beziehst und alles aufgeben möchtest. Ich müßte ein ganz
andrer Mensch sein, wenn solche Dinge ohne Galle an mir
vorbeistrichen. Das geht nun einmal nicht. Aber die fatalen
Dämpfe ziehen ab, und es bleibt das Gute zurück. Das
Gute aber ist der Charakter dessen, der mich beleidigt hat.
Unarten sind ihm, wie jedem Menschen, in seinen verwickel=
ten Verhältnissen angeflogen; ein gewisser leichtfertiger Ueber=
mut mag sich bei ihm angesetzt haben, durch seinen vielen
Umgang mit solchen Menschen, denen er nicht nur an äußerer
Stellung, sondern auch an Verstand überlegen ist. Wird
aber diese Eigenschaft an mir geübt, dann hat sie sich an
den unpassendsten Gegenstand von der Welt gewendet. Ich
bin von Haus aus so gemacht, daß ich mir keine Gering=
schätzung gefallen lasse; in meiner jetzigen Lage wird mir
eine solche doppelt unerträglich, denn es überschleicht mich
dabei jedesmal das Gefühl, als erlaube man sich dergleichen
gegen mich, weil man sich einer gewissen toleranten Scho=
nung gegen mich bewußt ist.

Das ist die Quelle meines ätzenden Aergers. Liebes
Herz! Laß Dich nicht beirren und glaube nicht gleich an
den Tod meiner Liebe, den Du nicht erleben wirst.

Ich möchte gleich jetzt sterben. Mir ist ganz so zu
Mute, als wäre ich reif dazu. In mir ist ein Aufruhr.
Mein Leben ist mir äußerst verdächtig, es will mich an
einem langsamen Feuer braten. Mein Leben ist tückisch,
ein Verräter. Warum haben wir uns kennen gelernt? Um
uns an einander zu üben, zu betrüben? Finden wir es
erst drüben?

21. Oktober 1837.

Deine Worte von heute abend sind wie Balsam in
mein Herz geflossen. Ja, Du liebes, edles süßes Weib,
unser gemeinsames Leiden soll uns heilig sein. Ich schmähe
diese Stunden nicht und ich bereue nicht, Dich gefunden zu
haben. Solche Stunden bestürmen das Herz zugleich mit
einem Uebermaß von Lust und Leid, daß das verwirrte
nicht weiß, ob es bluten soll oder lachen, und verzweifeln
möchte in seinem Himmel; aber sie sind die besten meines
Lebens. Hätte ich Dich nicht gefunden, so hätte ich auch
nie erfahren, was es heißt, von einem Weibe geliebt zu
werden, die es wert ist, daß mir mein Unglück das Liebste
ist, was ich habe. Ich habe mir nie ein Glück geträumt,
wogegen ich dieses Unglück vertauschen möchte. Ein Blick
in Deine Seele ist nicht zu teuer erkauft mit dem schmerz-
lichsten, bis an meinen Tod fortgekämpften Entsagen.

28. Oktober 1837.

Ich erzählte heute, während Du fort warst, Deinen
Kindern einige Märchen aus dem Stegreif, und sie fanden
vielen Beifall. Die liebe Zoe horchte mit der gespanntesten

Aufmerksamkeit, sie war sehr vergnügt; nur ein paarmal, als die Geschichte etwas grausig wurde, bat sie mich schnell fortzumachen, weil sie schon wieder trübe Augen bekomme. Sie war allerliebst, Deine Tochter, und ich bemerke täglich mehr an diesem anziehenden Kinde, wie sie allmählich von der Liebenswürdigkeit der Mutter in sich gesogen hat. Ernst war sehr possierlich, indem er seine Gemütsbewegungen in allerlei Grimassen zu verbergen und zu verarbeiten suchte. Nach einer guten Weile entließ ich mein kleines Auditorium und machte noch ein Sonett. Darauf fuhr ich in die Stadt unter tausend Gedanken an Dich. Liebes Sopherl! Wann wird denn einmal Ruhe werden mit diesen Redensarten von einem Höherstehen, Herabziehen und dergleichen? Laß Dich doch einmal bekehren von Deiner Demut. Ist Dir die Schranke nicht genug, die uns ohnedies trennt, daß Du mutwillig noch eine Scheidewand dazu brauchst? Wenn Du mich immer so fremd Lenau nennst, so werde ich mich gar nicht mehr so nennen, sondern bloß Niembsch.

29. Oktober 1837.

Ich war heute den ganzen Tag traurig, und jetzt beim Schlafengehen bin ich es am meisten. Könnte ich machen, daß ich durch Dein Leben nur so wie ein Zugwind gestrichen wäre, ich würde vielleicht wünschen, daß dies meine letzte Nacht sei. Aber Du würdest klagen, vielleicht noch lange, denn ich habe tief in Dein ganzes Leben eingeschnitten, Deine schlimmsten, wie Deine besten Stunden kommen von mir, und die meinigen kommen von Dir. Glück und Un= glück haben uns enge zusammengebunden, wir müssen's aus= tragen bis ans Ende. Dieses Band darf nie zerreißen. Es

soll auf Erden nichts Festeres geben als unsre Liebe. In
dieser Festigkeit behauptet sie ihre Rechtfertigung und Hei-
ligung. Ich bin vollkommen Dein eigen. Störung von
außen und hier und dort ein Verdruß von innen dürfen
mir mein Gefühl nie wanken machen. Darunter kann mein
Herz leiden, aber nicht meine Liebe. Diese ist tiefer als
mein Herz. Sie wurzelt durch mein Herz hindurch in Gott,
der uns halten wird. Manchmal ist mir die Verzweiflung
nahe, aber sie wird mich nicht fassen, weil Du so gut bist
und edel. Das hebt mich immer wieder und freut mich.
Gute Nacht, meine liebe Sophie!

3. November 1837.

Ja, Du herziges Herz! Du bist die höchste Gewalt
für mich. Du bist nicht machtlos; Du hast als meine Kö-
nigin mein Leben in der Hand. Ich habe das Wagstück
einmal gethan, mich mit Leib und Seele einem Weibe zu
verkaufen, und dabei bleibt's. O, Du bezahlst gut! Heute
abend hat wieder der ganze Himmel Deiner Seele auf mich
geleuchtet, der ganze! Gottlob, Sophie, daß so etwas nur
ich zu sehen bekomme; denn wer es sonst sähe, müßte Dich
auch lieben, und wir würden uns vor Deiner Thüre tot-
schlagen. So wie Du, blickt kein Weib mehr auf Erden.
Und vom Auge geht es aus und verteilt sich auf alle die
schönen Züge, wie eine Ueberschwemmung von Seligkeit.
Du warst heute rasend schön und lieb. Wärst Du da!
o wärst Du da!

21. November 1837.

Mir geht es wie Dir. Was kann ich schreiben? Nach
einem solchen Sturme von Freude mit schwachen Worten

herumfächeln, was heißt das? Aber dies Blatt sollst Du
aufbewahren, daß es Dich in einer fernen künftigen Stunde
mahne an eine vergangene sehr schöne. Sie ist vorüber
wie eine himmlische Erscheinung. Mein Herz zittert noch.
Ich liebe Dich unaussprechlich. Vergiß diese Stunde nicht.
Sie wiegt alles tausendfach auf, was wir gelitten. Wenn
ich Dich auch nicht ganz haben durfte, so hatte ich doch mehr,
als meine schönsten Träume jemals für möglich hielten.
Wie reich bist Du! wieviel kannst Du geben, wenn Du
noch so viel zurückbehältst! Und gäbst Du mir auch alles,
so wär's doch nicht alles, ich fände immer neue, tiefere
Hintergründe Deines zauberhaften Wesens.

27. November 1837.

Das Gespräch mit Deinem Vater habe ich heute sehr
notdürftig und lahm geführt. Ich konnte ihm nicht die
Aufmerksamkeit zuwenden wie sonst. Es trieb mich auch
früher fort. Ich fühle mich sehr abgeschlagen. Alle meine
Gedanken sind morsch und reißen mir ab, sie sind mürb
geweint wie verwittertes Tauwerk, und meine Segel hängen
schlaff. Das süße Gespräch mit Dir hat nur flüchtig ge-
holfen. Mir ist wieder bang um's Herz.

28. November 1837.

Diese Niedergeschlagenheit ist anhaltend. Der Gedanke
an Deinen Zustand will mich nicht verlassen. Er überzieht
mir alles mit einem dicken Nebel. Als ich heute bei Deiner
Mutter vorlas, kam mir mein Gedicht sehr schlecht vor. Nur
mit Anstrengung ging es weiter. An meine neue Arbeit
mag ich auch nicht denken. Diese Hussiten erscheinen mir

wie gemeine Mörder. Es ist mir alles verdüstert. Bangig=
keit ist der schlimmste Zustand. Wenn es noch ein gesunder
Blitz wäre, der meinem Haupte drohte: er fahre herunter!
Aber dieses heimlich heranschleichende Ungeheuer, das ich
fürchte, verlegt mir jeden Schritt und erfüllt mir das Herz
mit Gram und Entsetzen.

Sophie! Sophie! Jetzt fühl' ich erst, wie ich Dich liebe.
Es wäre eine abscheuliche Grausamkeit, wenn Du nicht das
Aeußerste thätest für Deine Genesung. Du hast mein ganzes
Leben und Wirken an Dich gebunden. Manches ist in Deine
Hand geliefert. Bedenk es. Es ist keine Galanterie, wenn
ich Dir sage, daß ich ohne Dich nicht leben kann. Es ist
voller Ernst. Der bloße Gedanke an Deinen Tod vergiftet
mir die Welt. Ich habe meine Leidenschaft für Dich groß=
gezogen, ich ließ sie ohne alle Hemmung heranwachsen, es
wäre mir frevelhaft gewesen, wenn ich mich nicht mit meinem
ganzen Leben in dieses Gefühl gestürzt hätte, denn unsre
Liebe war meine Rettung und mein Heil. Jetzt aber steht
sie mir so gewaltig gegenüber, daß ich erschrecke. Ich habe
mich daran gewöhnt mein Bestes und Heiligstes aus ihrer
Hand zu empfangen. Meine Frömmigkeit ist vielleicht noch
ein Kind, das ohne diese Mutter nicht leben kann. Erhalte
Dich. Es ist viel an Dir gelegen. Wenn ich sterbe, so
verlieren ja auch Deine Kinder einen treuen Freund, der
ihnen vielleicht einst willkommen wäre. Doch Du müßtest
mich nicht lieben, wenn Dir mein Schmerz allein nicht genug
wäre, um Dein Herz für meine dringende Bitte zu gewinnen.
Schone Dich, hörst Du? Schlaf Dich aus. Brauche alles,
was Dir verordnet ist. Trag den Arthur nicht mehr. Aer=
gere Dich nicht über Deine Dienstboten. Aergere Dich gar

nicht. Besonders nicht über mich, denn das schadet Dir am meisten. Freue Dich recht an Deinen Kindern. Bete öfters. Denke, was wir doch haben, wenn wir auch nicht alles haben dürfen, und sei froh darüber. Liebe mich ewig, denn es ist heilsam und lebenserhaltend, ein ewiges Gefühl im Herzen zu tragen. O Sophie! liebstes Herzerl! wenn nur das Theater schon aus wäre.

6. Dezember 1837.

Dein Schreiben hat mich sehr erfreut. Möchtest Du doch jeden Tag schreiben. Ich soll Dir's gleich sagen, wenn die andre einen Eindruck auf mich macht, Du würdest Dich dann trösten mit der Erinnerung an unser gestorbenes Glück? Wäre Dir das ein Trost? Denke ich mir einen solchen Fall bei Dir, so wäre mir jede Erinnerung an unsre Vergangenheit ein Dolch, der mir Gegenwart und Zukunft tödlich verwundete, es wäre ein Groll, den nichts auf Erden versöhnen könnte, ich würde Dir unsre Vergangenheit nachwerfen, indem ich von Dir schiede. Dein Herz wäre mir unheimlich, und ich würde an ihm vorübereilen, wie der Wanderer an der Räuberhöhle, wo er geplündert worden. Die andre wird keinen Eindruck auf mich machen. Mein Gefühl für Dich ist zu sehr mit meinen größten und heiligsten Angelegenheiten verwachsen, als daß es sich verdrängen ließe. Dieses Gefühl steht im Schutze meiner Ewigkeit. Ist Dir anders zu Mute? spürst Du in Dir eine Möglichkeit des Abfalls, daß Du sie so leicht bei mir voraussetzest? — Ich soll Dir nicht aus Mitleid treu bleiben? Was ist eine Treue aus Mitleid? ist sie nicht gerade der schnödeste Verrat, weil sie ein versüßter Verrat ist? Das ist ein Ungedanke. Diese

Aeußerungen haben mich freilich nur insofern erfreut, als
sie mir Deine Aufrichtigkeit zeigen; aber sehr schön sind die
Worte Deiner Genügsamkeit und ruhigen Ergebung, da kann
ein Zigeuner viel lernen. Lebe wohl. Ich eile zu Dir.

8. Dezember 1837.

Meinen eigenen Herd zu haben und meine eigene Fa=
milie, der Wunsch, meinst Du, könnte plötzlich in mir
erwachen und mich empfänglich stimmen für die Liebens=
würdigkeit u. s. w. Was den Herd betrifft, den mag ich
nicht, wenn nicht Du meine liebe Hausfrau bist, und was
die Kinder betrifft, die mag ich nicht, wenn nicht Du sie
mir geboren hast. Wie oft soll ich Dir denn noch wieder=
holen, daß alle solche Wünsche nur durch Dich einen Sinn
haben für mein Herz? Eine Stunde, wie gestern abend,
ist mir mehr als Haus und Hof und Herd und Kinder mit
einer andern, oder, wie Du sagst, mit der andern. Ich
habe Deinen Zettel wieder gelesen. „Du bist mir ver=
fallen“ heißt es drin. Das Wort hat mich sehr freudig
ergriffen. Es ist mir, als hätte mir der Himmel gesagt,
ich sei ihm verfallen. O, halte fest an Deinem Raube, wie
die Welt Dein gutes Recht nennt. Aber ich werde Dich
auch nicht locker fassen, darauf kannst Du Dich verlassen.
Der Geier hat Dich in seinen Krallen, Du mußt schon mit
ihm fahren, denn läßt er Dich aus, so fällst Du Dich wund
oder tot. Es ist kein Scherz mit einer solchen Fahrt zu treiben.

Du hast es endlich herausgebracht, daß Du gerade recht
bist für mich. Daß Dein kleiner Arthur herhalten mußte,
und Dir endlich zu dieser Erkenntnis verhalf, ist freilich ganz
eigen; doch ist mir's am Ende gleichviel, auf welchen Wegen

Du dazu gelangt bist, wenn es nur einmal recht unerschütterlich feststeht in Deiner lieben, schönen Seele, daß wir zusammen= gehören. Ich geb' es sogar zu, daß Du in gewisser Weise mein Kind bist; Du mußt mir dagegen auch zugeben, daß ich ebenso Dein Kind bin. Du verstehst mich. Wenigstens sind Empfindungen in mir, früher ungekannte, die Dich als ihre Mutter begrüßen und immer als solche hoch in Ehren halten werden. Und so wäre .denn die Gleichheit zwischen uns wiederhergestellt, gegen welche Du Dich so gerne auflehnst. Der einzige Abstand ist der, daß ich Dich mehr liebe, als Du mich. Ich hätte Dir gewiß nicht zugeredet, daß Du mit einer Freundin nach Gräfenberg wanderst und Deine Glut in der Flut des wässerigen schlesischen Bauern[1] abkühlst. Warte nur, ich werde schon gehen.

<hr>

13. Dezember 1837 (aus dem Tagebuche).

Sie war gestern abend über meine Entfernung so ver= stimmt, daß sie alle besonnene Rücksicht vergessend mit mir und Max kein Wort sprach und sich lieber seinen bitteren Bemerkungen aussetzte, als sich ein wenig überwunden hätte. Sie wollte mir zeigen, wie ich sie gekränkt hatte. Heute sagte sie mir, sie sei desperat gewesen, was mir recht weh that. Ich sitze doch recht tief in ihrem Herzen, und ich bin über ihren Kummer von gestern darum am meisten erschrocken, ob sie nicht vielleicht glaubt, ich mißbrauche das Bewußtsein ihrer Liebe. Wenn ich es mißbrauche, so frevle ich an mei= nem teuersten Gut; denn wie sehr ich meiner Sophie auch entfremdet scheinen mochte in den letzten Tagen meines

---

[1] Vincenz Prießnitz, Begründer der neuen Wasserheilkunde.

kranken Körpers und Gemütes, jenes Bewußtsein war doch
immer der Zusammenhalt meines Lebens, und mitten in
meiner düsteren Apathie hätte Sophie nur ein liebloses Wort
sprechen dürfen, und sie hätte mich in den tobendsten Schmerz
gejagt aus meiner bösen Stille. Die ungestörten glücklichen
Minuten heute morgen haben mich wieder erheitert. Nur
eine Besorgnis hat mich den Tag durch begleitet, was sie
sich wohl denken mag von meiner Inkonsequenz, diesen ewig
zerscheiternden Vorsätzen, einmal ruhig zu sein? Mich drückt
der Gedanke oft peinlich.

Recht ehrlich und fest hab' ich mir's doch eigentlich nie
vorgenommen. Es war nur immer ein halber Wille. Kann
ich es nicht wollen? will ich's nicht wollen? Sie hat mir
nie mit einem Winke gezeigt, daß sie mich wegen meines
Ungestüms weniger achte. Das wäre das kräftigste Mittel.
Niemand kennt mich wie sie, darum wäre mir ein Fallen
in ihrer Achtung der schmerzlichste Verlust. Was sie von
mir denkt, ist ein Teil meines Selbstbewußtseins, weil mich
außer mir niemand kennt als meine liebe Sophie. Darum
bitte ich sie aber auch bringend um unbedingte Offenherzig-
keit in diesem Punkte. Jede Täuschung wäre hier gefährlich,
weil sie später gewiß zu einem tragischen Ende führen müßte.
Sie schläft, während ich schreibe. O, schlafe süß und erquickend, Du mein Liebstes! Meine ganze Freude ein einziges zitterndes Blatt. Sinkt mir dieses, so ist für mich der
ganze Wald tot und verloren.

Dezember 1837 (aus dem Tagebuche).

Wenn sie so sehnlich wünscht, ich möchte ein Trauerspiel
schreiben, so ist das vielleicht ein dunkles, doch wahres Ge-

fühl ihres Herzens. Es wäre allerdings beſſer, ein Trauer=
ſpiel zu ſchreiben, als mein und ihr Leben ſchonungslos ins
Tragiſche hinauszutreiben. Damit will ich aber nicht mein
ungeſtümes, unheilvolles Betragen beſchönigen und es gleich=
ſam als einen ins Leben verirrten poetiſchen Trieb bezeichnen.
Nein! dieſe zerſtörende Heftigkeit meiner Seele iſt ein manch=
maliger Rückfall in böſe alte Stimmungen, ein plötzlicher
Aufſchrei meiner heidniſchen Zeit. Zuweilen naht ſich dem
friedlichen Hauſe meiner Liebe ein wildes Tier aus jener
Wüſte,[1] in welcher ich mich einſt herumgetrieben, und ſchreit
nach mir und will mich zurückrufen. So war es geſtern.
Ich folge dem Rufe nicht. Ich bleibe bei Gott und meiner
Sophie, die mich zu ihm geführt hat. Möchte ſie doch dieſe
Worte behalten und, wenn jemals wieder ein Aehnliches ge=
ſchieht, nicht an mir verzweifeln. Ich bin dieſen Augenblick
völlig klar und ſchaue in mein Inneres. Hier aber ſteht
es feſt und leuchtend, daß ich ohne meine Sophie noch in
der Wüſte irrte. Meine Liebe hängt durchaus mit meiner
Religion zuſammen. Ich kann die eine nicht aufgeben ohne
die andre. Als ich die häßlichen, uneblen, unritterlichen
Worte geſprochen hatte, war mir, als ſei ich von Gott ab=
gefallen; und dieſe Worte werden mir meine Sterbeſtunde
verbittern. Sie waren eine Verleugnung meines Heils, eine
Ausrenkung meiner Seele, ein giftiger Undank gegen meine
Wohlthäterin. Der ſchwarz eingefaßte Zettel, den ſie mir
abends gab, ſoll mich immer gemahnen an den ſchwarzen
Rand des Abgrunds, in den mich meine Leidenſchaft werfen

---

[1] „O wäre ſolch ein Tiger mein Genoſſe!“ Einleitung zu den
„Albigenſern“.

kann. Soll ich Dir alles sagen? Wiſſe, daß ich wirklich daran dachte, mir den Tod zu geben.

So treibt mich die Liebe von einer Raſerei zur an=
dern, von der zügelloſeſten Freude zu verzweifeltem Unmut. Warum? Weil ich am Ziel der höchſten, ſo lang und heiß=
erſehnten Wonne immer wieder umkehren muß, weil die Sehnſucht nie geſtillt wird, wird ſie irr und wild und ver=
kehrt ſich in Verzweiflung, und meine Liebe, ewig mit ſich ſelbſt im Streite, ewig ſich ſelbſt verkürzend und quälend, zerwirft ſich mit ſich ſelbſt und wird mir zur Pein, aus welcher ich mir in unglückſeligen Augenblicken Erlöſung wünſche. Das iſt die Geſchichte meines Herzens. Könnte ich es zu einer Seelenruhe bringen, daß mir das Bewußtſein meines zärtlichen Opfers, meiner entſagenden Schonung für Dich, zum Genuß würde, ſo wäre alles gewonnen. Aber noch iſt mir das Opfer eine Qual, und ich kenne keinen Genuß als den einzigen, den ich ſtets wünſchen und vor dem ich immer zittern muß.

4. Januar 1838.

O, welch ein Abend! Heute hat ſich mein Herz ganz geöffnet. Bis jetzt unbekannte Wonnen haben mich über=
ſtrömt. Ich bin in dieſem Augenblicke ſelig. Ich habe keinen Wunſch, als Dir Freude zu machen. Ich möchte noch heute nach Penzing laufen und Dir Deinen Hund holen, weil Du ihn ſo gern haſt. Herzerl! ich will morgen ſpazieren und alle Tage. Wie warſt Du dieſen Abend! O, nur ein paar ſolche Abende jenſeits, ſo hat es mit dem Himmel ſeine Rich=
tigkeit. Worin könnte denn auch die Freude dort beſtehen, als daß wir noch inniger lieben werden, als hier. Dank

Dir, Sopherl, noch inniger! Mit Dir zu den Füßen Gottes sitzen und Dich festhalten, das wird das beste sein. Ich bin heute wirklich auch viel besser als gestern, in solchen Stunden wachsen wir dem ewigen Leben zu. Ich bin sehr glücklich. —

Du hättest mich nicht auffordern sollen, daß ich heute Dir noch schreibe. Ich bin mißmutig über und über. Alle verlorenen Wünsche und Hoffnungen lagern sich um mich herum, daß ich mit dem Kopf in den Boden fahren möchte, mich davor zu verbergen. O Sophie! Was helfen denn diese Verse, die ich mache in meiner einsamen Werkstätte? Unbefriedigendes Treiben! Wärst Du mein Weib, so würde ich's besser machen, und was ich gemacht habe, gefiele mir auch besser. So aber scheint mir beides elend, so oft ich mir mein verfehltes Lebensglück recht lebhaft denke und mich dann durch mein Geschick angewiesen fühle, in meiner Schrift= stellerei einen Ersatz für jenes zu suchen. Ich möchte meine Schriften mit Füßen treten, wenn sie sich einbilden wollen mich darüber zu trösten, daß Du nicht mein bist.

28. Januar 1838.

Wie wird doch all mein Trotz und Stolz so gar zu= nichte, wenn die Furcht in mir erwacht, daß Du mich weniger liebest. Dein Herz ist das Beste, was ich habe, und solche Gedanken lehren mich zittern. Es war kein Scherz mit Amerika. Ich ginge wahrhaftig dahin und würde in meinem Waldversteck den armen Rest meines Lebens einsam ver= brummen. Daß ich dann für meine Schwester, meine Freunde und die Welt verloren wäre, das hättest Du ver= schuldet, und das wäre meine Rache, o Du alsdann Falsche,

Heillofe, Verruchte! Ich ließe bei meinen Lebzeiten schwer=
lich mehr was andres drucken als Straflieder an Dich. Die
sollten Dir dann fürchterlich herübertönen, jedes Vergnügen
stören, und liebteft Du einen andern, so würden meine
Lieder den Glücklichen vor Deinen Augen zu Staub zerreiben,
denn groß würde ich mich Dir zeigen in meinem Zorne,
daß jeder andre, der Dein Herz besäße, neben mir elend
herauskäme. O, nicht ungeftraft dürfteft Du den Frevel
verüben an der größten Liebe, die je einem Weibe zu teil
geworden. Wenn Du aber so zärtlich bift, wie in den
letzten Tagen, so soll es Dich nicht gereuen. Ich bin reich
und kann Dich belohnen. Schau Dich um im weiten Kreife
Deiner Bekanntschaften, ob Du einen findeft, der sich an
Herzenskraft mit mir meffen kann. Seit drei Jahren fteht
mein Herz für Dich in Flammen, und Du kannst mir kein
Stäubchen Asche zeigen, das dem Brande entfallen wäre,
weil hier kein irdisches Material verzehrt wird, sondern alles
meine Seele dazu hergibt. Sophie! denke, was Du besitzeft,
und sei ftark und ewig frisch in Deiner Liebe!

28. Jänner 1838, abends.

Die alte Zitrone läßt noch einige schwarze Tropfen.
Wenn ich heute wirklich so miserabel aussah und es damit
bald weiter und weiter geht, so werb' ich mit allem Eifer
daran gehn, wenigftens meiner Seele ein erträgliches Aus=
sehen zu geben. Das Altern ift ein fatales Ding für einen
Liebenden. Ich habe mich doch heute sehr genau rasiert.
Aber die Jahre weichen keinem Messer, sie sind selbft eines
und zwar das allerschärffte. Ei was! Ich gebe mich drein,

weil es nicht zu ändern ist. Nimm vorlieb, Herzerl! Da
drinnen ist's nicht wie eine alte Zitrone; es sind da ganz
frische, duftende Orangenwälder, in welchen Du Dich noch
lange mit Vergnügen ergehen wirst. Weh dem ersten Blatte,
das diesen Zweigen entfällt! Meine Liebe, schöne Sophie!
und alles ist Dein. Der Ausruf von heute abend war nur
Furcht vor dem übeln Aussehen, weil ich dachte, die große
Seelenbewegung des Morgens könnte mich so gebleicht haben.
In diesem Augenblick rührt sich mein Zahn wieder. Ich
muß wieder nach dem Fläschchen greifen, dem stinkenden.
Dann kannst Du sagen: er sieht aus wie eine alte Limonie
und riecht wie eine alte Kreosothütte. Sag' was Du willst.
Im nächsten Sommer will ich mich schon wieder auffrischen.

---

28. Jänner 1832, nachts.

Wenn ich einmal tot bin und Du liesest meine Zettel,
so wird Dir das Herz wehthun. Diese Zettel sind mir das
Liebste, was ich geschrieben habe. So unüberlegt sind mir dabei
die Worte aus dem Herzen aufs Papier gesprungen, wie
ein Vogel aus dem Nest fliegt. Wer mich kennen will,
muß diese Zettel lesen. Aber es darf mich ja niemand
kennen als Du. Kennst Du mich aber? Du kennst mich
nicht, und wenn ich Dir noch viele schreibe, so kennst Du
mich doch nicht, bevor ich tot bin. Warum nicht? Du
sagtest neulich, ich sei jeden Tag anders. Wenn der Wind
von Osten weht, oder von Westen, oder wie er sich wenden
mag, ist es nicht immer dieselbe Luft? Und doch kennt
mich niemand wie Du. Ich kenne Dich auch nicht. Ich
spüre nur so etwas von Dir. Aber was ich von Dir

spüre, ist mir lieber als alles, was ich in der Welt kenne. Ich thu' nur immer einen Schluck aus Deinem tiefen, süßen Wesen, und das ist genug, mich zu berauschen.

8. Februar 1838.

Ich möchte sie Dir erhalten können diese Freudigkeit. Wir wollen nicht viel von ihr sprechen, denn sie ist gar scheu und flüchtig immer gewesen. Es gibt Tage, wo das Herz durchsichtiger ist als gewöhnlich. Solche waren unsre letzten, und Du hast bei mir und ich habe bei Dir nur klarer gesehen, was in uns vorgeht. Es ist ein stilles, heimliches Thun und Schaffen in meinem Herzen, als ob die Seele sich sorgfältig einrichtete mit Liebe für ihre ganze Zukunft. Das arbeitet fort Tag und Nacht, im Wachen und Träumen. Und so geht es auch bei Dir, und wir werden vielleicht einst erschrecken, wenn wir den ganzen Schatz an Liebe überblicken, den die treue Seele im stillen gesammelt hat. Ich kann nicht anders glauben, wenn ich wie z. B. heute klar hineinsehe und gewahre, wie seit einiger Zeit alles sicherer, fester, verwahrter, inniger und schöner geworden ist. Das sind die heimlichen Thaten unsres un= sterblichen Teils. Keine Abnahme! kein verlorner Früh= ling und baldiger Herbst. Hier muß der Samstag nach dem Sonntag kommen. O Sophie! Wenn wir zusammen alt werden, so werden wir immer jünger.

5. März 1838.

Ja, es ist ein großes Glück für einen Dichter, eine solche Geliebte zu haben wie Du. Du bist mein bester

Umgang, meine Liebe, mein Ruhm, meine Kirche, alles in einer schönen Gestalt. Täglich fühle ich es versöhnender und beruhigender von Dir herüberwehen in mein Herz, und mein ganzes Wesen befestigt sich in Dir. Darum lief es mir heute abend so kalt über den Rücken bei Deinem drohenden Lächeln. Aus diesem Besitze hinausgeschlagen zu werden, wäre die Vollendung eines ewigen Kummers für mich. O, es kann nicht sein! Wenn Dir einmal meine Liebenswürdigkeit verdächtig wird, so denke weniger an sie, als daran, wie mein Leben mit allen seinen Fäden an Dir hängt und von Dir lebt, dann wirst Du gesichert sein vor jedem Abfall. Wäre ich mit Dir allein auf einer öden Insel, ich würde mit dem gleichen Eifer arbeiten wie jetzt, Du würdest mich ja hören. Du könntest mir alles ersetzen, was auch jetzt nur einen Wert für mich hat, solange Du mich liebst.

Freitag nachts.

In der bangen Erwartung so baldiger Lostrennung von Dir ist mein ganzes Wesen weich geworden. Die schnellen sechs Monate gehn vor unsern Augen unter mit allen den schönen lieben Abenden. Alles hin und vorbei. Manche böse Stunde war wohl mit eingeflochten, aber in meiner Erinnerung kann sie Dir doch nur zum Vorteil und mir zum Vorwurf bleiben. Aus allen Störungen, Mißverständnissen und Kränkungen ist Deine Liebe ungeschwächt und sieghaft herausgekommen, und sie erscheint mir nur um desto bewährter. Was mit den nagenden Anklagen gegen mich selbst zurückbleibt, das will ich in meiner Einsamkeit verwinden, so gut es geht. Ein Gedanke muß mir durchhelfen; das ist die redliche Gewißheit, daß mir immer

nur meine Leidenschaft einen Streich gespielt, so oft ich Dir
weh that. In keinem Augenblick bin ich gegen Dich erkaltet,
darum wurde ich, wenn Du es gegen mich schienst, manch=
mal zu kränkender Heftigkeit hingerissen. Bei ruhigerer
Seele denke ich mir wohl öfter: das liebe junge Weib hat
auch ihren Mutwillen, und ihr Uebermut, aus dem Bewußt=
sein ihrer Liebe und Gewalt entspringend, sollte mich freuen
statt verletzen, weil sie dadurch ein kindliches Vertrauen auf
mein Herz ausspricht; allein ich nehme alles was von Dir
kommt, so hoch und ernsthaft und buchstäblich, daß mir
Deine harmlosesten Neckereien wichtig und unheilverkündend
vorkommen. Ich verstehe zu wenig Spaß in der Liebe.
Gelt, ich bin doch zu alt für Dich? Ich kann nicht mehr
scherzen mit Dir; mir wird alles gleich blutiger Ernst. Das
ist steif und eckig und alt, ich weiß es recht gut.

Als Du heute die fatalen Abschiedskisten herabtragen
ließest, ward ich traurig. Wie Särge unsrer schönen Zeiten
stehen sie draußen vor meiner Thür aufgerichtet. O liebe
Sophie!

Nachts zwölf Uhr.

So lange saß ich im Gasthaus; war aber nicht im=
stande, dem guten Schwind zum Abschied ein freundliches
Wort zu sagen vor übergroßer Verstimmung und Traurig=
keit über den Abschied von Dir, der mich morgen treffen
soll. Ich werde es nicht lange aushalten in diesem Zimmer;
die ganze Wohnung wird mich zu schmerzlich an Dich ge=
mahnen.

Der heutige Tag war schlecht. Der Frühling heißt
diesmal gar nichts für mich; meinethalben können die
Raupen alle Blätter abfressen. Mein Laub fällt morgen

ab. Es ist wie ein Sterbetag. Du hast mich eigentlich doch recht unglücklich gemacht.

---

7. Mai 1838.

Als ich die Vorthüre aufsperrte und in die stille, verlassene Wohnung eintrat diesen Abend, erfaßte mich's wie in Stuttgart, wenn ich nach dem Abendessen in mein Zimmer kam und Dir noch ein paar Worte schrieb. Morgen erwache ich wieder einsam, höre weder Deine liebe Stimme vor meiner Thüre ertönen, noch Deine Schlüssel klirren, die mir so oft Dein Herannahen verkündeten. Wie tief hat sich doch alles mir eingeprägt, was Dich umgab. Mir ist, als hätte ich eine Ewigkeit mit Dir zusammengewohnt, und doch wieder sehe ich auf den letzten Winter zurück wie auf ein kurzes, seliges Stündlein. Du spürst vielleicht jetzt auch zum erstenmal alle die Stellen schmerzlich, an welchen Du mir angewachsen bist, die Fäden unsres Verbandes merkst Du jetzt erst recht empfindlich, weil unser Schicksal daran gerissen hat. Wie es kam und noch kommen mag, unsre Liebe und unser Unglück wird sich davon nähren und stärken. Wenn ich sage, daß wir uns treu bleiben, so ist das eigentlich unpassend gesprochen. Treue ist nicht mehr ausreichend für unsern Zusammenhang. Treue ist ein freiwilliges Beharren bei einem andern; ohne welche aber das Herz nicht mehr leben kann, dagegen ist es mehr als treu. Du verstehst mich schon, liebe Sophie! Du denkst auch so. Gute Nacht, Liebste! Schönste! O, wie haben Deine Augen gestrahlt, als Du mich heute kommen sahst. Ich hatte keinen Blick mehr für den ganzen schönen Frühling. Du Allerschönste!

Heute ist es erst zehn Uhr, und doch bin ich schon viel
müder und weniger aufgelegt, zu schreiben, als gestern. Dieser
Tag war auch armselig gegen den gestrigen. Die vielen
Menschen, die beständige Unruhe haben etwas höchst Er-
müdendes und Verstimmendes. Jedes geht seinen eigenen
Weg, der aber oft den unsrigen durchkreuzt und uns die
liebsten Worte abschneidet. Wenn dieser Tage ein Hagelwetter niederginge, wie würden alle klagen und jammern
über die zerstörten Blüten, die keine Frucht ansetzen könnten;
aber wie manches Wort, das wir uns sagen möchten, wie
manche schöne Empfindung unsrer Herzen durch das schonungs-
lose Hereinfahren der Störenden im Keime getötet wird, daran
denkt niemand; oder sie thun es wohl gar absichtlich. Die
Menschen sind eben noch nicht weit vor in der wahren Menschen-
bildung, darum ist ihnen jeder Grashalm heiliger als ein
Gefühl, worauf nicht der Stempel bürgerlicher Gültigkeit
geschlagen ist. „Es ist halt nichts", mein Raubschütz hat
schon recht, nur umgekehrt: Hier ist's halt nichts; dort
muß es was werden. Schlaf wohl, liebes Herz! Ich müßte
noch recht verdrießliches Zeug brummen, wenn ich weiter
schriebe. Schlaf wohl, mein Herz!

Dein Traum in letzter Nacht war merkwürdig und mir
ein schönes Zeugnis Deiner Liebe, die mit zärtlicher Teilnahme auch in meine traurige Vergangenheit zurückgreift,
und auch dort mildern und versöhnen möchte. Deine Zeilen
haben einen starken Eindruck auf mich gemacht, denn sie

gewährten mir einen Blick in Dein uneigennütziges, wahrhaft edles Herz. Schon als ich Dir im vorigen Sommer zu Penzing zuerst das unglückliche Geheimnis meiner Jugend anvertraute, wurde ich überrascht und gerührt von der schonenden und höchst zarten Weise, wie Du es aufgenommen. Dieser Traum zeigt mir, wie die bittre und verdüsternde Erfahrung meiner unbewachten Jugend in Deiner Seele fortwirkt und den Wunsch in Dir zurückgelassen, den alten Riß in meinem Leben zu heilen. Ich danke Dir innig für diesen Traum. Ich zähle ihn zu den teuersten Zeichen Deiner Liebe. Mit einer gewissen Beschämung muß ich Dir jetzt ein Geständnis ablegen. Eben heute nachmittag, kurz ehe Du mir Dein Tagebuch zeigtest, riefst Du einem Deiner Kinder, und ich dachte mir dabei: „wie ganz anders würde der Ruf mir klingen, wenn Du dies Kind von mir hättest! es bleibt mir doch immer, so lieb mir auch Deine Kinder sind, etwas Fremdes und Verletzendes darin, daß es nicht auch meine Kinder sind." Wie hast Du mich in Deinem Traume über= troffen an liebevoller Teilnahme! Es fügte sich seltsam, daß Du mir nach meinen genannten Gedanken, gleichsam unbewußt strafend, die Deinigen zu lesen gabst. Mir erschien dies Zusammentreffen als ein kleines sinnreiches Verhängnis, und ich werde oft daran zurückdenken müssen. Solche kleine Ereignisse gehören zu den feinsten und bedeutungsvollsten Zügen in der Geschichte eines Menschen und sind deshalb eigentlich große Ereignisse. Ich stand, als ich Deine Zeilen las, wie vor einem heimlichen unnachsichtlichen Herzensgerichte. Träume sind nicht Schäume, wenn man sie recht bedenkt. Du hattest recht, mit meiner Stimmung von gestern und heute unzufrieden zu sein. Ich hatte wieder eine Anwand=

lung jenes starren, in sich hineinbrütenden Trotzes, der mich meinem Geschick gegenüber manchmal zu steif und hart auf meine eigenen Beine stellt. Mein Unglück ist entschieden und sehr folgerecht. Das hab' ich längst gemerkt und am empfindlichsten in unsrem Verhältnisse. Hier steht mein Unglück seit vier Jahren mir unverrückbar gegenüber und zählt mir beständig alle die Freuden auf, die ich mit Dir hätte gewinnen können, und die auf immer für mich verloren sind. Meine verlornen Summen werden mit jeder Stunde größer, und mein Geschick schlimmer. Wenn nicht in gleichem Maße meine sittliche Kraft wächst, so ist mein Untergang gewiß. Wenn ich jemals von einem poetischen Plane so lebhaft und leidenschaftlich ergriffen werden könnte, daß ich darüber Deiner weniger zu gedenken schiene, so solltest Du an solcher scheinbaren Untreue eine Freude haben. Dies wäre für mich eine Kur an der ewigen Heilquelle, die mir neue Kraft ins Herz gösse, meinem Geschicke standzuhalten, und von der ich nur um so freudiger und liebeskräftiger heimkehrte an Dein liebes Herz. Neulich, als Dein Bruder Karl so freundlich in mich drang, eine Zeit bei ihm in Teschen zu verleben, unterstütztest Du seinen Wunsch, und ich sah, es würde Dir, wenn wir schon einmal getrennt sein müssen, eine Beruhigung sein, mich bei einem der Deinigen zu wissen. Das war sehr schön von Dir, liebe Sophie! Wenn ich aber einmal ganz ruhig, vertieft und glücklich mit den himmlischen Mächten verkehren könnte, wäre ich da nicht noch weit mehr und ganz bei den Deinigen? Noch ist aber wenig Hoffnung vorhanden zu einem solchen Ausflug. Die schmerzliche Sehnsucht nach Dir übt ihr volles Recht, und in diesem Augenblicke umgibt mich unsre stille,

öbe Wohnung mit ihrer ganzen Traurigkeit. Gute Nacht,
Sopherl!

_____

Also wieder getrennt! Die Zeit eilt zwischen uns beiden
dahin, uns beide beraubend, und was wir hier verlieren, ist
unwiederbringlich. Ich bin äußerlich heiter und aufgeräumt;
innerlich, das heißt in der Tiefe des Herzens, wohin die
Stimmungen des Tages mir nicht reichen dürfen, da bist
Du. Die Thüre ist hinter Dir geschlossen seit jenem achten
November. Wie es da drinnen aussieht, weiß ich gar nicht.
Dich aber seh' ich. Ich habe spät angefangen, Dir mein
Wort einzulösen mit Schreiben, Liebe! Heute ist schon der
22. Juni, also vier Wochen, daß ich hier bin. Es hat mich
öfter gezogen Dir zu schreiben, ich that es nicht. Es ging
damit wunderlich zu. Zum erstenmal seit wir uns lieben,
hat mich diesmal eine besorgliche Selbstschonung angewandelt.
Ich hatte öfter die Feder genommen, Dir zu schreiben, aber
es überkam mich eine seltsame Scheu, nicht herumzuwühlen in
meinem Herzen, nicht heraufzubeschwören einen schmerzlichen
Unmut, der mich zu weit hinausreißen könnte. Ich bin es
wohl unsrer Liebe schuldig, mein Herz und damit mein
Leben ein wenig zu schonen. Doch das ist es weniger als
die Scheu vor einem Dämon, der manchmal anklopft. Ich
bin heiter, wie es scheint. Ich habe Dir ja ganz lustige
Briefe geschrieben, gelt, mein Liebstes? Weißt Du, was der
Jäger einen hasenreinen Hund nennt? Ein hasenreiner
Hund ist ein so wohldressierter Vorstehhund, daß er den
Hasen wohl aufspürt, ihn aber, wenn der Jäger fehlgeschossen,
nicht verfolgt, sondern laufen läßt. Der Vorstehhund darf

ben Hasen nicht verfolgen, weil er dem Jäger immer zur
Hand sein muß, neues Wild aufzustöbern. So gibt es eine
Höhe des Kummers, auf welcher angelangt wir einer ein=
zelnen Empfindung nicht nachspringen, sondern sie laufen
lassen, weil wir den Blick für das schmerzliche Ganze nicht
verlieren, sondern eine gewisse kummervolle Sammlung be=
halten wollen, die bei aller scheinbaren Außenheiterkeit recht
gut fortbestehen kann.

Ich schreibe Dir heute noch weiter, obwohl es schon
spät ist, um Dir noch gute Nacht zu sagen. Wenn auch
meine Aufzeichnungen diesmal nicht so regelmäßig sind, wie
früher, so soll doch die Summe meines Geschriebenen im
ganzen nicht kleiner werden.

Dein letzter Brief ist für mich beruhigend, denn er zeigt
mir Deine Ruhe. Ich kann Dich nicht anders wünschen als
ruhig, denn nur die Ruhe kann Dich mir erhalten; ich muß
Dich gewissermaßen verlieren, um Dich nicht zu verlieren.

Ich komme mir manchmal, auch gerade heute vor, wie
ein verirrter und verspäteter Zugvogel, der es versäumt hat,
sich dem Wanderzuge seiner Brüder anzuschließen, und dafür
jetzt einsam herumflattert, in einer herbstlichen Fremde. Ich
hätte Dir diesmal gar nicht schreiben sollen, denn es kann
Dich mein Geschriebenes unmöglich erfreuen. Wer mit der
Geschichte sympathisiert, muß, wenn er auch persönlich in
die Hohlwege der Melancholie nicht hinabgestoßen wäre durch

plumpe Schicksale, er muß, sage ich, traurig sein auf jeden Fall. Verschwendung, Versäumnis, unwiederbringliche Versäumnis und Verfehlen der schönsten Anschläge — das begegnet einem Freunde der Geschichte überall in ihr und der Natur.

Man sollte gar nicht so hart sein gegen die sogenannten Konservativen, ohne sie früher geprüft zu haben. Auffallend ist es, daß die tiefsinnigsten Männer unserer Zeit wie Leo, Görres, Baader, Schelling u. a. ihre Arme nach rückwärts strecken, daß ihre Sehnsucht etwas Retrogrades hat. Bei solchen genialen Naturen ist es, meines Erachtens, die tiefste Achtung verfehlter göttlicher Geschichtsintentionen, was sie treibt, stromauf zu schwimmen. Sie spüren, daß die schaffende, gestaltende, webende Hand der Natur (und Geschichte, was eins ist) bei ihren feinsten und schönsten Geweben der Vorzeit plötzlich gezittert, daß ihr der Faden entfallen ist, und damit das Glück ganzer Völker und Zeitalter unwiederbringlich verloren gegangen. Da werden sie von ihrem schmerzlichen Instinkt gedrängt, zurückzugehn und den gefallenen Faden aufzusuchen und wieder anzuknüpfen. Das ist vielleicht der rührendste und tragischste Irrtum und Mißgriff großer Naturen.

Die Geschichte der Menschheit wiederholt sich konzentrativ in der Geschichte des Menschen. Ich spüre, was ich versäumt, verschwendet, verfehlt habe, und das ist mein Uebel.

Du bist mir erschienen als der schöne, volle, unergründlich schmerzliche Ausdruck meiner zerstörten Glückseligkeit. Versäumt, verloren! o Liebste! ich muß abbrechen. Mir schwindelt vor meinem Unglück, wenn ich mir recht vorstelle, was Du bist.

———

Liebe! meine Briefe an Dich, das heißt meine
Schreibereien in diesem Buche werden Dir nicht sonderlich
gefallen. Nicht als ob Du keinen Geschmack hättest für
meine Art zu philosophieren; allein Du liebst es nicht, daß
ich von der allgemeinen Geschichte der Menschheit anhebe
und, auf einem Umweg um die ganze Welt herum, erst zum
stillen Plätzchen unsrer Liebe komme.

Mir ist diese Art jetzt angemessen; es thut mir wohl
und es hat etwas Tröstliches für mich, wenn ich in meinem
Privatunglück den Familienzug lese, der durch alle Ge=
schlechter der armen Menschen geht. Mein Unglück ist mir
mein Liebstes, weil es von Dir kommt, und ich betrachte
es gerne im verklärenden Lichte eines allgemeinen Ver=
hängnisses.

_____

Ich freue mich unbeschreiblich auf unser Wiedersehen.
Du wirst mich vielleicht anders finden, als Du erwarten
magst. Laß Dich das nicht beirren. Ich habe wieder eine
lange Zeit ohne Dich gelebt, und mein Leben hat unterdessen
mehr in die Wurzel geschlagen, statt in Blüten und Blätter,
die nicht recht hervorwollen, wenn Du nicht dabei bist. Da=
durch hat meine Erscheinung verloren, und ich werde Dir
mit einem gewissen Gepräge einsamen Wesens vor die Augen
treten. Das plötzliche Wechseln meiner Zustände, nament=
lich meines äußern Gehabens war mir immer peinigend;
ich lasse gern mein Herz ausklingen. Oft war dies die Ver=
anlassung zu Kränkungen für Dich. — So mußte ich mich
in den ersten Tagen und Wochen immer zusammennehmen,
um nicht statt Emilie oder Julie Deinen Namen zu nennen;
besonders wenn ich „liebe“ sagen wollte. Ich habe diese

gewiß auch von Herzen lieb, aber mein ganzes Blut hatte noch die Strömung nach Dir, wie die Wellen der See nach einem starken Winde noch lange nach seiner Richtung schlagen, wenn er schon nicht mehr da ist.

So oft ich nach Stuttgart komme, finde ich mich für ein paar Menschen abgestorben, die mir früher angenehm waren. Diesmal ist mir's mit einigen Herren so ergangen. Ich muß mich dann gleichsam in meine eigne Faust nehmen und zusammenhalten, wenn nicht meine ganze Artigkeit und Aufmerksamkeit durchgehen soll.

———

Ich bin wieder in München. Uebermorgen sehen wir uns. Daß Deine Mutter in Ischl ist, dürfte vielleicht unser Zusammenwohnen unmöglich machen. Wenn das nicht sein kann, werde ich mich nicht lange dort aufhalten. In der schönen Natur wird mir unser Zwangsleben besonders drückend. Müßten wir in Ischl auseinander wohnen, so wäre viel verloren. Ich zittre nach der Stunde, Dich wiederzusehen. Heute träumte mir schon sehr schön von Dir.

———

23. August 1838.

Ich sitze allein in meinem Zimmer und möchte laut weinen, wenn ich Deine Stickerei auf meinem Stuhl ansehe. Weiß der liebe Gott, warum mir Deine Blumen den Hals so zuschnüren. O Du meine liebe Liebste! mir thut das Herz weh nach Dir. Heute hab' ich Deinen Brief bekommen und gleich beantwortet. Ich muß immer an Dich denken, alles andre ist Nebensache. Plage Dich nicht, um Gottes willen! es ist sicher mein Tod, wenn es Dir schlecht geht.

O Liebe! könnt' ich Dir zu Füßen fallen und Dich bitten, daß Du Dein Leben recht beachtest! Mir ist diesen Abend plötzlich unbeschreiblich bang geworden um Dich. O Du süßes liebes Herz!

24. August 1838.

Meine Tage sind traurig. Du bist mein liebster und längster Gedanke. Immer schwebt mir das Bild vor, das mich an jenem Abend in Ischl so schrecklich erfaßte, als ich mit Dir auf dem Sofa saß und von Deiner Gesundheit sprach und von der Möglichkeit, daß sie eine schlimme Wendung nehmen könnte. Du hast keine Vorstellung, wie ich Dich liebe, und mir wird es erst klar, wenn ich daran denke, daß ich Dich verlieren könnte. Dann seh' ich mich in der Zukunft irren, als ein rettungslos Aufgegebener, und zusammenbrechen. O, es ist schrecklich, von den kalten, unerbittlichen Launen der Natur so abhängen zu müssen. Sie hat Dich so schön und lieb gemacht, und hat uns zusammengebracht, und wer weiß, wie lange sie Dich noch auf Erden läßt? Zitternd sah ich Dich in ihren Händen und kann Dich ihr nicht entreißen, wenn sie Dich fortführen will. O, wenn ich nur die Gewißheit hätte, daß ich mich an Dich klammern könnte und sterbend bei Dir bleiben. O Liebe! Gelt, wir wollen uns im Tode aus allen Kräften gegen eine Trennung wehren? Wir haben ja schon unsern Himmel, wenn wir uns haben. — Wenn ich Dich sehe, bin ich viel ruhiger über Deinen Zustand, aber hier verfolgt mich's beständig. Wenn ich nur fort könnte oder Du bald kämst.

Ich muß auf die Geschichte vom Einbäumel [1] noch ein=
mal zurückkommen. Du liesest zuweilen mein Geschriebenes
wieder, und vielleicht hält es Dich einst von einer ähnlichen
Waghalserei ab, wenn es Dir schwarz auf weiß vor Augen
steht, was und wie viel es war, was Du dort auf ein fre=
velndes Spiel gesetzt. Als mir Mikschik [2] Deinen Streich
erzählte, überfiel mich ein Gefühl, unbeschreiblich bitter und
vorwurfsvoll, als sei ich an meinem ganzen Leben, an meiner
Sendung zum Verräter geworden. Dadurch, daß ich beides
in die Macht eines Weibes gegeben, die im stande ist, mit
Wind und Wellen darum zu wetten eines kurzen Vergnü=
gens willen. Daß Du unser Wiedersehen daran wagtest,
mag Dir unsre Liebe verzeihen; sie thut es auch, weil sie
eine unglückliche ist; daß Du aber meine ganze Zukunft und
alles, was die Welt von mir zu erwarten berechtigt ist, auf
jenem Baum tanzen ließest, das, Liebe, gehört noch vor
einen andern Richterstuhl als den unsrer Liebe. Du hast
mich dadurch in einer Gegend meines Herzens verletzt, wo=
hin keine andre Irrung oder Kränkung noch bringen konnte.

Es war keine Ausflucht für meine Unlust am Brief=
schreiben, daß ich Dir durch Mikschik wissen ließ, daß Du
in Ischl keinen Brief von mir mehr erhalten werdest. Ich
war ernstlich ungehalten, und mehr als das. Zum ersten=
mal, seit wir uns kennen, kam es mir, wenn auch nur vor=
übergehend, vor, ich müsse die Sache Gottes und die Sache
unsrer Liebe betrachten als zweierlei. Du hast freilich in

---

[1] Schiff aus einem Baum gehöhlt.
[2] Der Bräutigam einer Schwester Sophiens, Johanna. Er starb
als solcher sehr bald. Lenau widmete seinem Andenken ein Gedicht.

jener Stunde des Leichtsinns, gedrängt von M., angelockt vom abenteuerlichen Reiz eines Wagnisses, und vielleicht getrieben von einem falschen Schamgefühl, nicht feig zu erscheinen, nicht gesehen, was Du thatest, aber im Falle des Unglücks wäre mein Schicksal darum nicht weniger verderblich gewesen. Nun ist es, gottlob! glücklich vorüber. Ich verzeihe Dir von ganzem Herzen, aber es thut mir noch immer weh. Je süßer und entzückender Du mir heute wieder warst, desto ungeheurer erscheint mir Deine Uebereilung. Dein seidenes Kleid war heute so schwarz und glänzend wie schwarzes Wasser, und sein Rauschen war mir unheimlich. Ich werde nichts mehr davon reden, Du hast mich heute sehr glücklich gemacht, meine liebe Liebe!

29. September 1838.

Mein Ring ist wirklich verloren, denn ich fand ihn nicht auf meinem Tisch, wohin ihn Deine Magd nach meinem Auftrag gelegt haben würde, wenn sie ihn gefunden hätte. Mir ist sehr leid darum. Ich habe ihn nicht getragen, um ihn nicht zu verderben oder zu verlieren, und jetzt ist er doch hin. Dieses verdammte Herumräumen! Hättest Du mich in meinem Zimmer gelassen, so wär' ich nicht so schändlich um Dein Andenken gebracht.

Das dicke Weibsbild hat den Ring auf den Boden gestreut vielleicht und ist mit ihren Elefantenfüßen darauf getreten und hat ihn zermalmt und dann verheimlicht. Ich kann Dir nichts weiter schreiben, ich bin zu ärgerlich. Schlaf wohl, mein Herz, mein schönes liebes, Du hast eigentlich eine Leidenschaft für solches Herumräumen.

30. September 1838.

Ich bin, Deinem Verlangen folgend, und erfreut dar=
über, daß ich doch jemand in der Welt habe, der um meine
Gesundheit besorgt ist, zu Fuße hereingegangen, so lockend
auch die Wagen an mir vorüberfuhren. Heute fühle ich
mich viel besser, frischer und weniger leidend an meinem
Uebel, das seit einigen Tagen in mir herumspukt.

Mikschik's Krankheit verfolgt mich beständig. Er ist zu
redlich und zu glücklich in seiner Hoffnung, als daß man
nicht fürchten müßte, er werde noch an der Schwelle seines
Glückes niedergeschlagen werden. Das sind so die Genie=
streiche des Schicksals.

Es geht außer dem guten Gesellen [1] noch ein schlech=
ter, schadenfroher Kerl durch die Menschenwelt, und Rübe=
zahl mit seinem neckischen Schabernack ist nur die launige
Auffassung desselben; in seiner ernsthaften Gestalt ist er
uns beiden auch erschienen. Daß gerade zuerst Max es war,
der mich Dir zuführte, daß der verstorbene Fritz mich nicht
in euer Haus gebracht, daß Max eben ein Dichter ist und
soviel Interesse an mir gefunden hat als nötig war, um
sich über manche Bedenklichkeiten hinwegzusetzen und durch
schonende Duldung unser Unglück recht gedeihen zu lassen —
das alles ist jener arge Kerl. Du sagtest mir heute beim
Weggehen, daß ich mich vielleicht besinnen würde, Dich zu
heiraten und dadurch meine Freiheit zu verlieren. O, meine
Freiheit! Die ist schon sehr geschmälert. Ich habe in der
Zeit unsrer Liebe meinen Willen vernachlässigt. Eine
so abgöttische Scheu habe ich vor diesem Gefühl, daß ich

---

[1] Anspielung auf das Gedicht: „Der gute Gesell."

jede Regung meines Willens dagegen, als eine verbrecherische, im Keime zurückdränge. Noch habe ich dem Sturm meiner Leidenschaft niemals ein ernstliches Halt! zugerufen. Thäte ich's einmal, so wäre ich gewiß ruhiger und gesichert. Zuweilen ist es mir vorgekommen, als schlummre eine Kraft in mir, die ich nur heraufzulassen brauchte, um mit einem Satze auf dem alten Boden der Freiheit zu stehen, aber mir graut davor. Fast satanisch erscheint mir diese Bravour, und doch steckt sie in mir, ich muß es bekennen. Du fühlst das auch, obwohl nur dunkel, und das ist vielleicht ein Teil der Gewalt, die Dich an mich bindet. Wenn Du Dich recht erforschest, so wirst Du finden, daß Du an mein Gefesseltsein allerdings fest glaubst, aber mich doch immer noch als Deinen freiwilligen Gefangenen hältst, während ich überzeugt bin, daß Du keine Willenskraft in Deinem Herzen birgst, Deine Fesseln zu sprengen. Wenn wir miteinander zerworfen sind, so möchtest Du mich verlassen wollen, aber Du kannst es nicht, ich könnte Dich verlassen wollen, aber ich mag es nicht, eben weil Du es nicht kannst. Das ist die mächtige Ohnmacht des Weibes und die ohnmächtige Macht des Mannes. Hierin liegt, wenn es Dir auch auf den ersten Anblick als eine Spitzfindigkeit erscheinen sollte, eine wahre tiefgreifende Verschiedenheit unsres Geschlechtes, und es ließe sich daraus eine ganze Theorie der Liebe entwickeln.

Es ist meine Lust, mich auf den ungestümsten Wogen der Leidenschaft herumtreiben zu lassen und mein Ruder in die Flut zu werfen und meine Arme lieber dazu zu brauchen, daß ich Dich recht fest an mein Herz ziehe, Du liebes, herrliches Weib!

Wenn ich aber auch weiß, daß Du mit Deinem Willen gegen Deine Liebe nichts vermagst, so fürchte ich doch zuweilen, es möchten die Bande, die Dich halten, von selbst erschlaffen, und Du solltest recht sorgfältig sein, den kleinsten Anlaß solcher Befürchtung von mir ferne zu halten.

----

31. September 1838.

Mit einem Satze auf dem alten Boden der Freiheit stehn, das macht Dich stutzen, liebes Weib? Was heißt diese Freiheit, fragst Du? Eine Erloschenheit des tiefsten und mächtigsten Gefühls meines ganzen Lebens könnte es nimmermehr sein, was ich mit einem gewaltsamen Entschlusse zu erzwingen im stande wäre. Was denn? Lies doch meine Worte genauer: „zuweilen ist es mir vorgekommen, als u. s. w.“ Wann war dieses zuweilen? Dann, wenn Du mich recht innerlich gekränkt oder aufgebracht hattest. Da ist mir allerdings manchmal zu Mute geworden, als wäre ich meiner noch mächtig genug, mich loszureißen und, wie sehr auch mein Herz bluten möchte, mich zu behaupten in einer finstern Einsamkeit. Das nämliche sagt Dir die Strophe:

O rüttle nicht den Stolz vom Schlummer,
Der süßer Heimat sich entreißt,
Dem Himmel mit verschwiegnem Kummer
Auf immerdar den Rücken weist.

Was im Falle einer wahrhaften, erwiesenen und ungeheuern Kränkung mir möglich zu sein scheint, das hast Du heute genommen für das Vermögen, aus beliebiger Laune alles wegzuwerfen und zu vergessen, was mir das Liebste ist. Wenn ich ihm den Rücken wiese, wär' es immer noch mein Himmel, und wenn ich der Heimat mich entrisse, stünd'

ich immer in der Fremde. Aber ich wäre frei; mit welchen
Wunden und auf wie lange? weiß Gott. Er weiß es auch,
ob ich mich nicht täusche in meiner Selbstbeurteilung, ob
ich im Falle einer enormen Kränkung nicht vielleicht anders
handelte, als es jetzt meinem Selbstgefühl denkbar ist. Nieder=
trächtig auf keinen Fall, gewaltsam auf jeden Fall, aber
vielleicht in einer andern Weise. Wozu aber dieses mut=
willige Spiel mit abscheulichen Möglichkeiten oder vielmehr
Unmöglichkeiten; denn Du kannst mich gar nie so kränken,
daß der Unhold herauf müßte, mir zu helfen. Nur so viel
noch. Einen festen, inexpugnablen Punkt mußt Du mir
lassen, die Kraft, in den Himmel oder in die Hölle zu gehen
nach meinem Willen. Und wenn ich das nicht hätte, wär'
ich Deiner Liebe gar nicht wert. Wir beide dürfen, weil
wir zusammen eins sein sollen, nicht gleich sein, sonst
wären wir nur ein Doppeltes. Was Dir fehlt, das muß
ich haben und umgekehrt. Die grenzenlose und unbedingte
Hingebung von einem Weibe darf nur der Mann annehmen,
der etwas in sich fühlt, was sich schlechterdings behauptet,
wenn es gilt. Jetzt, wo wir so innig zusammenstehen, er=
scheint mir ein solcher Entschluß grauenhaft und fast teuf=
lisch, weil ich nicht Phantasie genug habe, mir ein Ver=
hältnis zwischen uns zu denken, wo er an seinem Platz
wäre, weil er mir jetzt bloß als ein dunkles Gedankending
vorschwebt! Doch dann wäre er mir ein Engel, wenn auch
der Todesengel aller meiner Freuden. Ich ließe mir die
letzte Thräne von ihm abtrocknen und das letzte Lächeln
von den Lippen wischen und ginge mit ihm weiter, bis wir
beide müde würden und uns niederlegten.

Sehr müde und angegriffen von den Bewegungen des heutigen Tages, will ich Dir doch noch ein paar Worte bringen, liebes Herz! Es hat heute wieder einmal tüchtig auf mich eingestürmt. Wie sie mir den Mikschik voran-trugen in seiner gelben Truhe, den freudigen rüstigen nach wenig Tagen, der jüngst noch dastand, als wollte er eine Welt von Freude, und, wenn es gelten sollte, eine Welt von Kampf und Leid auf seinen Schultern dahintragen, da erfaßte mich das Menschengeschick in seiner ganzen Traurig-keit. Und als sie den Sarg hinabließen und ich ihm noch drei Handvoll Erde nachwarf, that mir das Herz sehr wehe um den braven, treuherzigen Freund und um seine ver-lassene Braut. Wie leicht, wie bald die Erde auf die un-erfüllten heißesten Wünsche eines Herzens fallen kann und alles, alles begraben, das hat man mir heute aufgeführt so augenscheinlich, daß sich in meinen Schmerz mancher bittre Fluch über mein Schicksal drängen wollte.

Gestern habe ich Dir nicht mehr geschrieben. Ich blieb nach Deinem Wunsche zu Hause, legte mich bald und schlief sehr gut und sehr lange. Schnupfen und Husten sind zwar noch da, aber ich muß Dich heute doch sehen. Der gestrige Tag war ein ganzer Kerl. Du bist unermeßlich reich, denn Du hast die Mittel, mir ganz glückliche Stunden zu schaffen, und das hat die ganze übrige Welt nicht. Dein Strick-körbchen blieb auf dem Kleiderschrank stehen und grüßte mich heute beim Erwachen, und hundert schöne Erinnerungen stiegen daraus auf und bevölkerten meine Stube, viel süßes

Zeug durcheinander plaudernd. O Sophie! Ein mit Dir verlebter Tag, wie der gestrige, ist gar so köstlich; ich fühlte mein Glück heute nacht beständig durch meinen festen Schlaf hindurch. Das Altwerden ist noch keine nahe Gefahr. Wenn ein starkes Empfindungsvermögen Eigenschaft der Jugend ist, so bin und bleib' ich noch lange jung. Kein Zug Deiner Liebenswürdigkeit (ein so zahlreiches Gefolge diese Züge auch um Dich bilden) geht mir verloren.

10. Oktober 1838.

Ein heftiger Wechsel des Wetters schadet einem empfindlichen Körper, und es schadet einer empfindlichen Seele ein plötzlicher und gewaltsamer Wechsel der äußeren Zustände. Wenn sie, noch in Wonne zerflossen, plötzlich von eisigem Krampfe zusammengepreßt und schmerzlich geschüttelt wird, so ist Gefahr da, daß solcher Krampf in einen töblichen Starrkrampf übergeht, aus dem sie nie wieder zur Freude erwachen kann. In meiner Seele ist von dem Wechsel der letzten Tage etwas zurückgeblieben wie eine Lähmung in dumpfer Wehmut. Ich bin darum nicht imstande, Dir zu erörtern, was, und warum, mich so gekränkt hat. Ich bin zu müde zu einem Vorwurf, wie zu einer Bitte.

23. Oktober 1838.

Ich muß mich in widersprechenden Empfindungen üben. Einerseits freut mich's, daß Max wieder da ist, denn ich habe ihn lieb, und er verdient es; dann wieder bin ich ärgerlich über den Zwang, den uns seine Gegenwart auferlegt. So wird uns in unserm ganzen Leben wahrscheinlich keine Freude ganz und rein werden, ohne bittern Bodenfaß und Beigeschmack: daß ich meine liebste Freude bis zum Grab unterm Mantel werde tragen müssen, das ist eben der wundeste Punkt meines Lebens. Ich möchte doch einmal die schöne freie Sonne Gottes darauf scheinen lassen. Eine solche Liebe ist gewiß ein wertes Geschöpf Gottes, und die arme Unglückliche muß immer nur Kellerluft atmen. Ich wundere mich über mich, daß ich manchmal noch fröhlich sein mag. Aber es kommt auch noch unser Tag; ich muß Vergeltung hoffen, wenn ich nicht verzweifeln und alles zerbrechen und hinwerfen will. Ich habe in frühern Zeiten an der Unsterblichkeit gezweifelt; jetzt lehrt mich die Not, mich an diesen Glauben zu klammern. Der Gedanke des Todes wird mir immer freundlicher, und ich verschwende mein Leben gerne. Der neuliche Abend, wo ich vor Schmerz im innersten Marke zuckte, war wieder ein tüchtiger Ruck grabwärts. Ich werde der Sprache ordentlich feind und hasse die Worte, daß sie mit ihrer plumpen Unbeholfenheit und Stammelei schon so viel Leid zwischen uns gebracht haben. Halte Dich an mein Herz. Das ist fest, rein, unzweideutig und Dein. Wenn ein Ehrenmann aus Versehen eine falsche Münze ausgibt, so wird niemand, der ihn kennt, ihn darum für einen Betrüger nehmen, und wenn mein Herz in heftigem Affekte ein falsches Wort hinwirft, so darf es darum bei Dir nichts verlieren. Gelt, liebe Sophie? gelt, liebstes, schönstes, bestes Sopherl?

---

26. Oktober, abends in Kirling.[1]

Es ist so vollkommen still um mich her, daß ich die fernste Stunde meiner Vergangenheit schleichen höre da

---

[1] Kleines Dorf in der Nähe von Kloster Neuburg.

drüben und hinten, wo so manches wandelt, an das ich
nicht denken mag, weil ich fürchte, es wird so Schönes nicht
mehr kommen. Als wir neulich zusammen über die Bastei
gingen und Du von alten Zeiten sprachst, den Tagen
Deiner Sehnsucht, da ward ich traurig. Ich muß, wenn
uns der Frühling unsrer Liebe dahin ist, doppelt um ihn
trauern, weil uns die Frucht des Sommers versagt ge=
blieben. Wer weiß, ob der alte Zug der Sehnsucht in
Deinem Herzen wiedererwachte, wenn uns das Zusammen=
sein erschwert würde. Waren wir ja doch getrennt im letz=
ten Sommer, und ich glaube, Dein Herz hat damals viel
ruhiger gepocht als einst, wenn Du meiner gedachtest. Hat
sich Deine Sehnsucht überwacht? ist sie des Weges müde
geworden, wo kein Ziel erreicht werden kann? Hab' ich in
Deinen Augen verloren und findest Du mich geringer, als
Du mich einst glaubtest? Hat Deine Liebe wirklich eine
Meinung und einen Verlauf? Solche Fragen kommen mir
oft und machen mich dann sehr finster. Dann mag es ge=
schehen, daß ein Wort und ein Blick von Dir mich ganz
verstört und verwildert. Unsre Liebe war mir immer die
heiligste Stätte meines Lebens. Alles was ich Teures habe
und Liebes auf der Welt, das habe ich zusammengetragen
in diese heimliche Kapelle; aber wenn ich darin eine einzige
Scheibe trüb und abgestorben finde, so wird mir, als müsse
ich den ganzen Bau zertrümmern. Nicht aufhören kann
mein Gefühl, aber ich würde nicht zusehen, bis Deines ver=
siegte, sondern Dir Dein Restlein erlassen. O Sophie! laß
es nicht kalt werden! Doch, da hilft nichts. Laß es gehen,
wie es geht. Nur nichts machen. Diese Gedanken sind Gift,
und ein böser Geist hat sie in meinem Kopfe gemischt, wenn

sie nicht wahr sind. Ich will aufhören. Die Liebe soll aber mehr sein als das schönste Lied, das man sich bis zur Gleichgültigkeit hören kann, wenn's immer fortgeleiert wird, und endlich zum Ueberdruß. Ich will mir etwas Ewiges schon diesseits einrichten, sonst gibt es kein Jenseits. Thue ich darin einen Mißgriff, so ist's der schrecklichste. Küssest Du mich nicht für die Ewigkeit, so gilt mir Dein Kuß nicht mehr als der Knall einer Peitsche. O welch ein wildes Gewäsch!

27. Oktober, mittags.

Ich überlese meine Zeilen von gestern und finde sie ganz recht. Ist es nicht mehr wie einst, so ist es gar nichts. Wenn die Liebe nicht mehr Dein ganzes Wesen erfüllt, so ist sie fort; denn das ist ja eben die Liebe, daß sie dem Menschen nicht nur seine Brust, sondern die ganze Welt erfüllt, wie die Luft, die er atmet. Atmest Du eine andre Luft als ich, so lebst Du schon auf einem andern Stern, und Du bist der schauerlichen Strophe meines Ge= dichtes „am Rhein"[1] schon verfallen. O, ich kann es nicht denken, ohne daß mein Innerstes zittert.

7. April 1839.

Ich weiß nicht, wie es gekommen ist, daß ich heute nach meiner ungewöhnlich zärtlich weichen Stimmung am Vormittage, des Mittags in eine ebenso harte und feind= selige geriet, daß ich bis auf einen Grad heftig wurde, der Dir, wie es schien, sehr mißfallen hat. Vielleicht hat sich meine Natur dadurch ins Gleichgewicht setzen wollen, viel=

---

[1] Als wären gestorben wir beide,
Ward mir mit einmal zu Mut.

leicht hat sie gefühlt, in weicher Hingebung etwas zu weit
gegangen zu sein. Ich weiß recht gut, wie ich euch allen
mißfallen habe und was Du mir heute noch sagen willst.
Die gleichmäßige und indifferente Ruhe Deines Vaters bei
Fragen über Leben und Tod des Geistes, dieses billige, ent=
scheidungsscheue Lächeln ist es, was mich schon manchmal
über die Schranken einer wohlgemessenen Konversation weit
hinaustrieb. Weit voneinander ab stehen wir dann, Dein
Vater und ich, und nicht selten ist dem einen wie dem
andern sobann ein verletzendes Wort entfahren. Das hat
Dich jedesmal unangenehm getroffen, und wird es noch
manchmal. Ich will Deinem Vater hier keinen Tadel an=
heften, nur die Punkte unversöhnlicher Differenz in unsrer
beiderseitigen Natur will ich bezeichnet haben, die sich nie
berühren können, ohne daß wir feindlich auseinander fahren,
bis die überwiegenden Punkte unsrer Verwandtschaft uns
wieder zusammenführen. Ich muß schweigen oder zanken,
wenn ich bei solchen Gesprächen auf jene Ruhe stoße, deren
Vergegenwärtigung mich in diesem Augenblicke schon wieder
ärgert; jene Ruhe, die sich (wenigstens mir scheint es so)
das Ansehen gibt, als stände sie hoch über beiden Parteien:
der Partei Gottes und jener des Teufels. Gewiß ist das
nur eine Manier meines vortrefflichen ältren Freundes, er
nimmt es nicht ernsthaft damit; aber ich kann nicht dafür,
wenn ich ganz und gar davon empört werde. Du hast mir
für heute abend einen Haber angekündigt und bist dadurch
selbst schuld geworden, daß mein zänkisches Wesen all das
Freundliche von diesem Blatte verdrängt hat, was ich im
Sinne gehabt und Du nun erst ein andermal wirst zu
lesen bekommen. Wer weiß, wie Du mich heute noch ärgern

wirst, ich bin schon zum voraus bös auf Dich und kann Dir in so schlimmer Erwartung gar nicht schön thun. Das einzige was ich Dir noch sage, ist, daß Du mir mit jedem Tage liebenswürdiger erscheinst, und daß der Strichel [1] mir heute ein fataler Strich durch meine Rechnung war.

Kirling, 21. Mai 1839, abends.

In den sogenannten Pseudoklementinen, einer uralten gnostischen Schrift, fand ich gestern folgende Stelle: „Ist die Trennung schon hier schmerzlich, wie viel schmerzlicher wäre es, nach dem Tode getrennt zu sein?" — Der dies gesagt, weiß nun längst, wie er dran ist, und ob wirklich auf das Schmerzliche das Schmerzlichere folgt. Ich weiß es noch nicht. Vielleicht werden wir dann doch wenigstens voneinander träumen können, was uns hier nicht gegönnt ist. Ich träume jetzt viel von Dir. Mein Leben ist ein stilles Horchen, Sinnen und Sehnen und unablässiges Wühlen in meiner Seele. Ich habe mich ganz der Natur in die Arme geworfen. Das Wetter ist seit gestern, wie ich es liebe. Warm, regnerisch und gewitterhaft, abwechselnd mit hellen Stunden, in denen man immer schon den Regen spürt. Die Wälder treiben stark und dampfen von ihrer freudigen Arbeit. Es ist sehr lebendig in diesem Thal. Nebst dem frischen Bach wälzt sich hörbar ein reicher Strom des Lebens. Er soll mich aufnehmen und hintragen, wohin er will. Ich brauche Hilfe, denn ich bin krank. Die ganze Tünche fällt in der Einsamkeit hinweg von meinem Ge=

---

[1] M. Dr. Milschik, der Gatte von Sophiens Schwester Johanna, wurde, seiner kleinen schmächtigen Gestalt wegen, scherzweise „Strichel" genannt.

schicke, ich sehe in alle Fugen und Risse, und wo es klafft, da klafft es. Wenn das Unglück König ist über ein Leben, da soll man nur lieber gleich seine Herrschaft anerkennen, sonst kommt es und schärft dem Rebellen seine Gewalt zehnfach ein zur rechten Stunde. — Ich will zu den alten Zauberern gehn, daß sie mich erleichtern; ich meine die Naturgeister. Ich sinke wieder ins Dämonische. Das dampfende Waldthal war mir heute so wohlthätig betäubend wie ein Zauberkessel, worin die Kräuter sieden, die unsichtbar machen u. dgl.

20. Juni 1839.

Nach Deiner Abreise ging ich zu Max, um von Dir zu sprechen, aber hielt es nicht lange aus. Er war so zufrieden in der Hoffnung, daß Dir das Ischlerbad nützen werde, und ich war trotz dieser Hoffnung so traurig, daß ich ihn bald verließ, indem meine Stimmung für ihn nicht taugte. Den Vormittag trieb mich eine große Unruhe herum, durch alle Deine Zimmer, wo mir alles wehthat, was ich ansah; ich lief in der Stadt herum und fuhr nachmittags nach Kirling. Das half auch nichts. Mein Leben ist einmal krank und verdorben, seine schlimmste Eigenschaft ist, daß es noch so fest ist.

30. Juni 1839.

Dein Brief hat mir recht wohlgethan; es ist schön, daß Du Deine Sehnsucht nach mir und den Wunsch, ich möchte nach Ischl kommen, so unverhohlen aussprichst. Ja, meine Sophie, Du hast recht; ich sollte meinen Albigensern die Ischler Bergluft zu atmen und die dortigen Gewitter zu hören geben, besonders aber den belebenden Hauch Deiner Seele über mein neues Werk wehen lassen. Deine Schwestern machten mir auf der Landpartie ein schweres Herz mit ihren Fragen, ob ich diesmal gar nicht nach Ischl komme, und mit ihrer Aufforderung, ich möchte es doch thun. — Wer hat Genie? kann es das Weib haben? Thörichte Frage. Der Mann und das Weib haben es zusammen. Ich habe nur mit halber Seele gearbeitet, solang ich ungeliebt war, und bin ich von Dir getrennt, so geht's wieder so. O mein Sopherl! wärst Du nur erst wieder da! — Die letzten Tage vergingen mir sehr unruhig. Das Spiel und Singen der Unger [1] machten auf mich die höchste tragische Wirkung. Seit dem alten Devrient hat mich im Theater die Luft aus jener Gegend nicht angeweht; gestern im Belisario kam mir von dorther ein voller Sturm herüber. Sie ist eine Künstlerin erster Größe. Auch im Umgang ist sie sehr liebenswürdig und gegen mich besonders freundlich. Ich war gestern nach dem Theater bei ihr, heute esse ich bei ihr zu Mittag. Du sollst sie kennen lernen.

Stuttgart, 25. Februar 1840.

Die ersten drei Tage meines Hierseins vergingen, ohne daß ich Dir geschrieben; sie waren durch mein Unwohlsein und beständige Störung für jede gesammelte und geweihte Beschäftigung verdorben. Von heute an soll jeder Tag ein Zeichen festhalten, wie ich Deiner gedenke, o Du mein Liebstes!

------

[1] Karoline Unger, später Sabatier, berühmte dramatische Sängerin.

------

26. Februar 1840.

Es wäre mir nicht möglich, den Bitten der guten Emilie,[1] daß ich hier bleibe, zu widerstehen, wenn ich nicht an Dich dächte und die Freude, Dich wiederzusehen. Wenn Du nicht wärest, ich bliebe ganz in Württemberg. Das Element ausgezeichneter allgemeiner Achtung, in dem ich hier lebe, hat etwas sehr Erheiterndes und Förderndes, doch die Trennung von Dir macht mich zu einem traurigen Stück=werk. Gestern hab' ich mir unser Ischler Liedel auf der Geige gespielt und in heißer Sehnsucht dabei Deiner ge=dacht. Die Albigenser, von denen ich mir oft denke, daß sie mich vielleicht gar für immer von Dir trennen könnten, sind mir darum eigentlich zuwider geworden, und nur mit größter Unlust mag ich daraus vorlesen. Aus diesem Ge=dichte wird darum auch nie etwas Rechtes werden. Ich werde es gar nicht zu einem Ganzen runden. Montag Mit=tag, gleich nach der Trauung Lottchens,[2] reisen wir wieder ab. Also in der nächsten Woche seh' ich Dich. Sopherl! wie freue ich mich!

27. Februar 1840, abends.

Diesmal beweise ich Dir doch, daß mir die Korrekt=heit meiner Bücher weniger am Herzen liegt, als Dir Wort zu halten. Der Wiederaufbau Deines Vertrauens ist zu=nächst meine wichtigste Angelegenheit. Denkst Du meiner auch oft? Hast Du mir geschrieben? Deine Antwort wird mich hier nicht mehr treffen, denn am 2. März reisen wir

---

[1] Reinbeck.

[2] Hartmann, an die Lenau die Schilflieder gedichtet hat, in Freundeskreisen scherzweise Schilflotte genannt.

ab. Balb seh' ich Dich wieder. Du bist, solange ich hier
bin, nicht aus meinen Gedanken gewichen. Der Anfangs=
buchstabe Deines Namens drängt sich mir unwillkürlich
heraus, so oft ich eine meiner hiesigen Freundinnen nennen
will. Glücklicherweise fasse ich mich bann sogleich, doch weiß
ich nicht, was ich mit dem S, das einmal heraus ist, an=
fangen soll, und meine Freundin stutzt über das unbegreif=
liche Zischen. O Herz! ich bin Dein bis ins Aeußerste meiner
Lebensbauer hinaus und bis ins Innerste meines Wesens;
recht eigentlich in Dir getränkt. — Hätt' ich Dir nur nie
einen Augenblick weh gethan. Gute Nacht, Schönste! Liebste!

28. Februar 1840.

Ich war bei Madame Heinrich und habe mir von
ihr vorspielen lassen. Einige Beethovensonaten bekam ich da
vollendet schön zu hören. Ich lag bequem während des Zu=
hörens und dachte dabei an Dich, liebes Herz! — Du wirst
mir schreiben und Dein Brief trifft mich nicht mehr hier.
Das thut mir sehr leid, doch wird er mir sogleich nach=
geschickt, und ich sehe Dich um so früher. Sonntag ist aber
ein so unruhiger Tag zum Wiedersehen. Vielleicht kommen
wir erst abends an. Bei Deinen Eltern ist es dann voll.
Wenn wir nur vor ein Uhr schon in Wien wären.

29. Februar 1840.

Mariette mit Mann und Kindern ist gekommen, um
die Hochzeit mitzufeiern. Das Haus ist laut, wie ich es nie
zuvor gekannt habe. Der Kinderlärm erinnert mich an=
genehm an den Deinigen.

1. Mai 1840.

Morgen reise ich ab, der Tag verging mir unter Vor-
kehrungen zur Reise etwas lästig. Abends saßen wir traulich beisammen. Meine Seele ist schon lange zu Dir voraus
abgereist. Ich will treiben, daß wir bald in Wien sind.
Dein Bild von dem letzten Augenblick ist immer da, Du
warst unaussprechlich schön, als Du mir nachriefst: „Wiederkommen!" Ich komme nur Dir zuliebe. Sonst bliebe ich
ganz in Württemberg, wo ich frei bin. So aber komm' ich
zu Dir ins Gefängnis zurück. Du bist mein einziges Leben.
O Sophie! liebe, liebe Sophie! —

Wien, 6. Mai 1840, abends 11 Uhr.

Karg und zwischen Freud und Leid geschrieben sind
Deine letzten Worte an mich. Die meinigen an Dich sollen
heute reichlicher sein und freudiger. Daß ich Dich liebe mit
unabwendbarer Seele, ist das Gewisseste was ich weiß, und
das Teuerste woran ich halte. Fürchte nie mehr, liebes
Herz! O könnte ich Dich in mein Innerstes blicken lassen!
Du würdest mich mit der festesten Sicherheit in jeder Gesellschaft sehen können. Die Schranken stehen unverrückbar.
Mein Leben war noch niemals mit solcher Entschiedenheit
Dir geweiht, wie jetzt. Darfst Du auch nicht mein werden,
so liebst Du mich doch, und Du bist die beste, schönste und
tiefste Seele, die ich kenne. Ich bin doch reich durch Dich
und bleibe Dein. O liebe Sophie! vertraue! vertraue! Der
Tag, an dem Du mir sagst: „ich glaube wieder ganz an
Dich," ist der schönste, den ich noch auf Erden zu hoffen

habe. Erscheint er mir nie, so hab' ich mein bestes Gut unwiederbringlich verloren. O Du liebes Herz! wag' es nur, Dich mir anzuschließen. Du kommst doch nicht durchs Leben ohne mich, wie ich nicht ohne Dich. Gute Nacht, Sophie!

---

8. Mai 1840, abends.

Das waren heute ein paar sehr schöne Stunden. Du schienst mir so glücklich, und ich war es. Ich überlasse mich so gern der Hoffnung, daß Du wieder das alte feste Vertrauen zu mir fassen werdest; o störe mir diese Hoffnung nicht, die meine liebste ist. Das Scheiden aber und plötzliche Abschneiden unsres Zusammenseins war traurig und schmerzlich. O Sophie! Du liebes, liebes Herz! Glaube nicht, daß ich so vielfach und fest mit der Welt zusammenhänge. Freilich ist die Welt mein Feld, aber Du bist meine Welt. Dort zeige ich mich und muß es ja als öffentlicher Mensch, doch Du allein hast mich und beglückst mich. Und darin teilst Du mein Herz mit niemand. So ist es. Glaube!

---

9. Mai, in der Nacht.

Sie.

I.

So oft sie kam, erschien mir die Gestalt
So lieblich wie das erste Grün im Wald.

Und wenn sie sprach, drang mir's zum Herzen ein
Süß, wie des Frühlings erstes Lied im Hain.

Und als Lebwohl sie winkte mit der Hand,
War's, ob der letzte Jugendtraum entschwand.

II.

Ich sah den Lenz einmal
Erwacht im schönsten Thal;
Ich sah der Liebe Licht
Im schönsten Angesicht.

Und wandl' ich nun allein
Im Frühling durch den Hain,
Erscheint aus jedem Strauch
Ihr Angesicht mir auch.

Und seh' ich sie am Ort,
Wo längst der Frühling fort,
So sprießt ein Lenz und schallt
Um ihre süße Gestalt.

Frage nicht.

Wie sehr ich dein, soll ich dir sagen?
Ich weiß es nicht, und will nicht fragen;
Mein Herz behalte seine Kunde,
Wie tief es dein im Grunde.

O still! ich möchte sonst erschrecken,
Könnt' ich die Gegend nicht entdecken,
Die unzerstört für Gott verbliebe
Beim Tode deiner Liebe.

——————

10. Mai, früh.

So oft sie kam, erschien mir die Gestalt so lieblich wie
das erste Grün im Wald.

Guten Morgen, liebe Sophie! ich habe heute lang in
den Tag hinein geschlafen, so lang als ich in die Nacht hinaus
gewacht. Ich freue mich, Dich heute zu sehen. Es ist in

meinem Herzen sehr lebendig von Dir. Da kommt ein
Besuch! —

Die Oper war gut, die Unger vortrefflich, mein Genuß
bedeutend, ich ließ mich sogar von Schönstein [1] bereden, nach
dem Theater zu ihr zu gehen. Bald entfernte sich jener,
und ich blieb bei ihr allein. Trotz dem allen steht alles
beim alten. Die Schranken sind unverrückbar; sie weiß das
recht gut, ist aber doch glücklich, wenn sie mich sieht. Nun
bin ich aber müde. Das Theater voll Menschen und Hitze.
Doch noch ein Wort an Dich, Du mein liebes, süßes Herz!
Du kannst Dir vorstellen, daß an den heutigen Abend eine
letzte Hoffnung geknüpft war, und daß diese beim Alleinsein
sich aussprach. Ich ließ mich finden wie jeden Tag, mit
Ausnahme meiner Freude über den schönen Abend. Ich
glaube nunmehr das Verhältnis einer aufrichtigen und re=
signierten Freundschaft für immer festgestellt zu haben. Daß
ich aber ihr Freund bin, verdient sie durch ihre wirklich seltene
Herzensgüte. Keine Spur von Groll oder verletzter Eitel=
keit. Mein Inneres ist so ruhig und gewiß in dieser Rich=
tung, als Du es wünschen kannst. Daß ich aber von Dir
mich wieder trennen muß, macht mir Kummer. O meine
Sophie! wie glückselig und wie kurz war die heutige Morgen=
stunde! Die Hausglocke hat mir noch nie so störend geläutet
wie heute. Ich habe die Glocken ordentlich hassen gelernt,
die unsrige läutete mir schon oft eine gute Stunde aus.

[1] Freiherr von Schönstein, ein vortrefflicher Schubertsänger, Gatte
der jüngsten Schwester Sophiens, Rosalie.

Gute Nacht! Morgen komme ich bald. Ich habe Alexander[1] gesagt, ich sei morgen nicht zu finden. Ich küsse Dich.

———

13. Mai.

Gestern war ich so mißmutig und verdrossen, daß ich Dir nicht mehr schrieb. Heute aber, obgleich es schon ein Uhr nachts ist, will ich Dich noch begrüßen. Alexander sagte heute von ohngefähr: „Was treu ist, muß fort," und ich dachte dabei an Dich und an die Möglichkeit, daß Du von mir fort müßtest, und mich befiel ein Schmerz zum Aufschreien. Ich könnte das nicht lange überleben. Gewiß, Sophie! Du bist mir notwendig zum Leben, es wurde mir bei dem Gedanken an Deinen Verlust stockfinster vor den Augen, und ich spürte schon den Ansatz der Verzweiflung in meinem Herzen, die dann mein Los wäre. O lebe! und liebe mich!

Ich weiß wohl, warum Alexanders Worte mich so faßten, es war Deine Aeußerung von gestern: „Ich muß ja doch sterben." Du warst dabei so aufgeregt, daß Du mich erschrecktest. Dich würde nach meinem Tode noch die Pflicht für Deine Kinder halten, mich kann, wenn Du einmal nicht mehr da bist, nichts halten, es ist aus, ganz und gar.

———

24. Mai 1840, abends.

Vergiß den heutigen allerseligsten Abend nicht Dein ganzes Leben! Ich werde daran zehren, er soll mir die herbe Trennung mildern. In solchen Stunden mußt Du es doch ganz und fest fühlen, wie wir zusammengehören

———

[1] Baumann. Siehe Seite 37.

und eigentlich eins sind. O vergiß ihn nie, diesen Abend! Was ich Dir heute versprochen, werde ich Dir halten: jeden Samstag einen Brief, und jede gute Stunde, das heißt: jede Stunde, die wert ist, Dir geweiht zu werden, einen Zettel.

Liebes Herz! ich bin heute ganz glücklich. Noch in unserm Alter werden wir's erleben, daß eine reiche und himmlische Leidenschaft in unsren Herzen für einander aufflammt. O! es ist viel Unsterbliches in unserm Bündnis. Zweifle nicht, vertraue und liebe! ich liebe Dich grenzenlos.

———

Stuttgart, am 2. Juni 1840.

Es ist eine warme stille Nacht, eben schlägt es elf Uhr, Du schläfst vielleicht schon. O liebe Sophie! wie tausendmal hab' ich an Dich gedacht, und mit welcher Liebe! Du hattest recht, wenn Du Deiner Sache so gewiß warst, daß ich wiederkomme. Ich muß wieder nach Wien, und sollt' ich mich dort zu Tod ärgern, Du machst doch alles gut, wenn Du mich gläubig liebst. Der Haß ist doch immer ärmer als die Liebe und schwächer.

———

4. Juni 1840.

Ich habe Heimweh nach Dir. Mich kann nichts freuen. Eben habe ich wieder an unsre Ischler Tage gedacht, und mir ist bitter traurig ums Herz. Das Leben ohne Dich ist eben gar zu leer. Bei aller Liebe, die mich hier umgibt und gewiß von mir erwidert wird, hat doch nichts, selbst der Frühling nicht die rechte Frische, wie bei Dir. Ich bin sehr trüb und bang. Liebe, o meine Sophie!

———

Der Weinsberger Aufenthalt, wo ich nicht einmal Tinte in meinem Gartenhäuschen hatte, hat mein Schreiben unterbrochen. Aber nicht unterbrochen war mein Gedanke und mein heißer, voller Herzschlag für Dich, Du mein Seelenheil, mein einziges Leben auf Erden!

Nun ist's wieder stiller hier. Die fremden Frauen sind fort, und ich bin abgeschnitten von den Gesellschaften. Meine guten Hauswirte glaubten mir mehr Leute einladen zu müssen, als schon welche da waren. Zum Glück waren es angenehme, und ich habe ein paar sehr schöne Lieder gehört. Aber glaube nicht, wie Du aus Deinem heutigen Brief zu glauben scheinst, daß mich die Frauen irgend sonst interessiert haben. Du bist mein liebes Sopherl mit allen Zweifeln. Aber die Brücke zu meinem Herzen ist hinter Dir eingestürzt und eine traurige schwarze Tafel steht am Eingang, worauf geschrieben ist, daß ich einmal verrückt war in dem Gedanken, ein Glück zu finden außer mit Dir. Gute Nacht, Du liebes Herz!

Auf Serrach, den 22. Juni 1840, nachts.

Die Empfindung dieser Stunde ist wieder ein starker Zug in meine alte Trauer. O die Nacht ist so voll Wehmut und Sehnsucht wie mein Herz. Ich bin allein in meinem abgeschiedenen Oberstübchen und denke an Dich. Draußen in der Dunkelheit ist doch alles auf und geschäftig nach dem Gewitter des Abends. Grillen und Frösche, Wind und ein leiser Nachregen, rauschendes Laub und in der Ferne irrendes Wetterleuchten und — mein Glück; o Du meine Seele! Warum so fern? Immer warst Du mir's und mußt es mir bleiben. Ich muß diesen Schmerz hinaustragen bis in den Tod, und dann werd' ich sagen müssen: ich habe mein Leben zweimal verloren.

Wär' es doch bald vorüber! Ich scheine jetzt am hei= tersten und bin am traurigsten. Es kann niemand mich erfreuen, niemand mich kränken, ich habe die Welt freundlich und still von mir abgestreift, ich gehe mit den Menschen um, recht brauchbar und lächelnd, denn je mehr ich fühle, daß mein Herz sich ihnen verschließt, je weniger will ich es an der äußeren Freundlichkeit fehlen lassen, damit sie doch etwas von mir haben. Und gerade in dieser Zeit kam ein Brief von Dir, worin Du klagst, daß ich neuen Bekannt= schaften nachhänge und mich von Dir entferne.

Da ist nichts. Du bist das viel und herb geprüfte Herz meines Lebens, Du bist woran ich glaube, was ich liebe, und worin ich fühle, daß ein lebendiger Gott mich liebt.

O Sophie! ich bin doppelt unglücklich, wie der arme Hieronymus von Prag,[1] denn ich habe, wie er, in der ohnehin tiefen Wunde noch einen Stachel des Vorwurfs sitzen. Mir ist unbeschreiblich weh zu Mute.

———

Weinsberg, 30. Juni 1840, 11 Uhr abends.

Ich saß heute nachmittag auf Kerners Turm und schaute hinüber auf einen Berg und dessen Wald. Da fielen mir die Wälder ein, die ich mit Dir gesehen, und der drüben kam mir so verlassen und traurig vor, und mein ganzes Leben ohne Dich so niederschlagend, daß ich gern alles weg= werfen möchte. Was habe ich denn, was bin ich denn, wenn

---

[1] Märtirgenosse des Johannes Huß.

Du mir nicht angehörst? Alles ist nichts ohne Dich, ich bin sehr erstorben in meinem Innern.

―――――

Ischl, 29. Juli 1840, abends.

Du stehst in meinem Herzen, wie sonst nichts, gar nichts. Die Tage muß ich ohne Dich hingehen lassen, und es fehlt ihnen die Seele. Es sind eben nur Schatten und thun, als ob sie lebten. Ischl, an tausend Erinnerungen so reich, hat außer diesen nichts, was mir ins Herz geht. Selbst die schöne Natur kann mich nur halb ergreifen, da Du mir fehlst. O Du Liebstes! Du mein Einziges! Ich muß Dein Andenken fortwährend in mir zu betäuben suchen, wenn ich arbeiten will, was doch so notwendig ist.

O, wäre ich wohlhabend, um doch meinem Unglück recht in Muße nachhängen zu können! Doch, solche Gedanken sind Unrecht, ich muß meine Lage noch preisen, daß sie mir nicht die Ruhe gönnt, es ganz auszudenken, wie so gar ich alles versäumt und verloren habe, was mir in diesem Leben getaugt hätte. Weißt Du, daß ich mich an der Zunahme meiner grauen Haare jetzt freue?

―――――

2. August.

Ich habe Dir heute geschrieben. Diese Briefe sind mir als lebendige Mahner an das zwangvolle und verfehlte Leben eigentlich immer unlieb und ein Opfer. Wir sollten uns nie anders als allein sprechen, aber täglich, immer! Ich habe vor, Dich mit meiner Ankunft zu überraschen, denn gerne möcht' ich meinen achtunddreißigsten Geburtstag mir von Dir segnen lassen, o Du mein liebes, süßes Herz! Wirst

Du Dich freuen, wenn ich komme? Mir klopfen alle Adern, wenn ich dran denke, Dich wieder zu sehen. Sopherl! Liebste!

————

Wien, 5. Oktober 1840, abends.

Nur weil ich versprochen habe zu schreiben, nicht weil ich mich eben heute besonders dazu gestimmt finde, will ich es thun. Du warst heute morgen bei meinem Fortgehen von so auffallend herbem und verletzendem Wesen, daß Du mir, als ich die Thüre zuschloß, wie ein fremdartiges Traumbild verschwandst. Woher diese immer häufiger wiederkehrenden Schnödheiten? Ich muß Dich auf einen mir peinlichen Widerspruch in Dir aufmerksam machen. Du behauptest, daß Du an mich nicht mehr glauben könnest, und es sei Dir gar wohl denkbar ein völliges Erkalten, Abscheiden meines Herzens; und doch gestattest Du Dir oft ein Benehmen gegen mich, wie es nur von der größten Zuversicht in ihrer mutwilligsten Steigerung eingegeben werden mag. Welch ein Widerspruch! In solchen Augenblicken, wo Deine Empfindung für mich, durch irgend eine vermeinte Vernachlässigung meinerseits, niedergehalten wird, tritt Deine gestörte Ueberzeugung von meinem Charakter hervor, und Du beträgst Dich gegen mich wie man pflegt, wenn Worte und Mienen nicht mehr unter der Hut einer zarten Achtung stehen. Ich werde Dir eine Herrschaft über mein allzuheftiges Gefühl aufweisen, wovor Du Respekt haben sollst. Gute Nacht.

————

Ich habe Dir heute geschrieben und mich nicht mit deutschen Lettern unterschrieben, wie ich nach unsrer Verabredung hätte sollen. Ich hatte einen schönen Traum von Dir. Der wache Tag war aber einsam, kühl und traurig.

***

Stuttgart, 14. April 1841.

Noch keine Trennung von Dir hab' ich so schwer ertragen wie die gegenwärtige. Ich mag die Stunden, die unsrem Leben und unsrer Liebe geraubt sind, auch andern nicht gönnen und lebe hier in möglichster Zurückgezogenheit. Auch meine Geige freut mich viel weniger, seit Du nicht mehr mit ihr eiferst. Meine liebste Beschäftigung ist jetzt das Lateinische, das ich in der letzten, lang durchwachten Nacht auch hervornahm und ein paar Stunden eifrig trieb. Dies Studium ist mir als gleichsam der Anfang unsres Ischler Zusammenlebens sehr angenehm, und gerne denke ich bei einer abstrakten Regel nach, wie ich sie Dir und Deinem Sohn klar machen wolle. Ich lebe ganz in Dir, und kann mich keinen Augenblick aus Dir hinausdenken.

***

15. April, abends zehn Uhr.

Liebe Sophie! Wenn ich nur schon wieder in dein süßes Angesicht schauen könnte. Der heutige Tag verging mir in beständigem Heimweh. Du hast die ganze übrige Welt bei mir ausgestochen. Ich mag hier zu niemand gehn und löse mich von meinen Bekanntschaften los. Reinbeck's sind höchst freundlich und liebreich gegen mich, ich fühle das mit Dank und auch mit Liebe, aber beisammen zu sein mit Dir geht über jede andre Empfindung; ich weiß nicht, wie ich es so lange werde aushalten können. O Sophie! Du süßer Kern der ganzen Schöpfung! wie sehn' ich mich nach

Dir! Der letzte Winter hat mich erst recht in Deine Ge=
walt gegeben. Es ist wirklich Wahnsinn, wenn Du daran
zweifelst, daß ich Dein bin für immer. Gute Nacht!

———

16. April, abends.

Einen recht stillen Tag hab' ich heute verlebt, wie er
mir lieb ist. Seit meinem ersten Ausgang zu Cotta und
Hallberger bin ich nicht aus dem Hause gewesen. Auch zur
Heinrich und zu Evers[1] mag ich nicht gerne gehen, die mir
doch den Beethoven spielen würden. Du hast mich mit
Gleichgültigkeit gegen die Welt erfüllt. Dein Umgang ist
wie Dein Kaffee, mir schmeckt kein andrer drauf. O Herz,
o liebes Herz! Verspäte Dich nur nicht nach Ischl.

———

17. April.

Ich habe Halsschmerz und friere. Verstimmt bin ich
auch. O wär' ich bei Dir! Auch heute war ich nicht aus.
Pfizer und Alexander besuchten mich. Ich habe an meinen
Albigensern gearbeitet und eine angefangene Scene fertig
gebracht. Gegeigt wurde wenig. Lebe wohl, mein Herz!

———

18. April.

Verdammter Halsschmerz, der mir die kaum begonnene
Arbeit schon wieder abgebrochen hat. Es ist kein Glück auf
diesen Albigensern. Nun sind es acht Tage, daß ich hier
bin und mich mit Ungeduld nach unserm Wiedersehen sehne.
Heut nachmittag schlief ich und träumte von Dir, o wie
glücklich! Es war unser erstes Wiedersehen.

———

[1] Der Klaviervirtuose und Komponist Karl Evers.

———

19. April, abends.

Ich habe in diesem Augenblick Fieber, und mir ist in mehr als einem Sinne schlimm zu Mute. Heute nacht hatt' ich wieder einen Traum von Dir, ich Dein Niembsch (nicht Niembsch). O liebe Sophie! ich irre hier herum wie ein verlornes Stück von Dir. Ich liebe Dich wirklich ganz wie Du es verdienst. O, der Traum! käm' er doch jede Nacht!

20. April 1841.

Heute hab' ich Dir von meiner Krankheit geschrieben und will Dir heut auch noch von meiner Liebe schreiben, meinem gesündesten und besten Teile. Was an meiner Krankheit das beste sei, sollst Du erst hier recht erfahren. Das ist, daß sie noch früh genug ausgebrochen ist, um mich zur bestimmten Zeit nach Ischl reisen zu lassen. O Herz, ich wette, Du hast Dir das auch gedacht. Ich will mich ordentlich halten und schonen, daß ich gewiß bis Ende Juni bei Dir sein kann. Ich werde sehr glücklich sein bei Dir. Ach, säßest Du an meinem Bette wie letzten Winter, wo mir so wohl war, daß ich an die störende Genesung gar nicht denken mochte. Mein süßes Sopherl!

21. April.

Ach, säßest Du an meinem Bette, wie gern möchte ich die vier oder fünf Wochen meiner Krankenhaft ausbauern. Es ist peinlich, daß Du mich nicht pflegen kannst.

22. April.

Mein Herz, o mein Herz, hätt' ich Dich bei mir! Es wird mir die Zeit unerträglich lang, ich weiß nun, daß ich nicht fort kann, bevor das Uebel seinen Lauf genommen, und das ist scheußlich. Im Bereich meiner liebsten Vor= stellungen lag es, Dich vor der versprochenen Zeit zu sehen, und nun muß ich mir Glück wünschen, wenn ich nur den Termin einhalten kann. Da läßt sich nichts beschleu= nigen, ich muß ruhig abwarten, was meinem Körper beliebt.

23. April.

Du bist mein beständiger Gedanke und all meine Em= pfindung. Ganz klar stehst Du vor meinen Augen, wie ich sie schließe. O, du schöne, liebe Sophie! Ich habe Dir heute gegen alles Verbot des Schreibens ein paar Zeilen geschickt, ich mußte. So oft ich krank bin und an die Mög= lichkeit einer Trennung erinnert, drücke ich mich noch heftiger und enger an Dich an, o Du mein Liebstes!

Diese Krankheit! Wenn sie nur fertig wird bis zum 20. Juni. Da will ich fort und zu Dir. Ich möchte schier zu meinem eignen Leibe beten, daß er mich dann nur ge= wiß fortlasse.

24. April.

Mit großer Ungeduld erwartete ich gestern die Post, und sie brachte mir auch einen Brief von Dir, aber einen der mich kränkt.

25. April.

Ja, es hat mich gekränkt und kränkt mich noch heut, daß Du so wenig Freude an meinen Briefen hast, und meine Krankengeschichten gleichgültig abweisest. Jetzt ist's wieder auf lange Zeit aus mit meinem zutraulichen Wesen, Du hast es verscheucht.

26. April 1841.

Ich bin verstimmt, mißmutig. Warum störst Du mein Herz in seinen schönen Gedanken von innigem Zusammen=leben auch in der Ferne? Du verstimmst mich und bist so weit weg von mir und kannst es nicht gleich wieder gut machen. Das solltest Du nicht.

27. April 1841.

Der Tag hat sich so hingewälzt in Unmut, Traurig=keit und allerlei niederschlagenden Empfindungen. Ich werde erst vielleicht von Deinem nächsten Briefe eine andre Stim=mung erhalten. Die gegenwärtige ist ganz des Teufels.

28. April 1841.

Ich habe Dir heute wieder geschrieben, um Dich auch zum Schreiben zu treiben. Ich sehne mich nach Deinen Briefen. Du bist nicht sehr eifrig, das bist es wohl nie gewesen. Und kommt endlich einmal ein Brief, so hat er meist seinen Haken.

Uebermorgen dürfte einer kommen, wenn du gleich ge=antwortet hast. O liebe Sophie! wie lieb' ich Dich! —

29. April 1841.

Hundert Meilen weit von Dir entfernt im Bett liegen und an meinem Leibe kurieren, statt zu arbeiten und meine Geschäfte zu fördern, dazu noch selten eine Nachricht von Dir, und obendrein eine verdrießliche — das ist ein ganz verlornes und schlechtes Leben. Nichts freut mich, gar nichts.

30. April 1841.

Der ersehnte Brief ist gekommen. Arme Sophie, daß Du so bekümmert bist. Heute geht es weniger gut; ich fiebere etwas.

_____

1. Mai 1841.

Grenzenloser Mißmut, keine Freude, alles öb und wie verstorben.

_____

2. Mai 1841.

O, Gott sei gedankt für Deinen heutigen Brief. Er ist mir erquickend, stärkend und beseligend ins Innerste gedrungen. Könnt' ich nur auf eine Minute bei Dir sein, ich möchte gerne acht Tage dafür länger liegen müssen. O meine Sophie!

_____

3. Mai 1841.

Ich muß Dir heute noch sagen, wie Du mir wohlgethan hast mit Deinem letzten Brief. Ich bin ein ganz andrer Mensch, seitdem ich ihn habe. Reisegedanken beschäftigen mich beständig. Wäre nur der Juni schon da! Ach, nur eine Stunde allein mit Dir, wenn wir uns wiedersehen. Ich träume viel von Dir, und recht glücklich — so sollte das Wiedersehen werden — aber es darf ja nicht! — O meine süße Frau!

_____

4. Mai 1841.

Ich bin nicht bös auf Dich, wie Du zu glauben schreibst; ich bete Dich an, Du bist mein Liebstes und Höchstes.

_____

5. Mai 1841.

Ich habe Dir gestern geschrieben, und es hat mich schon heut wieder stark versucht, Dir zu schreiben. Mein liebstes Geschäft. Ich bin den ganzen Tag mit Dir, und wie ein frommer Mönch alles im Namen Gottes thut, so thu' ich alles in Deinem Namen, in Deinem Andenken, Deiner Liebe. Wenn es nur schon 20. Juni wäre! Oft überfällt mich's, auf der Stelle zu Dir aufzubrechen. Unser Wiedersehen mal' ich immer aus, und mir ist, als trüge ich Dich auf meinen Armen im Zimmer herum.

6. Mai 1841.

Heute bin ich müde und kann Dir nichts schreiben, als daß ich den ganzen lieben Tag an Dich gedacht habe, auch ge= schrieben und ein Gedicht geschickt. Du herzige, süße, liebste Sophie! Ich weiß nicht, ob ich's aushalte bis zum 20. Juni. Mein Verlangen wächst mit jedem Tage.

7. Mai 1841.

Heute kam wieder ein Brief von Dir, und ich bin ganz locker vor Freude über Deine Liebe, vor Wehmut, daß Du so ferne. Du schreibst, daß Du Deine Garderobe für Ischl zurichtest; ach, hätt' ich nur irgend ein Kleidungsstück, ein nahes, von Dir da! weißt Du, eins, das Du noch am Leibe getragen! Das noch warm wäre von Deinem süßen Leibe! Ach, Sopherl, ich liebe ja Deinen Leib selbst so sehr, nur weil er herumliegt um die schönste, beste, allersüßeste Seele auf Erden.

Gute, Nacht, Du Heißverlangte!

Gottlob, wieder ein Tag vorüber. Das beste an diesen Tagen ist, daß sie, indem sie vergehen, mich Dir näher bringen. So macht uns eine Leidenschaft reich und arm.

Höre, Sophie, abends wenn ich Dir schreibe, fällt es mich oft an, wie ein Sehnsuchtsfieber, und ich rede laut mit Dir in meinem Bette.

Es wird mir noch sehr schlecht gehn, daß ich so lange warten muß, bis ich Dich wieder habe.

Heute beschließ' ich den Tag mit einer getäuschten, freilich allzukühnen Hoffnung. Um acht Uhr abends, wo die Post mir ihre Schätze zu bringen pflegt, erwartete ich sehnlichst ein Brieflein, aber da kam keines, und ich mußte mir sagen, daß Du mich verwöhnt hast. Und doch bin ich verstimmt und sage Dir kein Wort mehr.

Wieder kein Brief. Gute Nacht.

Ich küsse Dich für Deinen Brief, meine liebe, liebste Sophie! Die Nachricht, daß Du schon in der ersten Juniwoche nach Ischl ziehst, hat mich wie ein Blitz getroffen. Gott, wenn ich nur bis dahin hinaus darf, so komm' ich auch. Ich habe mich noch nie so qualvoll nach Dir gesehnt wie diesmal. Verfluchter Unfall mit der Krankheit! Hätt' ich sie doch lieber vor zwei Jahren in Ischl gehabt! Da hätt' ich Dich täglich sehen können und von Dir ge-

pflegt werden. Die Ungeduld peinigt mich mit tausend
Stacheln. Mein ganzes Leben ist nichts ohne Dich. Du
bist der Herzpunkt der ganzen Welt für mich. Tot und
faul ist alles ohne Dich. Es ist entsetzlich, daß ich in meiner
Liebe zu Dir von der ganzen Welt abfalle, aber ist doch
himmlisch, und ich möcht' es nicht anders haben. Oft in
diesen Tagen hab' ich es mir ruhig und klar und gewiß
gedacht, daß ich Dir auf der Stelle nachsterben würde. Ich
habe mich Dir unbedingt und für immer hingegeben. O
Gott, hätt' ich Dich nur da, ich würde rasen vor — ich
muß aufhören zu schreiben, denn es flirrt mir vor den
Augen und mein Blut — die letzten zwei Nächte. O Süße!

12. Mai 1841.

Guten Morgen, liebe Sophie! Das war eine schlimme
Nacht, sehr unruhig. Das Verlangen nach Dir stürmt mir
in Leib und Seele. Ich bin heute liegen geblieben. Schon
lieg' ich ein paar Stunden wach und mit geschlossenen
Augen und halte Dich beständig umklammert. Ich zittere
vor Sehnsucht. So war es noch nie, wenn ich von Dir
getrennt war. Ich schließe die Augen wieder. Komme,
komm'! — Störer waren da. Der Doktor sagt, noch
14 Tage im Haus bleiben. Solange Du noch nicht in Ischl
bist, ist's mir weniger arg. — Ich bin wieder allein und
lag auf meinem Bette. Da überwallen mich wieder die
Gedanken an Dich, so warm und schmerzlich süß. Du rollst
mir durch alle Adern. Ich bin namenlos verliebt in Dich.
Ich schwelge in Erinnerungen und Hoffnungen, und ich verzehre mich in der Pein der Entbehrung.

12. Mai 1841, nachmittags.

Ich habe Dir soeben einen Brief geschrieben und Dich um Schonung Deiner Gesundheit gebeten. O schone sie. Mein ganzes Glück, meine ganze Zukunft wohnt in Deinem schönen Leibe mit Deiner süßen Seele. Schone Dich, sorge für Dich, liebe Dich, schon weil ich Dich so grenzenlos liebe. Ja, Sophie, ich liebe Dich. Dein Bild ist mir so lebendig gegenwärtig, daß ich es greifen kann. Du bist sehr schön. Z. B. Dein liebes Auge! wenn Dir darin die Seele so anschwillt, wie ich es oft, und nur ich allein ganz gesehen habe, o, dann gibt es für mich kein Jenseits mehr.

Ich muß abbrechen, es reißt mich schon wieder hinaus in die Strömung, allmächtige Liebe! heiliger, wonniger, verschmachtender Jammer, daß Du nicht mein bist, da bist, mein bist, mein, mein, ganz, ganz tief mein — und mich doch so liebst. Wir sind eins. Nichts darf uns trennen. Nichts. Lieber sterben und ganz aufhören; gelt? Diese Liebe ist immer größer und ernster geworden. Sie ist nicht mehr in mir, ich bin in ihr. Sie ist mein Gott. Gottes starke Hand drückt mich so fest an Dich, daß ich seufzen muß und ringen mit erdrückender Wonne, und meine Seele keinen Atem mehr hat, wenn sie nicht Deine Liebe saugen kann. Ach Sophie! ach, liebe, liebe, liebe Sophie!

---

12. Mai 1841, abends.

Ich muß Dich noch einmal grüßen an diesem Tage. Ich habe mir eben wieder gedacht, daß ich Dich nicht über- leben könnte.

---

13. Mai 1841.

Heute hab' ich Kopfschmerz, ich kann nicht viel schreiben. Reinbeck war bis 10¹⁄₂ Uhr bei mir. Ich träume beständig von unsrem Wiedersehen. Dir schaudert vor Ischl, mir nicht; dort ist mein Himmelreich, und ich will dort selig werden, wenn auch von der Welt darüber nicht heilig gesprochen. Gute Nacht, mein Alles in Allem!

14. Mai 1841.

In meinem heutigen Briefe ging mir das Herz über vor Besorgnis und Liebe. Sie mögen sagen was sie wollen, ich kann nicht leben ohne das Geständnis von Zeit zu Zeit, daß ich Dich grenzenlos und weit über alles in meinem Herzen feiere, daß ich Dein bin in heißester Liebe. Man muß es diesen Briefen anmerken, wie sie aus der wärmsten Herzgegend kommen, man soll es, ich will meine Gottheit nicht verraten und verleugnen. O Du herrliches, liebes, grundsüßes Weib! Wenn ich doch in drei Wochen bei Dir sein könnte! Da ist wieder eine Kälte eingetreten, vor der Dir mehr schaudern soll als vor Ischl; denn noch muß ich mich recht halten mit meiner Krankheit. Nach Ischl freue ich mich sehr. Und doch sind es so viele Meilen bis dahin, und ich rühre mich noch immer nicht von der Stelle, und der ganze Weg liegt noch unangebrochen da in seiner fürchterlichen Größe. Weißt Du aber, daß ich eine geheime Angst in mir habe, Du möchtest nicht nach Ischl kommen können. Ich habe mich zwar überredet, Dein Unwohlsein sei nichts weiter als Deine bekannte Frühlingsschwäche; ja, nichts weiter, aber wenn es was weiter wäre, würdest Du krank, o heiliger Himmel, dann steh' mir bei. Ich reise

augenblicklich nach Wien, und wenn es mir wie immer schaden
kann. Die Angst würde mir gewiß mehr schaden. Ich bin
verloren, wenn Dir was geschieht. O Sophie! wenn nur
morgen ein Brief käme. Warst Du Sonntag in Weinhaus,[1]
und brach der drohende Sturm aus? keine Antwort. Fluch
über diese Trennung. Ach, wenn wir nur schon in Ischl
wären! Wenn ich gezwungen bin, noch dazubleiben über die
erste Juniwoche hinaus, und ich würde Dich dann schon an
Ort und Stelle wissen — nein, ich kann's nicht glauben. Ich
soll, sobald ich an die Luft darf, spazierenfahren. Man
wünscht mich nach Weinsberg zu bringen. Doch wenn da=
durch auch an Zeit nichts verloren ginge und man eine
kleinere Vorfahrt als Präparation zur Reise auch gelten
lassen könnte, nein, nein, nein, ich habe eine so ungeduldige
Sehnsucht nach Ischl zu fahren, daß es mir rein unmöglich
ist, auf einem andern Wege noch weiter davon wegzufahren.
Komme nur bald, liebe Sophie! komm! ich bringe Dir ein
volles Herz mit.

15. Mai 1841.

Guten Morgen! Schlecht geschlafen, sehr unruhig. Du
bist nicht mein erster und letzter Gedanke früh und spät,
sondern mein beständiger. Die Aufregung ist die gleiche,
als wenn Du da wärest, und doch gar keine Erleichterung in
Wort und Blick — es wird oft peinlich und ganz fieberhaft.

Die Pulse schlagen, jagen und fragen nach Dir so treu,
so heiß und verlangend, und müssen einsam verhallen und
verwelken. Das Leben geht verloren, der Boden brennt
unter mir, meine Seele ringt nach Dir und ach, umsonst!

---

[1] Vorort von Wien.

Ich wußte gar nicht, wie ich Dich liebe, als ich fortging. Nun erfahr' ich's an verzehrenden Qualen in meinem ganzen verlassenen Wesen. Das darf nicht mehr lange so dauern, ich würde krank vor Sehnsucht. Was ist denn über mich gekommen, daß gar ich gar so lieben muß?

Heute ist der fünfzehnte Mai. O du elender Körper, rühre dich, tummle dich, daß wir fortkommen, du hast sie ja auch lieb, die Schöne, Liebe, deine Wohlthäterin, die dich genährt, gepflegt und entzückt hat, daß du dir selbst oft mehr zu sein dünktest als ein Körper! Eile, eile! Mir ist dieser langsame Prozeß meiner Genesung unerträglich.

15. Mai 1841.

Es ist schon spät, bei Mitternacht. Ich wollte Dir heute abend nicht schreiben und that es schon am Morgen, weil mich's für die Nacht zu sehr aufregt, und Schlaf mir gut ist. Ich lag lange im Dunkeln und konnte keine Ruhe finden, ich mußte Licht machen, um Dir zu schreiben. Wenn ich Dir nur sagen könnte, wie ich Dich liebe. Mir ist manch= mal, als müßte ich meine Seele anschneiden, um sie Dir inwendig zu zeigen, wie sie von Dir ganz durchdrungen ist. Da solltest auch keine Faser sehen, die nicht Deine Farbe trägt. Warum bist Du denn traurig? O, wär' ich bei Dir! Du würdest bald heiter werden. Freue Dich aufs Wieder= sehen, freue Dich, mein Herz, und sei froh an unsrer Liebe. Sie ist schön. Sie wird immer feuriger, inniger. Ich war noch nie so fest, so selig einsam mit Dir zusammengeschlossen wie jetzt. Es ist rings um uns herum alles zugewachsen, eine recht dichte und wilde Paradieseshecke, heilig, still und sicher. Wir können uns nicht mehr verlieren.

16. Mai 1841, abends.

O wie bin ich so menschenmüde diesen Abend. Ich werde grob werden müssen, um Ruhe zu haben. Sie bringen mich zum Gipfel des Unmuts. Haben sich und mir am Ende alle nichts zu sagen und laufen doch her und quälen mich. Ach, nur einen Tropfen von Dir, einen labenden Tropfen aus Deiner lieben Seele, und ich könnte dann schon wieder ein Stück weiter keuchen durch die Wüste. Wer weiß, wer jetzt an meiner langentbehrten Quelle meines Lebens und meiner Herzensjugend, wer weiß, welcher Wicht dabei= sitzt und, ihrer nicht froh werdend, sein Bier trinkt. O, ich gönne Dich Deinem Umkreise auch nicht. Heute ist Sonntag, wer weiß, neben wem Du in Weinhaus zu Tische gesessen. Pfui!

17. Mai 1841.

Warum ist heute kein Brief gekommen. Ich habe Dir heute nichts zu schreiben, als daß ich sehr traurig geworden bin, wie ich mein schönes Hoffen getäuscht sah. Ich habe Dich so sehr gebeten, mir oft zu schreiben. Warum? warum denn mir meine einzige Freude schmälern? Gute Nacht! ich bin recht verstimmt.

18. Mai 1841.

Warum schreibst Du nicht? Das ist heillos. Ich soll fleißig schreiben, sagen mir Deine Briefe und werden doch seltener. Was ist geschehen? Teufel hinein, warum schreibst Du nicht? Ich bringe nichts heraus als diese Frage. Aber bang ist mir, sehr bang. Hole der Teufel eure Landpar= tien und Visiten! Ich werde, wenn morgen kein Brief kommt, auch selten schreiben.

Nein, Du liebe, süße, schöne Sophie! ich kann nicht
so im Verdruß von Dir scheiden. Gewiß hattest Du eine
Abhaltung, vielleicht gerade die eifrigen Vorbereitungen zur
Reise, um nur recht bald fort und zu mir zu kommen. Krank
bist Du doch nicht? O nein, Herz, liebes Herz, die Sehn=
sucht, die Hoffnung unsres Wiedersehens kann Dich nicht krank
werden lassen. O Sophie! Sophie! Wiedersehen! Wieder=
hören, daß Du mich liebst! — Ich war heut' abend sehr,
sehr gekränkt. Als man die allgemeine Zeitung ohne einen
Brief von Dir hereinbrachte, gab es mir physisch einen Stich
ins Herz. Warum schreibst Du denn aber nicht? Nur zwei
Worte: lieber Niembsch — o dies wäre ja zur Not schon
genug. Was zur Not! In diesen Worten liegt mein ganzes
Glück. Komme nur bald nach Ischl, komm', komm', Du Süße!
O Deine Liebe, Deine Liebe, wenn sie mir nur immer bleibt!
Werde mir nicht krank! es wäre furchtbar. Wenn ich dran
denke, überzieht mich's wie ein Todesnebel. Ich leb' in Dir,
ich sterb' in Dir, ich bin ganz und ewig Dein.

Ein Brief! ich bin glücklich, selig, welch ein Brief! o
Sophie! Sophie! ob ich mich aufs Wiedersehen freue? ich
kann's nicht erwarten. Ich möchte heute noch fort, in der
Nacht. Ich soll Dir viele Briefe nach Ischl schreiben. Soll
ich denn nicht bald kommen? Solang ich noch hier bin,
werd' ich freilich oft an Dich schreiben, denn das ist mein
liebstes Geschäft; aber ich will Dich bald sehen, o, sehen
Dein lang ersehntes Gesicht, und meinem lang gepreßten
Herzen Luft machen. In diesem Augenblick knie ich Dir zu

Füßen und danke Dir für Deine Liebe; die meinige ist voll, fest, ewig. Mit großer Bangigkeit habe ich heute auf den Briefboten gewartet, das Fenster oft geöffnet und nach ihm ausgesehen. Ich war in der heftigsten Spannung. Meine Hausgenossen baten mich, etwas vorzulesen, ich war es nicht im stande vor ängstlicher Erwartung; und endlich kam der Brief, ich verschlang ihn, und meine Freude war so groß, daß ich gerne alles that, was man von mir verlangte; ich las, aber konnte nicht vor glückseliger Bewegung, ich ver= sprach mich, und meine ganze Seele war bei Dir und Dei= nen Reisekoffern.

20. Mai 1841.

Fort, fort, es ist nichts, gar nichts ohne Dich. Ich zähle schon die Stunden. Der Weg wird mir endlos vorkommen bis Ischl. Du hast recht, daß Du von keiner neuen Tren= nung hören willst, ich kann auch nicht dran denken. Ma= rens Vorschlag, ich möchte zu Nell[1] nach Gastein, hat mir fast übel gemacht. Der Einfall! ich soll von Linz gleich nach Gastein, bevor ich Dich gesehen! Närrischer Einfall! Nicht ins Paradies möcht' ich statt nach Ischl. Fort, nur fort. Meine Ungeduld ist namenlos. Ich fürchte noch immer, daß wir uns in Ischl nicht sehen. O, wär' ich doch wenig= stens in Salzburg.

21. Mai 1841.

Du schreibst mir nun einmal nicht so oft als ich Dir, und ich muß mich eben drein ergeben; Du weißt aber auch nicht, wie mich Deine Briefe freuen, sonst thätest Du anders.

---

[1] Franz Maria Freiherr von Nell, k. k. Hofrat, Verfasser des Trauerspieles „Herostratus" und geistvoller Novellen.

Wieder einen Tag näher dem ersehntesten aller Ziele; das ist die einzige Freude, mit der ich den Tag beschließe. Gute Nacht, liebes Herz! träumst Du denn auch manchmal von mir?

Kein Brief! gute Nacht.

22. Mai 1841.

---

23. Mai 1841.

Heute ist ein Brief gekommen. Also richtig jeden vierten Tag. Da zählen zwei von mir auf einen von Dir. Schon recht. Und warum eigentlich deshalb gerade mit dem Dampf= schiff reisen, weil es erst kürzlich verunglückte? Freut man sich so aufs Wiedersehen, daß man Gefahren aufsucht, um es sich ein wenig zweifelhaft zu machen? — Das gefällt mir nicht.

24. Mai 1841.

Mir ist gestern die Geschichte vom Einbaumel ein= gefallen, und sie verstimmt mich noch heute. An solchen Aeußerungen von Dir merk' ich's mit Schrecken und der entmutigendsten Traurigkeit, daß Du unglücklich bist und durch mich. O Sophie! könnt' ich Dich glücklich machen, ich gäbe alles drum hin, was ich bin und habe. Gute Nacht, süßestes Herz! Schlafe wohl, mein Leben, mein Einziges! —

25. Mai 1841.

Mir ist heute nicht ganz wohl, liebe Sophie, ich sage Dir nur gute Nacht und daß ich bald komme.

26. Mai 1841.

Liebes Sopherl, Du bist sehr zerstreut, daß Du mir im heutigen Brief auch nicht ein Wörtchen über Deine Ab= reise von Wien sagst.

Wohin soll ich Dir denn eigentlich schreiben? Oft wird das aber nicht mehr geschehen, denn mich drängt es zu Dir, zu Dir mit aller Gewalt der Liebe.

Die Albigenser, die ich jetzt abschreiben muß, werden mir jetzt völlig unerträglich. Ich kann die Stunde nicht erwarten.

27. Mai 1841.

Mir ist sehr bang. Der Unfall mit dem Dampfschiff an Deinem Namenstage, und dieser Tage ist bei Linz ein Frachtschiff untergegangen. Die Donau ist sehr klein, und leicht kann ein Unglück geschehen. Wenn ich Dich nur schon in Linz wüßte! O mein Herz, mein Herz, wenn Dir nur nichts geschieht, o Du mein liebes, bestes Sopherl!

Ich will Dir nach Linz schreiben und sehen, ob Du es errätst und dort auf der Post nachfragst. Könnt' ich lieber selbst am Ufer stehen und Dich empfangen! Doch meine ganze Seele wird Montag nachmittag dort auf und ab laufen, wo Du aussteigen sollst. Vielleicht schläfst Du im Adler in meinem Bette. Ich habe dort recht innig an Dich gedacht. Hätten wir uns nur schon wieder! Diese dumme Schrift=stellerei!

28. Mai 1841.

Bald erster Juni und dann nicht mehr lange. Ich habe heute viel gearbeitet und bin sehr ermüdet. An Dich hab' ich doch immer gedacht. Uebermorgen reisest Du; o reise glücklich! Das Dampfschiff ist mir ängstlich, ich kann es nicht leiden, daß Du auf so einem zweideutigen Vehikel bist.

29. Mai 1841.

Da hab' ich eine ganz dicke Pfundfeder, um meinem liebsten Goldherzerl noch gute Nacht zu sagen. Ich schneide keine bessere mehr, denn ich bin müde. Morgen bist Du zu Wasser. O reise glücklich! Mein Alles und Ganzes ist morgen dem verwünschten Dampfkessel anvertraut. Ich habe heute beständig dran denken müssen. Wär' ich in Linz!

30. Mai 1841.

Am Tage Deiner Reise, am Tage, dessen jede Stunde Dich mir näher bringt, Sophie! mir springt das Leben vor Freude, daß Du kommst, immer näher. Du wirst glücklich reisen, Du mußt. Herrliche! Süße! Liebliche! Schöne! Kluge! Am sechsten Juni reis' ich ab, nichts darf mich halten. Mir brennt Leib und Seele nach Dir. Du! o Sophie! hätt' ich Dich ba! Das Verlangen schmerzt, o Gott!

Gelt, Du wirst Dich freuen, wenn ich komme? recht freuen? ich habe mich mein ganzes Leben lang auf nichts so gefreut.

31. Mai 1841.

Heute Nacht schläfst Du in Linz, und morgen kommst Du nach Ischl. Nicht lange wirst Du auf mich warten dürfen, liebes Herz, oder doch lange! Sonntag reis' ich von hier ab. Ich kann's nicht erwarten.

1. Juni 1841.

Gute Nacht, liebes Herz! Meine Stimmung ist heute gräßlich, denn ich bin unwohl und fürchte einen Aufschub dessen, wonach ich zittere mit dem heißesten Verlangen. O Geliebteste! — Nur Wiedersehen!

2. Juni 1841.

Hättest Du in diesen Blättern, oder lieber in meinem Herzen selbst gelesen, so wäre Dein letzter Brief anders geworden. Du kannst glauben, daß ich eine Lust habe nach Gastein? Wie in aller Welt konntest Du das aus irgend einem meiner Briefe herauslesen? Ich habe, ärgerlich über Dein streitsüchtiges Wesen, in diesem Augenblick keine andre Lust, als Dich recht auszuzanken, im nächsten darauf, das heißt jetzt schon, habe ich keine als Dich rasend zu küssen, Du süße Närrin! Lerne doch einmal glauben, daß ich Dich liebe, liebe über alles und ewig. Aber so bist Du. Gleich grübelst Du Dir einen Grund zum Zweifeln heraus, und dann ist alles vergessen, nur nicht das schwarze Gespinst. Sopherl, Du bist eben nicht anders, und ich möchte Dich nicht anders haben, denn ich fürchte, daß mit den kleinen Unliebsamkeiten auch ein Stück von Deiner Liebenswürdig= keit wegginge. Bleibe also, bleib' so und bleib' mein, dann ist alles gut. Morgen laß' ich mir den verdammten Zahn nehmen, der mich gerne am Reisen hindern möchte. O Gott, wie freu' ich mich auf Dich! Das heißt auf die Sophie, was doch eins ist. Gute Nacht, Zänkerin! Es ist höchste Zeit, daß ich komme, sonst plagst Du mich wieder mit unfreundlichen Briefen. O Herz! Herz!

3. Juni 1841.

Heute ging der Zahn heraus. Ein greulicher Kerl der Zahnarzt Popp. Nur um bald fortzukommen, ließ ich den Zahn herausnehmen, nämlich den Zahn, der mir schon im Winter viel Schmerz gemacht. Jetzt bin ich ungeheuer

müde von Arbeit, Zahnriß, Visiten, Geigen u. s. w. O
Sopherl, ich komme bald.

————

4. Juni 1841.

Schlechter Tag. Traurig, wüst.

————

5. Juni 1841.

So bin ich noch nie erschrocken wie heute. Alexander
aß bei uns, und nach Tisch beim schwarzen Kaffee sagte er
mit einemmal zu mir: „Du, euer Dampfschiff, die Sophia
ist eben untergegangen." Du kannst Dir meinen Schreck
denken; es war der fürchterlichste Augenblick meines Lebens,
bis er fortfuhr, daß er den Unfall am Sophientag bei
Mölk meine. Aber der Augenblick war lange genug, daß
ich die Gewißheit auch meines Todes ausdenken konnte,
wenn ich Dich verloren hätte. Es war ein entsetzlicher
Augenblick, in dem ich manches abgebüßt habe, was ich
Dir Leids gethan, Du liebe, himmlische, süßeste Frau! O,
wie freute mich Dein Brief von Ischl, den ich abends
darauf erhielt. Zweifle nicht, zweifle nie an meiner Liebe;
ich habe es heute erfahren, wie wir stehen. Ich lebe in
Dir, für Dich und nicht ohne Dich. Du mein Allerheiligstes!

————

6. Juni 1841.

Heute wäre ich abgereist, wenn die Aerzte nicht wären.
Mein Rheuma im Fuß hätte mich nicht abgehalten. Samstag brech' ich auf. Stößt mir auch bis dahin etwas zu,
so verheimliche ich's, um meine guten Reinbecks nicht zu
ängstigen. Nur eine schwere Krankheit könnte mich halten.
Ich muß fort zu Dir, mein Leben versiegt ohne Dich, ich

kann nichts mehr arbeiten, denken oder fühlen, wenn's nicht die Sehnsucht nach Dir ist.

————————

7. Juni 1841.

Gerade die letzten Tage werden mir die längsten. Noch vier Tage, dann reise ich ab, und bis ich bei Dir bin, vergeht vielleicht eine Woche, denn mir geht es übel mit meinem Fuß. Der Schmerz sitzt im Hüftnerven und wird mitunter heftig. Doch ich reise auf jeden Fall Samstag ab, und wenn ich im Schritt fahren müßte bis Ulm und von dort auf der Ordinari bis Linz.

————————

8. Juni 1841.

Ich bin in einem furchtbaren Aufruhr, in dem ich Dir schreibe, Sophie, es ist wahnsinnige Liebe, die mich treibt. Weh mir! wär' ich lieber tot, als daß Du nicht mein bist.

————————

9. Juni 1841.

Ich soll erst in vierzehn Tagen kommen, lieber als ohne den Vertrag in der Tasche, aber ich reise Samstag ab ohne Vertrag, weil ich mich nach Dir sehne, wie ich mich noch nie gesehnt. Sopherl! Liebe!

————————

10. Juni 1841.

Ein in Erwartung, Zurüstung zur Reise und einigem Verdruß schlecht verlebter Tag.

————————

11. Juni 1841.

Morgen reise ich ab. Mir klopft das Herz, wenn ich's denke. Ich schließe mit diesen Zeilen den Kreis meiner

Leiden, sofern ich sie für Dich schriftlich aufbewahre. Morgen schreibe ich Dir nicht mehr, aber in München vielleicht wieder. Nun geht es mit jedem Tag besser, o mein Sopherl, mein Glück, mein Hoffen!

Wien, 12. Februar 1842.

Wenn meine Liebe für Dich sterblich ist, wie Du zu glauben meinst, so ist alles an mir sterblich, und wenn die Deinige mir nicht mehr das Höchste und Liebste wäre, so müßt' ich schon tot sein. O, zweifle nicht, noch lebt es in meinem Herzen wie jemals für Dich, wenn auch ein trauriges Absterben sonst darin zu spüren ist. Mein letztes Grüne gehört Dir, wennschon sonst alles welkt und schwindet. Der Funke scheint Dir erloschen, weil viel Asche darauf liegt. Mein Wesen wird immer stiller und abgezogener, aber es nimmt Dich mit in seine geheimste Einsamkeit, Du bist bei mir, liebe Sophie, immer und überall.

Werde nicht irr' an mir.

---

17. Februar 1842.

An Dein liebes schönes Gesicht von gestern hab' ich heute immer denken müssen, und Deine lieben Worte auch nicht aus dem Sinn bringen können. Das habe ich Dir zu schreiben gehabt und nichts weiter, wenn es nicht etwa die Bitte ist, mich öfters so anzublicken und anzureden wie gestern, wo Du das lieblichste, herzigste Weib warst.

März 1842.

Mir träumte heute nacht, ich sagte zu Dir: „Schade um die gestrige Stunde, sie hätte eine sehr glückliche sein

können!" Sie war aber wirklich für mich eine sehr glück=
liche, denn seit langer Zeit sah ich wieder in Deinem Auge
jenes himmlische Licht einer großen Liebe leuchten. In
Deinen gewöhnlichen Stimmungen kommt es, weil sie von
Zweifeln getrübt sind, seltener hervor. Aber gestern schlug
Dein Herz durch alle Zweifel durch, und ich war sehr glück=
lich. O liebe Sophie! liebstes Herz!

_____

Wien, 17. August 1842.

Die Freude des gestrigen Tages arbeitete noch die
ganze Nacht in meinem Herzen fort, das nicht einschlafen
wollte, so müde auch das übrige war. Nur bei Dir ge=
höre ich dem Leben an; in der Ferne ist es aus mit jedem
echten und frischen Atemzug. O süßes Herz! bei Dir wird
es trotz meiner Jahre wieder Frühling in allen meinen
Adern, und ich habe ein wollüstiges Heimweh, in Deinen
Armen zu sterben.

18. April 1843.

Was hilft das Schreiben? ich möchte lieber bleiben.
Schon wieder eine Trennung und eine ärgere als die frühern,
weil wir unterdessen wieder um ein Stück Leben dem großen
Scheiden näher gerückt sind. Ach, könntest Du mich doch
überzeugen vom Wiederfinden, es wäre alles gut und leicht
zu tragen. Aber da steckt's. Wir zehren mit jeder Stunde
vom einzigen Kapital unsres Erbenlebens; wären es doch nur
Zinse der Ewigkeit! Aber, aber, ich fürchte wir geben alles
aus und haben doch nichts davon. Ich sollte Dir eigentlich
so etwas nicht schreiben; doch schreib' ich Dir eben das
Nächste, was mir in den Sinn kommt. Uebrigens will

ich mit dem Schreiben schon wieder in Gang kommen.
Ich habe Dir eigentlich gar vieles zu sagen, was in letzter
Zeit in mir geschehen ist. Du sollst nach meiner Zurück=
kunft manches zu lesen haben. Vielleicht überzeugt Du
mich noch, daß wir uns nie ganz verlieren können. O liebe
Sophie! wenn Du das könntest! Du hast über diesen Punkt
niemals recht offen und nachdrücklich mit mir gesprochen.
Schreibe etwas solches. Schau' hinab in Dich, vielleicht
siehst Du dort klarer als ich in meinem Innern. Da be=
wegt sich alles zu sehr durcheinander. Ich möchte einmal
selbst in Dich hineinsehen können; es muß schön sein in
Dir, sehr schön.

August 1843.

Ich habe Dir versprochen, heute noch zu schreiben, und
Du hättest besser gethan, nicht so kalt und kurz mir gute
Nacht zu sagen; dann hättest Du mancherlei zu lesen be=
kommen von meinen schönen Waldgedanken, die sich viel
mit Dir beschäftigen. Statt dessen sag' ich jetzt auch kurz,
wenn auch nicht kalt: gute Nacht, liebes Herz!

7. August 1843.

Mir ist in meinem ganzen Leben noch nicht zu Mute
gewesen wie heute. Mir ist, als wäre ich nach einer langen,
langen Seereise voll Leid und Gefahr, Kampf und Not
endlich auf einer seligen Insel gelandet. Dieser heilige
Tag, ich fühl' es, hat tief in mein Leben eingeschnitten.
Mein Herz und mein Schicksal haben sich gewendet. Ich
bin wie neugeboren. Sollte ich auch mit den Menschen
zerfallen, so fühle ich mich doch mit den himmlischen Mächten
versöhnt. Mein Herz geht ruhiger, fester, tiefer und freu=

biger. Seine Schläge sind Dein bis auf den letzten. Ich
habe fortan keinen Wunsch als für Dich und zu Deiner
Freude zu leben; ich habe keine Sorge, als daß Gott Dich
mir erhalte. Der Kreis meines Lebens hat sich geschlossen.
Ich habe alles gefunden in Deiner Liebe, und gebe alles
hin für Deine Liebe. Gott segne uns!

Liebes Herz! Du hast seit Deiner Krankheit ein gewisses Mißtrauen gegen mich, als hätte sich in mir etwas
verändert. Solang das nicht gehoben ist, kann ich nicht
mit der alten Vertraulichkeit zu Dir reden. Warum soll
denn Dein Befinden kein Gegenstand unsres Gesprächs sein?
Antwort!

Noch einen Gruß, liebe Sophie, bevor uns die Nacht
scheidet oder vielleicht in schönen Träumen zusammenführt.
Der heutige Tag, ein vielfach gestörter und trüber, hatte
doch seine goldnen Sonnenblicke der Einsamkeit, so flüchtig
sie auch waren. Dein süßes Antlitz leuchtete mir auch durch
die gestörtesten Augenblicke hindurch, und ich konnte an der
beglückenden und alles Erdenleid versöhnenden Gewißheit
Deiner Liebe festhalten, die in jedem Deiner Züge lag. O
laß diese Liebe nie erkalten. Sie hält mich mit der Welt
und mit mir selbst zusammen; ohne sie würde alles, alles
auseinander brechen. Schlaf wohl, süßestes Leben!

. Mein liebes Sopherl! Du hast mich heute abend bei
Deinen Leuten mit so freundlichen Augen empfangen, daß
mir troß der Anwesenheit gewisser Fatalen recht wohl ums

Herz wurde. Laß diesen erfrischenden und stärkenden Augen=
strahl nur immer aus, ich brauche Dein Licht und Deine
Wärme. Den ganzen Tag hat mich beides begleitet vom
Morgen her, und der Abend war auch so gut, obwohl er
gestört war. Nicht genügen? — Böses Lügen! — Be=
schreiben kann ich Dir freilich nicht das Gefühl der Sicher=
heit und Aufgehobenheit und innersten Versorgtheit, womit
ich mich in Deine liebe Macht und Hut begebe; aber sagen
muß ich Dir's doch, daß mir Deine Seele so wenig, als der
Himmel Gottes zu klein werden kann. Was weißt Du
denn von Dir? Nichts, als was Du durch mich erfährst.
Ich habe alles von Dir aufgeschrieben und bewahre es an
der sichersten und treuesten Stelle meines Herzens. Da
stehen sehr schöne Sachen von Dir. Du bist und bleibst
mein Süßestes, Liebstes, Bestes. Ich kenne Dich in Deinem
ganzen Werte. Wenn ich oft ungebärdig bin, so ist es nur
meine Angst, von Deiner Liebe etwas einzubüßen, weil
meines nicht das erste Paradies wäre, das auf Erden ver=
loren gegangen; freilich ist mein Wesen dann sehr unge=
schickt, indem ich mich dann durch meine unartige Angst
erst eigentlich in die Gefahr bringe, deren bloße Vorstellung
mich außer mich versetzen kann. Wäre ich nur Deiner so
gewiß wert, wie Du meiner!

O daß die Erde, die zwischen Dir und mir sich dehnt,
einstürzen möchte, daß dieser Baum, an dem ich weinend
steh', und jener Ort, wo Du vielleicht in Thränen stehst,
zusammenrückten und die Schmachtenden beglückten!

Du schloßest neulich nach der schönen Stunde die
Augen, um die vorübergerauschte festzuhalten in Deiner
Seele. Ich möchte auch immer die Augen schließen nach
solcher Stunde, schließen auf immer und das Glück fort=
genießen dort, wo der einmal Glückliche vielleicht nicht mehr
gestört wird. Auch gestern ward uns eine solche Stunde,
deren seliger Gehalt wert wäre, in einem andern Leben
fortempfunden zu werden.

Du sollst Dir keinen Vorwurf darüber machen, daß
Du in mein Leben eingedrungen bist und es erschüttert hast.
Ich segne diese Invasion und freue mich an dieser heil=
samen Erschütterung. Allerdings hast Du scharf und tief
eingeschnitten in mein Herz und hast es aufgerodet; doch Du
hast ihm einen neuen grünen Frühling gegeben. Aber jede
Kälte von Dir thut diesem Frühling weh, und Du solltest
etwas schonender sein gegen Dein eigenes Werk. Oefter
hat sich der Gedanke bei mir angemeldet: Entschlage Dich
dieser Abhängigkeit und gestatte diesem Weibe keinen so
mächtigen Einfluß auf Deine Stimmungen, kein Mensch auf
Erden soll Dich so beherrschen. Doch bald stieß ich diesen
Gedanken wieder zurück als einen Verräter an meiner Liebe,
und ich bot mein reizbares Herz wieder gerne dar Deinen
zärtlichen Mißhandlungen. Ich bitte Dich innig, jenen Ge=
danken, den Rebellen, mir nicht wieder auf den Hals zu
schicken, ich mag nichts mit ihm zu thun haben. O ge=
liebtes Herz! mißbrauche Deine Gewalt nicht! Ich bitte Dich,
liebe Sophie! Dein letztes Briefchen ist so mild und gut,
es hat mich erheitert und erquickt. Schreibe bald wieder.

Ich lege mich nicht schlafen, ohne geschrieben zu haben. Wie war es heute? Am Morgen war meine Liebste sehr freundlich, aber erst am spätern Morgen. Der erste Gruß des Tages ist meistens etwas wunderlich und kühl, als wäre die Nacht wie ein Kaltes und Fremdes zwischen uns gelegen, als hätte sie sich etwas von mir hinweggeschlafen. Auch nach meinen Reisen fand ich sie immer etwas entfremdet bei meiner Ankunft, besonders aber bei der letzten. Wo ich den feurigsten Empfang erwartete, fand ich einen kümmer= lichen. So geht es fast nach jeder Nacht. — Den Tag über hatt' ich keine Gelegenheit, mich ihr zu nähern — abends war sie wieder freundlich, aber auch kühl. Kurz, der erste Morgen und der letzte Abend sind meistens mit Reif belegt. Das ist eine natürliche Folge unsrer Lage. Weil wir nie eine Nacht zusammen sein können, weil uns die Nacht immer trennt, statt daß sie uns am innigsten zusammenbringen sollte, ist das Eintreten dieser Zeit bitter für uns, und am Morgen fühlt sich das Herbe der Unnatur noch nach. Gelt, Sopherl?

————

Ich freue mich an der allbesiegenden Kraft unsrer Liebe. Wie jeder Kummer und jeder bittre Vorgang so bald ver= schwindet in der Unermeßlichkeit unsrer Liebe, ein bißchen Schaum im Meere! Du warst heute wieder ruhig und be= glückt, nur manchmal sah ich einen flüchtigen Schatten der Wehmut auf Deinem Gesichte; vorherrschend war die Freude, daß wir uns wieder haben. Halte sie fest und warm. Die Zeit ist schnell und das Geschick wandelbar. Störe mich durch nichts in dem schönen Leben meines Herzens. Ich fühl' es gleichsam von Stunde zu Stunde, wie meine Liebe immer weiter wird und tiefer. Sie ist wirklich reich an göttlichen Keimen, und in und mit ihr gedeiht mein bestes Wesen. In allen Stürmen der Empfindung werde ich doch stets klarer, bestimmter, weicher und besser. Unsre Liebe ist mir die süßeste Schule ewiger Gedanken und Gefühle. Dein ist mein Herz, solang es schlägt, und einst wird es stehen bleiben in Deinem Namen. O Geliebte! —

———

Dies ist das letzte Blatt im kleinen Schreibbüchel, worin ich Dir schrieb auf meiner letzten Reise. Wenn es meine letzte Reise bliebe, wie dies Blatt wirklich das letzte ist und bleibt? Als ich heut' abend Deine Hand hielt, ward mir sehr lebhaft, als sollte ich sterben und Dich mitnehmen. Doch glaub' ich, das war mehr die Ungeduld nach Dir, als ein Gefühl körperlicher Todesreise. Du warst ganz eigen und selten. So schmerzlich schön warst Du kaum jemals früher gewesen. Schade, daß es vorüberging. Die Zeit ist eine ungeheure Verschwenderin. Ich möchte das Bild ewig behalten.

——— ———

Gestern war ich recht glücklich, denn ich sah Dich wieder im schönen Gleichgewichte unsrer Liebe. Ich fühlte und dachte nichts mehr, als daß Du mein bist, daß ich Dein bin. Wenn der Mensch nur in die Zukunft schauen könnte! Wenn wir uns manchmal quälen mit Mißverständnissen und meinen, alles sei aus und verloren, wie gut wäre es uns dann, könnten wir vorausblicken und die Versöhnungsstunde sehen, wie sie uns auslacht und uns einander an den Hals wirft und sagt: „Ihr guten Narren habt ja nichts als eins das

anbre, was quält ihr euch denn?" O liebes Herz, ich freue
mich auf heute abend, da will ich Dich wieder einmal recht
lieb haben.

––––––

Wenn Du auch heute zuletzt ein wenig unfreundlich
warst, ich lasse mich davon nicht anfechten und beschließe
meinen Tag, doch einen der glücklichsten, indem ich Dir noch
sage, daß Du die schönste und liebste Frau bist. Ich wollte,
ich könnte statt dieser Erklärung meinen knieenden und bald
darauf bequemeren Nachtposten antreten. Doch ich darf das
nicht, das Schicksal läßt sich wohl zuweilen einen Tag ab=
zwingen, wie der heutige, aber die Nächte sind ihm unent=
reißbar verfallen und trauern unter seiner eisernen Sperre.
Da liegt man getrennt und träumt vielleicht nicht einmal
was Besseres. Mir ist jetzt ganz eigen zu Mute. Ich möchte
auf und davon laufen, aber mit Dir, wohin? — rate! —

––––––

Gestern habe ich unser Glück und den Zwang gleich
stark empfunden. Der Uebergang in diesen war schneidend.
Ich mußte mir am Tische viel Gewalt anthun. So war
es auch abends. Heute wird der Zwang geringer sein, wird
es auch unser Glück? wirst Du wieder so freundlich und
froh sein? Gestern warst Du von einer gefährlichen Schön=
heit. Vielleicht bist Du heute noch schöner. Ich kann jetzt
nichts arbeiten. Mein strenger Savonarola selbst hat sich
in Dich verliebt und, wie es scheint, den Kopf verloren;
wenigstens schüttelt er ihn ganz bedenklich.

––––––

Geliebte! Ich habe heute keinen Augenblick aufgehört, an Dich zu denken. Mein Herz ist eine ewige, wehmütige Sehnsucht nach Dir. Könnte ich Dich einmal nicht mehr besuchen, so würde ich an Dein Haus gehen und die Steine küssen in der Nacht. Gestern hast Du wieder mit der ganzen Allmacht Deines Wesens auf mich gewirkt; so schwer war mir's von Dir wegzugehen; so süß hab' ich von Dir geträumt; so ungeduldig freue ich mich auf unser liebes sieben Uhr. — Je länger ich Dich kenne, desto reizender, tiefer und unerschöpflicher find' ich Dich; Du bist mir ein liebliches Mysterium, dem ich ewig nachhängen muß. O Sophie! ich kann mich nicht an Dich gewöhnen, ich fühle mich von Dir täglich neu und überraschend ergriffen, und mir ist es in Deiner Liebe klar geworden, daß der Mensch sich vielleicht an die Hölle, aber gewiß nicht an den Himmel gewöhnen kann.

———

Nein, ich bin nicht verdrießlich. Die Gedanken an Deine Gesundheit haben mich wieder einmal so ernst ergriffen, daß alles, was mich in den letzten Tagen ärgerte und kränkte, mir in nichts aufging. Der Gedanke an die Möglichkeit, Dich zu verlieren, ist mir so schlagend ins Herz getreten, daß neben ihm jeder andre Schmerz verstummen und sich schämen muß, wenn er nicht wenigstens einen Toten zum Gegenstande hat. Ich bin frieblich, liebes Herz, und nur Dein Alter.

———

Liebes Herz! Dem Baaber hab' ich eben einen recht hübschen Brief geschrieben; mir thut's leid, daß er von Dir ungelesen auf die Post muß. Daß ich gegen Dich so eitel

bin und Dir gerne alles zeigen möchte, was ich denke und
spreche und schreibe, das ist, wenn man's genau betrachtet,
gar keine Eitelkeit, sondern nur eine Aeußerung des großen,
mein ganzes Leben bewegenden Wunsches, mich Dir ganz
hinzugeben. Jetzt muß ich noch auf die Post gehen, und
dann eil' ich zu Dir hinaus. Bei meinem Schwager bin
ich schon gewesen. Er hatte zwei Briefe an mich. Lebe
wohl, schönes Sopherl.

Ich kann Dir nichts schreiben, als daß ich traurig bin.
Sie haben uns wieder eine Freude begraben, die kaum geboren war. Sie sorgen dafür, daß wir das Entsagen nie
verlernen. Sollen wir uns auf nichts mehr freuen? Ich
muß aufhören, ich bin zu sehr verstimmt. Unsre völlige
Rechtlosigkeit ist wahrhaft kränkend.

Noch immer hält mich die alte Schwärmerei fest. Neulich sprach ich zu Dir: „gib mich frei", doch war es mir
nicht ernst damit. Wenn ich mir selbst sage: mache dich
frei, ist's auch Wind damit. Mag es immerhin unweise
sein, daß ich alles auf Dich beziehe, ich bekenn' es doch mit
Freuden, daß mir die Welt ohne Dich auseinander fiele.

Glaube nicht, daß ich Dich weniger achte. Es wäre
eine ungeheure Grausamkeit von mir, wenn ich Dir das
geringste von meiner Achtung entzöge, von dem besten, was
ich Dir geben kann. Wenn je das Undenkliche käme, dann
würde ich alles eher überleben können, als dies Gefühl der

Achtung vor Dir, das nach dem Gefühle für Gott mein liebstes ist. Das Undenkbare aber wird nicht kommen. Doch gibt es Dinge, die mein Herz tödlich treffen können, wenn sie auch nur genannt oder geahnt werden. Aus der Tiefe aller Eindrücke, die mir von Dir kommen, magst Du ermessen, wie sehr ich Dich liebe, und wie schonend ich von Dir zu behandeln bin, weiter nichts, liebstes Herz!

———

Ich dachte heute früh mit der ganzen Innigkeit meiner Liebe eben an Dich, als die Thür aufging und Du gleichsam in meine Gedanken hereintratest. Ich konnte kein Wort sprechen; meine schönsten Gedanken waren mir bereits in Dir verkörpert an mein Bett getreten, ich war unaussprechlich glücklich. O meine Sophie! Du blicktest mich so freundlich an, als wolltest Du mir meinen Tag segnen. Dein Herz war für mich bewegter als gewöhnlich, ich hab' es gespürt an der sehnsüchtigen Ungeduld des meinigen. Ich küsse Dich durch alle Wände hindurch, Du liebe, liebe Sophie!

———

Das Undenkbare wäre ein geteiltes Interesse. Wie kannst Du etwas Undenkbares so lange denken?

Das ist eben der Kampf, der peinliche, und die innerste Unruhe, wenn mich ein Wort von Dir auffordert, zu denken, was ich nicht denken kann ohne meinen Tod.

———

Du hättest meine Briefchen nicht aus der braunen Tasche hinauswerfen sollen. Die Sache wäre mir sonst ganz gleichgültig, aber Du schriebst mir einmal ein Wort, wo-

durch mir diese Tasche sehr wert geworden, Du schriebst
mir: daß Du in schmerzlicher Stimmung Deine Zuflucht zu
meinen Zetteln nehmest und Dich gerne ganz in die braune
Tasche einwickeln möchtest. Wahrscheinlich hast Du das längst
vergessen und nie gewußt, was für ein Zauber von Zärtlichkeit darin liegt, sonst hättest Du dies braune Leder, wie
ich, als ein geheiligtes fortan betrachtet und aus meinem
Herzen nicht einen Geldbeutel gemacht. Jäger, Fischer und
alle, die vom Zufall leben, sind bekanntlich für Ahnungen
empfänglich und abergläubisch, und eine unglückliche Liebe,
die vom kleinsten Zufall ihre Freude und auch ihr Verderben empfangen kann, ist es auch. Diese kleine Aus-
quartierung hat mir sehr leid gethan, als könnte ich einmal
so ausziehen müssen wie meine Briefe. Lache nicht über
meine Zeichenbeuterei.

Unter Deinem Glücke lauscht immer der Zweifel, und
bei der geringsten Veranlassung springt er hervor und will
Dir alles zerstören. Schon schwindet mir die Hoffnung,
daß ich Dich je werde heilen können. Das Uebel wurzelt
in Deiner eignen Liebenswürdigkeit, in Deiner unmäßigen
Bescheidenheit, die so mächtig ist, daß Du eher geneigt bist,
mich, dessen Urteil Dir sonst so viel gilt, für einen gut-
mütigen, selbstgetäuschten Schwärmer zu halten, als Dich
von meinem richtigen Geschmack und Deinem eignen hohen
Werte zu überzeugen. So hast Du mein Benehmen der
letzten Tage mißverstanden. Es war mir wirklich klar geworden und ist noch meine Meinung, daß es heilsam wäre
für Dein Herz und sehr beruhigend, wenn ich Dir ruhiger
erschiene, als der feste Träger unsres Glücks durch allen

Kampf des feindlichen Lebens. Wenn auch Deine Zweifel aus Deiner Demut kommen, so finden sie doch vielleicht Nahrung in meinem stürmischen Wesen, mit welchem Dir ein treues Beharren unverträglich scheint, ohne daß Du Dir dieses selbst gestehen willst? Glaub' es mir, daß nur eine unvergängliche Liebe mich so gründlich erschüttern kann und so hinreißen. Bin ich auch nicht so gut, wie Du mich dafür hältst, so bin ich doch nicht unebel genug, einem vergänglichen Affekte die letzte Pforte meines Herzens zu öffnen. Nur Ewiges darf mich beherrschen. Du könntest mich nicht zum Zigeuner machen, wärst Du nicht einer treuen Liebe so wert!

Der Pantheist, kein Jenseitiges annehmend, sieht den Menschengeist als das Aeußerste, mithin wandelt er stets am äußersten Rande aller Wesenheit. Dem an einen persönlichen Gott Glaubenden graut vor solchem Rande, von wo er in die finstre Leere hinaussieht, und es weht ihm kalt aus dem Abgrunde zu. Er geht nicht an einem steilen Rande hin, sondern an einer breiten, unbegrenzten, sichern Fläche.

Das Morden in der Schlacht kann aufgefaßt werden als ein Zeugen. Die Walstatt als eine Brautkammer, der Trompetenruf als der lockende Ruf der Hochzeitsmusik. Dem Helden ist es eine Wonne, dort den Tod zu geben — oder zu empfangen. Darum soll die rechte Feldmusik eine lustige sein.

Die Schlacht bei Muret. Aus tausend Herzen springt der rote Quell, es schwankt das Kreuz in diesem Strom

von Blut. Chriſtus! reut dich's nicht, daß du zu uns ge=
kommen? Ha! Das Blut ſteigt empor an deinem Kreuzes=
ſtamm, und erſchrocken und entſetzt möchteſt du am Kruzifix
deine Füße hinaufziehen, aber (du haſt es gewollt) du
kannſt nicht, ſie ſind feſtgenagelt.

Die pantheiſtiſche Hundsgrotte. Grotta del cane.

Die Unnatur des Cölibats. Innocenz III. iſt der ſtarre
Krampf, der den kranken Organismus der Chriſtenheit ge=
waltig zuſammenzieht, im Kampfe gegen das rapide, wilde
Zehrfieber der Libertinage, die das Leben zerſtreuen, ver=
geuden, verflüchtigen will. Das Cölibat, dieſe Zuſammen=
ſchnürung des Individuums auf ſich ſelbſt, dient zu jenem
Krampfe. Wer das Glück der Liebe nie gekannt und kein
Kind hat, kann an eine ewige Verdammnis glauben, und
in verirrter Liebesbrunſt das Ungeheuer, die römiſche Kirche
umarmen. Die Charakterſtärke Innocenz' erinnert an die
oft ins Ungeheure geſteigerte Muskelkraft des Wahnſinnigen.

Sophie.

Juhuf und Suleidja,
Triſtan und Iſolde,
Dante und Beatrice,
Abälard und Heloiſe,
Petrarca und Laura,
Taſſo und Eleonore,
Hölderlin und Diotima.

Dieſer heiligen Zahl, dem Siebengeſtirn am Himmel idealer Liebe, ſchließt ſich für alle Zeiten

Lenau und Sophie

an.

Glühende Sehnſucht, traumhaftes Glück, troſtloſes Ent=ſagen, verzweiflungsvolle Klage, es war auch ihnen ein gleich tragiſches Geſchick beſchieden.

Wie jenen Liebespaaren, gleichſam verſöhnend für irdiſche Seelenqualen, wird auch Lenau und Sophien menſchlich warme Teilnahme der Nachwelt erhalten bleiben.

Wie ſein Lied machen ihn auch ſein Leid, die in ſeinen Lorbeer geflochtenen Dornen, unſterblich und mit ihm die heiß geliebte Frau. Auch dieſes Liebespaar wird mythiſch werden und im frommen und bewunderten Andenken aller künftigen Geſchlechter fortleben.

———

Wer die voran mitgeteilten Tagebuchaufzeichnungen und Briefe nicht ohne mächtig aufgeregte Teilnahme gelesen hat, wird wohl fragen, wer war die Frau, die den Dichter begeistert, beseligt und unglückselig gemacht hat, die, ohne ihr Verschulden, den Frieden seines Geistes und seines Herzens zerstörte und sein tragisches Ende, wenn auch nicht verursacht, doch mit herbeigeführt hat. Wer und wie war sie seelisch geartet, die er seine Muse nannte, an die er seine gefühlvollsten Lieder richtete, die er ihr mit den Versen widmete:

> Von allen, die den Dichter lieben,
> Die, was ich dachte, nachempfanden,
> Die es besprochen und beschrieben,
> Hat niemand mich, wie du verstanden.

Wir wollen die vom Dichter verklärte Freundin, nicht wie sie oft als getrübtes Schattenbild in unsicheren Linien gezeichnet worden ist, darstellen, sondern wie sie wirklich war, plastisch hervortreten machen.

———

Ich habe Sophien, als sie noch in jugendlichem Alter stand, am Arme ihres mir litterarisch befreundeten Gatten kennen gelernt, später auch, in ihrem Familienkreise eingeführt, mit ihr oft verkehrt und bin von ihr in schriftstellerischen Angelegenheiten mit ihrem Vertrauen beehrt worden.

Es ist, um sie völlig zu verstehen, nötig, vorerst ihres elterlichen Hauses zu gedenken, in welchem sie heranwuchs, in welchem ihr eine liebevoll geleitete Erziehung und Charakterbildung zu teil wurde.

Franz Joachim Kleyle, zu Haslach in Baden 1775 geboren, kam nach Wien, um an der Universität die juridischen

Studien zu vollenden und daselbst die Doktorwürde zu er=
langen. Er trat in den Staatsdienst und wurde wegen
seiner geistigen Begabung in die Kanzlei des Erzherzogs
Karl, den Oesterreich mit Stolz den Sieger von Aspern
nennt, empfohlen. Es war zur Zeit, als der durch Miß=
trauen seiner Brüder gekränkte Feldherr sich zurückgezogen
und seine kriegerischen Erinnerungen zu ewigem Gedächtnis
zu schreiben begonnen hatte. Er diktierte sie dem jungen
Kleyle, zu dessen Geist und Verschwiegenheit er Vertrauen
faßte, in die Feder. Zum Hofrat befördert, wurde er vom
Kaiser seiner mannigfachen früher erworbenen Verdienste
wegen in den erblichen Ritterstand erhoben.

Er dachte nun daran, sein Heim zu gründen, und einer
Herzensneigung folgend, vermählte er sich mit Karoline
von Ockel, der Tochter eines aus dem Deutschen Reiche nach
Wien übersiedelten Reichshofrates. Aus dieser Ehe stammten
drei Söhne und fünf Töchter, deren die zweitälteste Sophie
war. Die Mädchen lernten nach damaliger in Wien üblicher
Bildungsweise: Deutsch schreiben, Französisch sprechen, Klavier=
spielen, Tanzen und Sticken. Romane lesen hielt die prak=
tische Mutter für Anleitung zu Schwärmerei, jedenfalls für
Zeitverlust, dagegen zu lernen, wie man ein Hauswesen
führt, Küche und Keller besorgt, fegt und scheuert, erschien
ihr nützlich und gesund. Neben dieser realistischen Richtung
bemühte sich der hochbegabte Vater seinen Kindern eine
geistige Bildung beizubringen. Er versammelte sie, was
als etwas Absonderliches besprochen wurde, jede Woche zwei=,
auch dreimal, um ihnen Vorträge über Naturkunde und
Geschichte zu halten. Sophie war seine aufmerksamste Zu=
hörerin.

Das Haus des Hofrats zählte zu den vornehmen Wiens und zeichnete sich durch edle Gastfreundschaft aus. Abendgesellschaften und Bälle versammelten einen Kreis junger Damen und geistig gebildeter Männer. Der herrschende Ton war jeder Ziererei fern, ein heiter vertraulicher.

Unter den Töchtern des Hauses, wie liebreizend sie alle waren, wandte sich Sophien die Aufmerksamkeit der jungen Herren besonders zu. Sie war von mittelhoher, schlanker Gestalt, von plastisch edlen Formen. Die braunen Haare, besonders wenn sie beim Tanze sich zufällig aufrollten und über den weißen Nacken flossen, verliehen der Gestalt einen besonderen Reiz. Die Wangen blühten in frischer Gesundheit, wenn der anmutige Mund lächelte, schien er Perlen zu säen. Vor allem schön waren ihre blauen, feucht verklärten Augen, beseelte, verhängnisvolle Sterne. Wenn sie angeregt lebhafter sprach, gab sich trotz ihres jugendlichen Wesens ein ihr innewohnender Ernst, ein scharfer, schlagfertiger Verstand kund, der eine etwa versuchte wärmere Annäherung ironisch heiter abzulehnen wußte. In ihrer, wohl von der Mutter her ererbten, etwas herben Weise regte sich nichtsdestoweniger eine leicht anregbare Phantasie, die in einer gewissen Schaffenslust Ausdruck fand. Sie fing mit Vorliebe Blumen zu zeichnen und in Aquarell zu malen an, worin sie es, von einem trefflichen Meister geleitet, zu einer fast virtuosen Vollendung brachte. Sie liebte Musik und die melodisch gereimten Gedanken der Dichter, wenn sie auch jeder verschwimmenden schwärmerischen Träumerei fern blieb, bis sich in dem jugendlichen Gemüte eine sie selbst erschreckende Neigung zu einem hochbegabten Manne — er war Lehrer der Prinzen des Erzherzogs

Karl — zu regen begann. L. v. K. war ein bedeutender Naturforscher. Einige von ihm entdeckte Pflanzen wurden auf seinen Namen getauft. Es dürfte seine Liebe zu der Pflanzenwelt nicht ohne Anregung geblieben sein, Sophien zum Malen derselben zu bewegen. Auch seine gründlichen Studien über Musik befähigten ihn während seines Aufenthaltes in Salzburg, die Biographie Mozarts Ergänzendes zu finden und zu veröffentlichen. Es ist nicht überliefert, was einer Verbindung der Liebenden entgegen stand. Eine hoffnungslose Entsagung, gleichsam eine Vorübung für eine verhängnisvolle Zukunft, erfüllte die Seele des jungen Mädchens; ihr Leib kerbte sich um so tiefer ein, als Sophie starkmütig genug war, es schweigend zu ertragen. Es vergingen einige Jahre still gehegten Schmerzes und resignierender Teilnahmlosigkeit für alles äußere Leben, wie oft auch das interessante Mädchen umworben war und den Wunsch weckte sie zu besitzen. Die Eltern jedoch wünschten Sophien, der mehrere Schwestern nachwuchsen, bald zu versorgen. Es traf sich, daß ein junger, vielseitig gebildeter, durch Wohlhabenheit unabhängiger Mann von stattlicher Erscheinung, Maximilian L., in Liebe für Sophien entbrannte und sich um sie bewarb. Er war von einer Reise nach Deutschland, Frankreich und England, die er beschrieben und veröffentlicht hatte, zurückgekehrt, und gehörte bereits der österreichischen Dichtergilde unter dem Pseudonym Leo Walther, das seinen Namen anagrammatisch wiedergibt, an.[1]

---

[1] Er dichtete ein Trauerspiel „Die Caledonier", das Schauspiel „Carl XII. vor Bender", die Lustspiele „Anna Lovel" nach dem Englischen und „Die beiden Schauspieler". Sein episches Gedicht „Der Cid" erwarb ihm das Zeugnis echten Dichterberufes. Als sein letztes

In den Staatsdienst getreten, erstieg er eine hervor=
ragende Beamtenstufe als oberster Postdirektor des öster=
reichischen Kaiserstaates und wurde wegen seiner vielfachen
Verdienste in den erblichen Freiherrnstand erhoben.

Ein solcher in jeder Beziehung vornehmer Freier, dem
sich in der Gesellschaft eine vielseitige Aufmerksamkeit zu=
wandte, konnte im Hause des Hofrats nur willkommen sein,
um so mehr, als die Tochter außer einer reichlichen Aus=
stattung kein Mitgift besaß.

Dem Rate der Eltern folgend reichte Sophie dem
eifrigen Bewerber die Hand. Es war ihrerseits eine resigniert
glückliche und in der Gesellschaft gepriesene Ehe, die zu
einem immer wärmeren Gefühle heranreifte, als sie auch
durch blühende Kinder gesegnet wurde. Es begann das für
bedeutende Frauen edelste Geschäft: die Erziehung der
Kinder. Sie leitete dieselbe äußerlich mehr streng, als
zärtlich. Ihre warme Mutterliebe äußerte sich aber in einer
sorgfältigen psychologischen Leitung. Es ist rührend zu lesen,
wie sie jede auffallende kindlich naive Aeußerung des Geistes
und Gemütes der Kinder treu verbucht, die physische Ent=
wickelung der Kinder beobachtet, und deren Gesundheit wie
ein Arzt pflegt. Als die Knaben heranwuchsen und das
Gymnasium besuchten, lernte sie fleißig zugleich mit ihnen
die lateinische Sprache, um auch den Unterricht nachdrücklich
überwachen zu können.

Die Führung des Hauswesens betreffend war die junge
Frau nicht ohne eine gewisse Schärfe, eine talentvolle

Werk sammelte er seine „lyrischen Gedichte". Das Schauspiel „Carl XII."
wurde im Hofburgtheater, „Anna Lovell" in Prag und an andren Bühnen
mit Beifall gegeben.

Schülerin ihrer stramm herrschenden Mutter. Es geschah alles mit still ordnendem Geiste. Nichts durfte ihren Gatten stören, und zu seiner angenehmen Befriedigung verstand sie es auch, wenn sie die Küchenschürze abgelegt hatte, sich geschmackvoll zu kleiden, und, wenn Gäste geladen waren, als geistvolle Dame zu repräsentieren.

Der Hausherr liebte es, wenn seine amtlichen Geschäfte abgethan waren, mit Schriftstellern zu verkehren, die sich täglich im sogenannten „silbernen Kaffeehause" in den Nachmittagsstunden zu versammeln pflegten.[1]

Hier lernte er Lenau kennen, der auch ihn durch seine ernste, edle Persönlichkeit fesselte, was ihn veranlaßte, ihn in sein Haus zu laden, damit ihn auch die Gattin, die den Dichter ehrte, persönlich kennen lerne. Es war im letzten Monat des Jahres 1838, daß der Dichter von der jungen, schönen Frau, umgeben von ihren blühenden drei Kindern, empfangen wurde. Sie reichte ihm treuherzig die Hand und begrüßte ihn mit ihrer sympathischen, in ruhig langsamen Sätzen sich ergehenden Stimme. Lenau fühlte sich von ihrer Erscheinung und ihrem natürlich warmen Gruße betroffen. War es die Ahnung eines beginnenden selig unseligen Geschickes? Oder eine in ihm aufdämmernde Erinnerung? Es war nicht das erste Mal, daß er diese Frau

---

[1] Eine ausführliche Schilderung der Szene und der sich auf ihr bewegenden Gestalten ist in dem Beitrage „Zur Biographie Nikolaus Lenaus", Wien 1853, in zweiter vermehrter Auflage 1885 enthalten. Wer eine österreichisch=deutsche Literaturgeschichte, die leider noch immer fehlt, zu schreiben unternimmt, wird die charakteristischen Symposien der damaligen Parnaßstürmer nicht unbeachtet lassen dürfen. Die beiden Biographen des Dichters, Franz Xaver Schurz und Anastasius Grün, haben mein kleines Buch reichlich benützt und — dankbar angeführt, was viele Nachschreibende unterlassen haben.

sah. Damals aber war sie erst 13 Jahre alt, als ihn eines
Tages sein Studiengenosse Fritz Kleyle, von dem wir für
die Biographie Lenaus neues und wichtiges mitteilen werden, zu einem Besuche einlud. Er wohnte bei seinem Oheim
in der Vorstadt Landstraße. Als sie an einem Gartensaal
vorüberkamen, sah Lenau ein junges Mädchen in demselben
im leichten Morgenkleide, jedoch abgewendet sitzen, so daß
er ihr Antlitz nicht sehen konnte. Sie strählte ihr langes,
braunes über den Nacken herabrollendes Haar. Das war
Sophie.

Viele Jahre später begann die historisch gewordene
Liebestragödie zwischen ihr und dem Dichter, ein qualvolles
Märtyrertum der Herzen und der Phantasie eines großen
Dichters, der wie Tasso, Hölderlin und Leuthold in der
Nacht des Wahnsinns unterzugehen vorbestimmt war.

Wer die vorangestellten Tagebuchblätter und Briefe
Lenaus an Sophie gelesen hat, in denen bald Liebeswahn-
sinn und sinnliche Glut, reuiger Schmerz und trostlose Entsagung wie Ebbe und Flut wechseln, in dem wird die Frage
auftauchen, ob die Liebenden die ihnen auferlegten Qualen
besiegt haben, oder in verbrecherisch seligem Rausche untergegangen sind!

Es erscheint uns unerläßlich, um die angeregte Frage
zu beantworten und das psychologische Rätsel zu lösen, die
vorliegende Darstellung zu unterbrechen und den Organismus Lenaus physiologisch zu betrachten.

Die bisnun erschienenen Biographieen des Dichters
berichten, wie durch heftig auf ihn eindringende Erlebnisse
und Sorgen der Wahnsinn plötzlich über ihn gekommen sei.

Dem ist nicht so.

Lenau war in einzelnen Momenten wahnsinnig viele Jahre bevor es erkannt wurde. Ein Psychiater hätte das an den einzeln auftauchenden Symptomen erkannt. Eine zu große Nerventhätigkeit, krankhafte Reizbarkeit, welche die Aerzte mit Neurasthenie bezeichnen, war in ihm immer vorhanden.

Wir denken an die naturhistorische Erscheinung, daß es Krankheit ist, die in dem armen Muscheltiere die Perle erzeugt.

Schon der althellenische Weise Plato sprach es aus, daß nach seiner Ansicht ein Dichter nicht ohne einen Grad von Irrsinn ein solcher sei. Aristoteles meint, es gebe Menschen, die durch Hirnkongestionen zu Dichtern und Propheten werden. Der römische Dichter Seneca schrieb es nieder, daß es überhaupt keinen großen Geist ohne Beimischung von Wahnsinn gebe. Seltsam genug meint Demokrit, daß ein freier Geist mit einem gesunden Verstand verbunden zum Dichten nicht geeignet sei. Es ist bemerkenswert, daß diese Anschauungen in das Bewußtsein der antiken Völker übergingen, welche die von Wahnsinn befallenen Menschen als heilig, von einem höheren Geiste befallen verehrten. Die römische Sprache kennt einen furor poëticus, und Shakespeare schildert

Des Dichters Aug' in schönem Wahnsinn rollend.

Uns näherliegend sind folgende Aeußerungen: Von Pascal bis zu Lombroso wird ausgesprochen, daß die höchste Stufe des Genies nahe dem Wahnsinn ist. Goethe selbst, der körperlich und geistig gesündeste Mensch, äußerte einmal, daß dem Dichter ein reizbarer Zustand des Gehirns notwenbig sei, und daß er selbst vieles dichtete, während er sich in einem dem Somnambulismus vergleichbaren Zustande befand. Er erzählte auch von einer Hallucination, die ihm begegnet sei, wie ihm einmal, als er bei nebligem Wetter einsam reitend, sein eigenes Bild entgegengekommen sei.

Sehr merkwürdig ist ein Erlebnis Grillparzers, das er, bei Abfassung seines Trauerspiels „Die Ahnfrau" hatte. Er erzählt: „Als ich zu nacht gegessen hatte, schrieb ich, ohne weitere Absicht, die ersten zehn Verse des ersten Aktes der Ahnfrau, wie sie mir auf einem Spaziergange eingefallen waren, auf ein Blatt Papier und legte mich zu Bette. Da entstand nun ein sonderbarer Aufruhr in mir, und eine Fieberhitze überfiel mich. Ich wälzte mich die ganze Nacht von einer Seite auf die andre. Kaum eingeschlafen, fuhr ich wieder empor, und bei alledem war kein Gedanke an die Ahnfrau, oder daß ich mich irgend meines Stoffes erinnert hätte. Des andern Morgens stand ich mit dem Gefühle einer herannahenden, schweren Krankheit auf. Da fällt mir jenes Blatt mit den ersten hingeschriebenen, seitdem aber rein vergessenen Versen in die Augen. Ich setze mich hin und schreibe weiter und weiter, die Gedanken und Verse kommen von selbst, ich hätte kaum schneller abschreiben können. Des nächsten Tages dieselbe Erscheinung. Der erste Akt wurde fertig, ohne ein durchstrichenes Wort. Noch erinnere ich mich, daß ich an der großen Scene, wo Jaromir Berthen zur Flucht überredet, von fünf Uhr morgens bis fünf Uhr abends ohne Ruhepunkt und ohne das Mindeste zu essen geschrieben habe. Da fiel plötzlich kaltes Wetter ein. Es war, als ob mir alle Gedanken vergangen wären. Ich meinte das Drama nicht fertig bringen zu können. Nach dreitägiger

Unterbrechung kam die Stimmung wieder über mich und ich vollendete das ganze Trauerspiel in wenigen Tagen.

Friedrich Hebbel erzählte mir, wie es ihm, aber nur im Winter, ganz plötzlich den Kopf glühen mache, in ihm unbekannte Gedankenreihen erwachen und dichterisch zu produzieren drängen.

Wenn wir nun von diesen allgemeinen Aussprüchen und Bekenntnissen der Denker und Dichter zur Betrachtung Lenaus zurückkehren, so müssen wir es aussprechen, daß jeder Seelenarzt, wenn er Gelegenheit gehabt hätte, ihn von Jugend auf und während seines ganzen Lebenslaufes zu beobachten, es hätte erkennen müssen, wie sich wahnsinnige Ideen bei ihm äußerten und unverkennbar waren. „Seit seinen Kinderjahren," schreibt der geistvollste Irrenarzt unsrer Zeit von Lenau, „war der Geist dieses Dichters ein Gemisch von Genie und Irrsinn."

Dem Schreiber dieser Zeilen war das Traurige beschieden, in seinem bereits citierten „Beitrag zur Biographie Nikolaus Lenaus" über die Ursachen seines Wahnsinns zu berichten, der Leichensektion anzuwohnen und den Befund niederzuschreiben, der die endliche Todesursache als Verblödung ergab.

Wir glauben vor allem, daß seine rührigen Nerven, das trüb wallende Blut ihm von seinen Eltern, dem wildaufgeregten, sinnlichen Vater und der tief empfindenden, leidenschaftlichen Mutter angezeugt worden sind. Er brachte die Belastung zum Irrsinn mit auf die Welt. Schon der unreife Knabe liebte, andren Spielen fern, kirchliche Zeremonien. Messe lesen, die geheimnisvolle Wandlung in der Monstranz erfüllten ihn mit kindlicher Verehrung. Diese

Stimmung, lange latent, wiederholte sich in den Mannes=
jahren, indem er sich in das Studium der Mystiker und
Gnostiker versenkte, das namentlich in seinem „Savonarola"
Ausdruck fand. Er liebte Gespenstergeschichten, und vor allem
war es das wollüstige Bad der Musik, in dem er stunden=,
nächtelang unterzutauchen liebte. Sie versetzte ihn in Ek=
stasen. Eine stete geistige Unruhe läßt ihn, rasch hinter=
einander abspringend bald philosophische, dann agrarische,
wieder juridische und endlich medizinische Studien, deren
keines er vollendete, ergreifen.

Die Untreue einer Jugendgeliebten schneidet ihm in die
zur Melancholie geneigte Seele und taucht immer wieder in
schmerzlichen Erinnerungen auf. Den nirgends sich heimisch
fühlenden führt eine unbesiegbare Reiselust von Ort zu
Ort. Der Ozean soll für ihn Lethe sein, er schifft nach
Amerika, um sich im Urwald anzusiedeln. Unbefriedigt kehrt
er zurück. Der Skorbut hat auf dem Heimwege seinen
zarten, nervösen Organismus ergriffen, in späteren Jahren
ein heftiges Scharlachfieber, das sein Herz entzündlich, die
Muskeln zu häufig wiederkehrenden Rheumatismen geneigt
macht. Er spielt gerne Wahnsinn, was nach der Erfahrung
eines berühmten französischen Irrenarztes Menschen eigen
zu sein pflegt, die ihm später wirklich verfallen. Einmal
im Eilwagen, um sich eine ihm unbequeme Mitreisende fern=
zuhalten, gebärdet er sich mit wildem Gesichterschneiden zu
deren Entsetzen als wahnsinnig. Eines Tages stürzt eine
Magd, die ihm den Morgenkaffee bringt und die er zum
Scherz mit Gesichtsverzerrungen erschrecken will, aus der
Stube und ruft der Hausfrau zu: „Jesus Maria! Der Herr
von Niembsch ist wahnsinnig geworden." Er selbst erzählt

von ihn quälenden Hallucinationen, wie er, in einer Nacht reisend, eine ihm unbekannte weibliche Leiche stundenlang habe neben sich sitzen sehen, und wie er sich immerfort, wiewohl dessen bewußt, daß er wache und nicht träume, in die entgegengesetzte Ecke gedrückt habe, um nicht mit ihrem kalten Körper in Berührung zu kommen. Eines Tags begleitete er den Arzt Dr. Görgen der Irrenanstalt in Döbling, in der er viele Jahre später sterben sollte. Als ihn der Arzt einlud einzutreten, äußerte er auffallend ängstlich: „Nein, nein! Da kann man selbst ein Narr werden.“ In erschreckender diagnostischer Selbstbetrachtung schreibt er an seine Schwester einmal: „Ich fühle mich zum Unglück gleichsam magnetisch hingezogen. Der Dämon des Wahnsinns treibt sein Wesen in meinem Innern. Dir, die Du mich darum nicht weniger innig lieben wirst, will ich es gestehen: ich bin wahnsinnig.“ Und ein andermal: „Man könnte glauben, daß der Teufel in meinen Eingeweiden förmlich Jagd abhalte; es ist mir, als klänge Hundegebell in denselben und ein dumpfes Echo der Hölle. Ohne Scherz, es ist zum verzweifeln.“ Er braust ohne jede verständliche Ursache, in heftigstem Zorne auf, und als er das Erstaunen der ihn umgebenden Personen bemerkt, bricht er ebenso unverweilt in Gelächter aus. Seine Freunde nannten dergleichen Ausbrüche „Husarenlaune“ oder „Ungarisches Berserkertum“.

Sein oft wiederholtes Spiel mit dem Wahnsinn, sich für wahnsinnig zu erklären, lange vor dem tragischen Ereignisse, drückt sich in dem folgenden, poetisch herrlichen, erschütternden Gedichte aus:

Traumgestalten.

Der Traum war so wild, der Traum war so schaurig,
So tief erschütternd, so unendlich traurig,
Ich möchte gern mir sagen:
Daß ich ja fest geschlafen hab',
Daß ich ja nicht geträumet hab',
Doch rinnen mir noch die Thränen herab,
Ich höre mein Herz noch schlagen,
Ich bin erwacht in banger Ermattung,
Ich finde mein Tuch durchnäßt am Kissen,
Wie man's heimbringt von einer Bestattung;
Hab' ich's im Traume hervorgerissen
Und mir getrocknet das Gesicht?
Ich weiß es nicht.
Doch waren sie da, die schlimmen Gäste,
Sie waren da zum nächtlichen Feste.
Ich schlief, mein Haus war preisgegeben,
Sie führten darin ein wüstes Leben.
Nun sind sie fort, die wilden Naturen;
In diesen Thränen find' ich die Spuren,
Wie sie mir alles zusammengerüttet
Und über den Tisch den Wein geschüttet.

So beanlagt und belastet zwischen Genie und Wahn=
sinn, schuf er poetische Werke voll erhabener Gedanken, voll
goldener Weisheit. So zauberten sich aus einer gestört ge=
stimmten Nervenharfe herrliche Töne und Melodien hervor
und wurden blühende Kinder geboren, die allerdings mit
fremd melancholischen Augen in die Welt schauen. Wer
vermag das Sphinrrätsel unseres Dichters zu lösen?

Es sind hier die sporadisch, oft in langen Zwischenzeiten
nur, auftauchenden krankhaften Erscheinungen zusammen=
gedrängt worden. Es sei dem Schmerzensbilde ein andres

gegenüber gestellt, wie der Dichter in anscheinend voll ge=
sundem Zustande im täglichen Verkehre mit Freunden und
in der Gesellschaft erschien.

Lenaus Gestalt war kurz und stämmig, sein Gang
unelastisch, das Haupt vorn übergebeugt, die dunklen Augen
meist gesenkt, als ob er etwas auf der Erde suche. Sein
Haupt war edel geformt, die hohe weiße Stirne breit, von
nicht zu reichem, braunem, glatt gekämmtem Haare umgeben.
Auf dieser konnte sich in erregtem Momente die Zornader
plötzlich herabschlängeln. Wenn er irgend einen Gedanken
von tieferer Anschauung, von intensiver Bedeutung aussprach,
formte sich zwischen den zusammengezogenen Augenbrauen eine
Falte. Er verewigte sie in der Stirne seines Mephistopheles:

> Betrachtet diese Stirnenfalte,
> Da diese finstre, tiefe, kalte,
> Einst kam ein Mathematikus,
> Ein scharfer Ritter Minusplus,
> Und nannte diesen Faltenstrich
> Das Minuszeichen alles Guten,
> Vom Kreuze Plus das Gegenteil,
> Wobei er dacht' ans Christenheil.

Jener Zornesader begegnen wir noch einmal im „Faust“.

> Sein Blut aufkochend zu Gesichte steigt,
> Aus seinen schwarzen Stirnenlocken droht
> Die hochgeschwellte Zornesader Tod,
> Wie eine Schlange droht aus dunklem Strauch.

Und sich selbst wiederholend und zeichnend schildert er
in dem Gedichte „Das Gewitter“:

> Der Himmel donnert seinen Hader;
> Auf seiner dunklen Stirne glüht
> Der Blitz hervor, die Zornesader.

Sein Auge war braun, groß, in bewegten Augenblicken voll Glut, dann ruhte es wieder schwer und weich auf dem, mit dem er eben über wichtige Fragen der Kunst und des Lebens sprach. Der etwas breite mehr sinnlich geformte Mund war von einem starken Schnurrbart überschattet. Das Kinn und die etwas bräunlichen Wangen mußten immer glatt wie Sammet sein. Die fast schroff sich absenkende Nase war edel geformt, im ganzen war der von den Eltern ererbte magyarische Typus erkennbar, wie sich das in dem diesen Mitteilungen beigegebenen Bild auch deutlich zeigt. Lenau war es kein Bedürfnis zu sprechen. Angeregt von einem ihn interessierenden Gegenstande sprach er aber oft lange, und dann wie aus einem tiefen Brunnen geschöpfte mächtige Gedanken in frappanten Wortwendungen und Bildern langsam und scharf betonend aus. Seine Stimme hatte einen sympathischen Klang. Er liebte, wenn er Gedanken entwickelte, Pausen, und begleitete seine Worte mit absonderlichem Auf- und Zusammenziehen der Brauen, und mit rollenden, vor sich hinblickenden Augen, als wollte er die Wichtigkeit dessen, was er sprach, mimisch anschaulich machen. Seine Gedanken fielen dabei oft hart, wie Schollen auf einen Sarg, oder tönten wie Orakelsprüche, oder leuchteten als logische Blitze. Am behaglichsten und heiter sprach er, wenn er aus einer Pfeife mit langem Rohre rauchte, er hat sie besungen:

> Mein Pfeifchen traut, mir ist dein Rauch
> Voll duftender Narkose
> Noch lieber als der süße Hauch
> Der aufgeblühten Rose.

Der Liebe des Dichters zum Tabakrauchen verdanken wir eine großartige Anschauung, nach welcher er einen in seiner Stube aufgestellten Totenschädel seinen Kameraden nennt:

> Die Schädelpfeif' hat auch geraucht,
> Als drin das Leben brannte,
> Als noch der Raucher drein gehaucht,
> Der große Unbekannte.
>
> Einst Wolken blies der alte Pan
> Aus diesem Knochenscherben;
> Nun hat er 's Pfeiflein abgethan,
> Die Menschen nennen's sterben.

Und noch einmal läßt er uns durch Zigeuner, die schwarzen Nomaden seines Vaterlandes, zeigen,

> „Wie man das Leben verraucht."

Es lag in seiner ganzen äußeren Haltung etwas Vornehmes, ihm Unbekannten gegenüber fast Ablehnendes. Niemand hätte es gewagt, ein frivoles oder gar lascives Wort in seiner Gegenwart auszusprechen. Als dies einmal von einer hochgestellten Person doch geschah, sagte er sich zornig abwendend: „Das ist sehr ordinär! Habeat sibi!" Selten nur äußerte sich sein starkes Selbstbewußtsein, in welchem manche Hochmut erkennen wollten. Er teilte einmal mit, daß er den Gedanken gefaßt habe, einen Don Juan zu dichten. Als einer der Herren, denen er die Mitteilung machte, sich die Bemerkung erlaubte, ob dies vielleicht nicht etwas gewagt sei, nachdem Byron den gleichen Helden in einem unsterblichen Gedichte besungen habe, antwortete er in stolz abwehrendem Tone: „Mir hat Goethe bei meiner Faustdichtung durchaus nicht geschadet. Ich schreibe keine Ilias post Homerum." Trotz allem ernst gemessenen Wesen

liebte er es zuweilen, lustige auf seinen Reisen erlebte Ge=
schichten zu erzählen, oder noch lieber von andern anzuhören.
Da konnte er unbändig lachen. Wenn er in Gesellschaft
erschien, was übrigens sehr selten geschah, war sein Betragen
bescheiden, voll weltmännischen, ruhigen Anstandes. Für
Frauen nicht unempfindlich, begegnete er ihnen mit zarter
Aufmerksamkeit. Er bezauberte sie durch seine mit seiner
klangvollen Stimme vorgebrachten ernsten und originellen
Gedanken. Er rühmte sich dessen, daß einige Mädchen in
Württemberg seine Gedichte statt eines Gebetbuches in die
Kirche genommen hätten.

Es ist erklärlich, daß eine so bedeutende edle, von jungem
Ruhme schon umglänzte Persönlichkeit in der Gesellschaft eine
lebhafte Aufmerksamkeit, namentlich der Frauen sich erwarb.
Die poetisch anempfindende Frau Sophie fühlte sich besonders
angezogen, die es in weiblich verzeihlicher Eitelkeit gerne
sah, wenn ihr von dem Manne, den alle bewunderten und
verehrten, eine besondere Aufmerksamkeit zugewendet wurde.
Nicht plötzlich, aber allmählich und tief erwachte die Liebe
in ihrem Herzen, über die sie, als die glühendste Erwiderung
ihr entgegen kam, selbst erschrocken sein mag. Ein verhäng=
nisvolles Leben begann.

Wir wollen dem Urteile über die hier mitgeteilten
Tagebuchblätter und Briefe nicht vorgreifen und nur dar=
auf hinweisen, wie sie in ihrer bald sinnlichen Glut, bald
schmerzlichen Entsagung, bald in Jubel und Verzweiflung
sprechen. Viele klingen wie in Prosa aufgelöste Gedichte.
Sie sind meist in nächtlich einsamer Weile, beim Genusse
giftstarken, schwarzen Kaffees, wie Lenau ihn leidenschaftlich
gern trank, und unter narkotisierendem Zigarrendampfe

nicht immer nur geschrieben, vielmehr häufig phantasiert. So müssen die oft wiederkehrenden Liebesentzückungen, in denen die Sinnenlust aufbraust, als der Realität entbehrend, als phantastische Träume aufgefaßt werden. Aber ebenso zahlreich sind die Blätter, auf denen die rührendsten Klagen der Entsagung niedergeschrieben sind und Zeugnis geben von den an Wahnsinn gränzenden Kämpfen, denen er unterworfen war. Er ließ ihnen auch in Entsetzen erregenden Versen, wie die folgenden, Ausdruck:

> „Undank thut wohl und jedes Leid der Erde;
> Ja, meine Freund' in Särgen Leich' an Leiche
> Sind ein gelinder Gram, wenn ich's vergleiche
> Dem Schmerz, daß ich dich nie besitzen werde.“

Und:

> „Als ich mußte scheiden
> Und gute Nacht bir bot,
> Wünscht' ich bekümmert beiden
> Im Herzen uns den Tod.“

Wie verhielt sich Sophie all dem gewaltigen Liebesansturme gegenüber?

Nur wenn die Briefe, mit denen sie jene Lenaus erwiderte, vorlägen, würde man eine volle klare Anschauung vom Leben eines der merkwürdigsten Liebespaare gewinnen. Es ist bekannt geworden, daß Lenau, nach einem ersten Tobsuchtsanfalle wieder zur Besinnung gekommen, ein Kohlenbecken kommen ließ und eine bedeutende Anzahl von Schriften und Briefen verbrannte. Man vermutet, daß unter den letztern auch die Sophiens waren. Der Verlust derselben ist aber auch sonst noch tief zu beklagen, wenn man jenen einzig erhaltenen Brief Sophiens liest, in welchem sie, durch den Anblick eines stromabwärts

fahrenden Pilgers an den Dichter gemahnt wird. Er hat
sein Haar den Winden preisgegeben, nach einem zerrissenen
Kranze schauend, den er um einen Pilgerstab gewunden
und auf den Vorderteil des Kahnes gepflanzt hat, während
der Kahn von stürmischen Wellen hin und her geschwenkt
wird. Auch das Siegel Lenaus zeigt ein sturmgepeitschtes
Schiff auf der See, mit der Inschrift: Telle est ma vie.
Nur noch eine, das innerste Wesen des Dichters ebenso
plastisch als psychologisch treu tiefergründende Schilderung
ist aus der Feder Sophiens erhalten. Sie läßt in ihr
eine poetisch denkende, phantasievoll begabte Frau erkennen,
die auch einen sozialen Roman gedichtet hat, der im Manuskript erhalten ist.

Bei dem unersetzlichen Verluste der Briefe Sophiens
lernen wir in denen Lenaus zuweilen nur einen Reflex derselben kennen. Neben begeisterter Anerkennung, die an Be-
wunderung grenzt, vernimmt der Leser auch häufige Klagen
über kaltes Entgegenkommen, über kränkende Gleichgültigkeit, über herb tadelnde Launen, oft sogar über ihm fast
feindselige Gedanken, trotz dem vollen Bewußtsein, daß ihn
die fanatisch angebetete Frau liebe. Gewiß müssen es tiefst
erschütternde Kämpfe gewesen sein, nicht allein dem an-
stürmenden Manne, vielmehr noch sich selbst gegenüber,
welche die stolze, ihre weibliche Ehre, wie die ihres Hauses
hochhaltende Frau in sich durchzufechten hatte. Auch sie
war eine Märtyrerin der Liebe, aber mit einem starken,
verstandesklaren Willen ausgerüstet, um sich durch Wider-
stand zu retten und den heißesten brieflichen Ausbrüchen
ankältende Aeußerungen entgegenzusetzen. Auch die herz-
durchwühlende Leidenschaft der Eifersucht blieb ihr nicht

erspart. Lenau mochte auch des fortgesetzten Kampfes müde sein.

Die berühmte dramatische Sängerin Karoline Unger feierte um diese Zeit Triumphe auf der Opernbühne in Wien. Lenau war von ihrer Kunst gewaltig ergriffen und ließ sich durch seinen Freund, den Dichter Theodor Grafen von Heuſſenſtamm, der ebenfalls zu ihren Bewunderern gehörte, bei ihr einführen. Das auch geistig hochbegabte, wenn auch nicht mehr jugendliche schöne Fräulein fesselte bald den für Musik schwärmenden Dichter. Sie wurde seine Sirene. Das hinderte anfangs nicht, seine Briefe an Sophie und seine Tagebuchblätter in der uns bekannten glühenden Weise fortzusetzen, fast noch dann, als die Künstlerin schon ein Recht zu haben schien, an eine bleibende Verbindung zu denken. Sie ließ, wie zum Scherze, Visitenkarten drucken, auf denen zu lesen stand: Karoline Niembſch Edle von Strelenau geborne Unger, und sang ihm sein Lied: „Weil' auf mir, du dunkles Auge," wie er es so innig und so tief nie zuvor vernommen hatte, vor. Es schien aber, neben anderen kleinen primadonnenhaften Launen, die, wenn auch zärtlich poetische, aber vorgreifende Zuversicht den Dichter abzukühlen. Dazu fanden heftige Eifersuchtsszenen zwischen ihm und Sophie statt und haben, pathologisch wandelbar wie er war, seine neue Leidenschaft niedergekämpft. Ihn fesselte wieder der alte Zauberbann.

Karoline Unger reiste nach Iſchl, um daselbst den Sommer zu verleben. Dahin folgte ihr Lenau, um seine an sie gerichteten Briefe und Gedichte zurück zu verlangen. Er erzählte später, wie er unangemeldet des Morgens in das Zimmer der Unger, sich wild gebärdend, gedrungen sei und

schreiend seine Briefe ihr abverlangt habe. Er mochte ihr
als ein Rasender erscheinen, und sie gab erschrocken die ver=
langten Blätter. Grußlos verließ er das Zimmer und
tanzte, nach seiner Mitteilung, über den gelungenen, Wahn=
sinn simulierenden Ueberfall erfreut, die Treppe hinab. Die
Briefe verbrannte er sofort und beklagte das später, indem
er sich äußerte, niemals so Bedeutendes und Tiefsinniges
über Poesie und vor allem über Musik geschrieben zu haben.

Noch ein zweites Mal wieder von einer plötzlichen Liebes=
glut ergriffen, schien er sich abermals aus heißen hoffnungslosen
Banden retten zu wollen, indem er sich wenige Jahre dar=
auf mit der jungen Dame Marie Behrends in Frankfurt
verlobte. Ist ein solches Aufflackern und Versinken nicht
auch ein Symptom des pathologischen Blut= und Nerven=
lebens Lenaus? Nur ein Gedanke ist über dieses plötzliche
Ereignis aus den verloren gegangenen Briefen Sophiens
erhalten. Als sie von der Verlobung des heißgeliebten
Mannes, dem ihre ganze Seele anhing, hörte, schrieb sie
ihm: „Eines von uns muß wahnsinnig werden.“ Wir
wissen, wer von beiden es geworden ist. Es war ein ver=
hängnisvolles Wort, wie ein leiser Laut eine Lawine zu
vernichtendem Niedersturze bringt.

Wie verhielt sich, dürfte wohl die Frage auftauchen,
der Gatte zu dem ihm natürlich nicht unbekannt gebliebenen,
jahrelang andauernden Liebesverhältnisse seines ihm teuern, in
treuer Bruderschaft verbundenen Freundes und seiner von
ihm geliebten Frau, der trefflichen Mutter und Erzieherin
seiner Kinder? Er ahnte wohl anfangs nicht, daß eine

sympathische ideale Freundschaft sich zu Liebe steigern werde. Als es doch so kam, war es zu spät, um Einspruch zu er= heben. Er durfte an der vertrauensvollen Ueberzeugung festhalten, daß er von seiner sittenstrengen Frau, von seinem treuen, charaktervollen Freunde keinen verbrecherischen Verrat zu befürchten habe. Vielleicht auch hat er, von zischelnden Gesellschaftsstimmen, die sich tadelnd vernehmen ließen, erregt, das über die beiden ihm so Nahestehen= den hereingebrochene Liebesleben als ein von ihnen nicht verschuldetes Elementarereignis, als ein vorübergehendes betrachtet. Er, der selbst ein Dichter war, mochte die Liebes= hymnen seines Freundes etwa, wie dem Verhältnisse eines mittelalterlichen Minnesängers entstammt betrachten, der eine Herrin zur Anbetung auserkor und in Liedern pries, ohne daß die Eifersucht des Gatten darüber zu erwachen brauchte. Aber

„Es liebt die Welt das Strahlende zu schwärzen."

Hätte eine schuldbewußte Frau als hochbetagte Matrone die Tagebuchblätter und Briefe testamentarisch ihrer jungen Enkelin D. v. S. zugesprochen und in dem von ihr ver= faßten Vorworte die Veröffentlichung derselben bestimmt? Würde der pietätvolle Sohn uns die Herausgabe der Briefe und der vorliegenden Tagebuchblätter zur Veröffentlichung anvertraut haben?

Und wenn es noch dessen bedürfte, das Liebesleben Lenaus und Sophiens als ein ideales zu bezeichnen, so sei noch folgendes klassische Zeugnis dafür vorgebracht:

Ich besuchte, auf einer Reise nach Skandinavien be= griffen, in Kopenhagen jenen Theologen Dr. Johannes

Martensen, den ich bei Lenau in Wien kennen gelernt hatte und mit dem ich während des Winters im Jahre 1836 in dem oftgenannten „Silbernen Kaffeehause" verkehrte. Es ist derselbe, der eine Broschüre über Lenaus „Faust" in der Cottaschen Buchhandlung veröffentlicht und den größten, vielleicht nicht günstigsten Einfluß auf die mystischen Studien und die Dichtung „Savonarola" genommen hat. Er hatte, kurz vor meinem Besuche, die höchste geistliche Stufe in Dänemark als Bischof erstiegen und war zum geistigen Berater des Königs berufen. Er fragte mit lebhafter Teilnahme um das Leben Sophiens, in deren Haus er durch Lenau eingeführt war, und berührte den ungünstigen Leumund Sophiens, den die frivole Gesellschaft Wiens verbreitete. Der Bischof erzählte mir, daß er in einer vertraulichen Stunde den Freund gefragt habe, wie es sich damit verhalte, und da habe ihm Lenau, feierlich, wie er zu sein pflegte, gebeichtet, daß trotz wilder, fast dämonischer sinnlicher Anfechtungen, nicht durch ihn, sondern durch die keusche Standhaftigkeit der geliebten Frau, sein Gewissen rein geblieben sei. Er schloß sein Bekenntnis mit den Worten: „Unsre Liebe war ein unglückliches, von Gott uns bestimmtes Verhängnis."

Bischof Martensen hat seine Lebenserinnerungen niedergeschrieben; sie sind nach seinem vor wenigen Jahren erfolgten Tode erschienen. Sie enthalten auch ein langes Kapitel über seinen Aufenthalt in Wien und seinen vertrauten Umgang mit Lenau. —

Die letzten deutlich gesprochenen Worte Lenaus waren: „Der arme Niembsch ist sehr unglücklich."

Sie konnten auch für seine Freundin gelten, die jahre-

lang ihn allmählich zu Grunde gehen fah. Sie hat ihn
nie wieder gesprochen und durfte, wenn sie in die Irren=
anstalt in Döbling kam, ihn nur durch die halb offen ge=
lassene Thüre seiner Stube, in der er von ihr abgewen=
det saß, sehen. Der Arzt fürchtete sie eintreten zu lassen.
So kam sie immer wieder und sah schweigend zu dem
Kranken hin, bis er nicht mehr war. Sie trug seinen Tod,
den auch sie als eine endliche Erlösung wünschen mußte,
mit jener antiken Ruhe, die den tiefsten Schmerz einer
Menschenseele verschleiert und nur ahnen läßt.

Wie all ihr Leben lang widmete sie sich ununterbrochen
und jetzt vielleicht noch mehr den Pflichten des Hauses und
der Familie. Sie fand vor allem Trost in der sorgsamst
und liebevollst geleiteten Erziehung ihrer Kinder. Sie las
fleißig meist ernste Schriften und strebte danach, so die
unmögliche Kunst des Vergessens zu lernen. Es waren
harte Schicksalsschläge, die sie noch treffen sollten, die sie
mit angewohnt stählerner Seelenkraft ertrug bis in ihr spä=
testes Alter.

Ihre in Schönheit blühende, jungvermählte Tochter,
welcher der durch ihre Geburt beglückte Vater den Namen
Zoë, Leben, beilegte, starb nach kurzem, glücklichem ehelichen
Leben. Ein talentvoller Sohn Ernst, ein tapferer Offizier,
fiel in der für Oesterreich verhängnisvollen Schlacht bei
Königgrätz, auf einem einsamen Ordonnanzritte, durch eine
Kugel, die aus dem Walde kam, getroffen. Seine Leiche
wurde aufgefunden und von preußischen Aerzten und
Offizieren visitiert. Zwei Protokolle wurden über den Be=
fund aufgenommen und nebst der Uhr, den Ringen und
einer größern Barschaft des Gefallenen dem österreichischen

Vorposten in Floridsdorf übergeben. An der Stelle bei
Oberprim, südöstlich von Chlum, wo er auf dem Felde der
Ehre gefallen ist, steht ein Denkmal, das ihm die Mutter
errichtete, zu welchem sie mit ihrem jüngsten Sohne Arthur
wiederholt, gleich einer Mater Dolorosa, wallfahrtete.¹

Dem Tode des von ihr kindlich verehrten Vaters folgte
bald der ihrer Mutter, deren praktisch gesunde Lebens=
anschauung und herbe Gemütsart, wie wir gelesen haben,
nicht ohne Einfluß auf die poetisch gestimmte Tochter war.
Auch der Gatte, der mittlerweile eine hohe Stufe auf seiner
Beamtenlaufbahn erstiegen hatte, starb während eines Sommer=
aufenthaltes am Traunsee. Der Kirche in dem romantisch
gelegenen Friedhofe in Traunkirchen angelehnt ist sein mar=
mornes Grabmonument. Seine Witwe ließ den Vers des
Dichters Matthias Claudius als Inschrift einmeißeln:

„Ach, sie haben einen guten Mann begraben."

Bei wiederholtem Sommeraufenthalte in Traunkirchen
nahm sie sich der unter den frommen Schulschwestern stehen=
den Kinderbewahranstalt besonders wohlthätig fördernd an.

Wie in früheren Zeiten ihren eigenen Kindern, wendete
sie jetzt ihren Enkeln, den Kindern Zoës, die liebevollste
Sorgfalt zu; sie leitete deren Erziehung und Unterricht.
Ihr besonderer Liebling war ihre Enkelin Dora. Es ist
dieselbe, der sie das Lenausche Tagebuch vererben wollte.

An den Freiherrn von S. jung vermählt, starb auch
sie, wie ihre Mutter, nach kurz andauernder Ehe.

---

¹ Die vorgefundene Barschaft bestimmten die Eltern zu einer
Stiftung, deren Zinsen jedes Jahr am 3. Juli einem verdienten Unter=
offizier des Regimentes, in dem der Gefallene diente, vom k. und k.
Kriegsministerium verabfolgt werden.

„Ich lebe", sagte Sophie mir einmal, „wie in einem Friedhofe, auf welchem die Schatten so vieler, die mir teuer waren, aus den Gräbern steigen und mich verwirren."

Bei einem andern meiner Besuche holte sie aus kost=barem Verschlusse die ihr von ihrem Vater vererbten Denk=würdigkeiten des Erzherzogs Karl hervor, um mir ver=trauensvoll Einsicht in dieselben zu gestatten. Sie ließ ein=mal, erzählte sie, bei einer hohen Persönlichkeit anfragen, ob sie das Manuskript veröffentlichen dürfte? Sie erhielt den Bescheid: „Es wird nicht gewünscht."

Ein andermal gab sie mir einen von ihr während einsamer Jahre, „um sich von ihren schmerzlichen Erinne=rungen wenigstens zeitweilig zu befreien", verfaßten Roman zu lesen. Er spielt in der Gesellschaft Wiens und behan=delt, wie schon dessen Titel „Mesalliiert" andeutet, ein so=ziales Thema. Lenau sagte einmal von ihr: „Sie ist mehr als George Sand."

Beide Manuskripte befinden sich im Nachlasse Sophiens.

Als eine neue Auflage meines wiederholt genannten „Beitrags zur Biographie Lenaus" im Jahre 1885 nötig wurde, gab sie mir einige Briefe desselben nebst einem bis dahin ungedruckten humoristischen Gedichte zur Vermehrung der Auflage, „weil Sie sein Bild so treu gezeichnet haben".

Zu all den Geist und Gemüt erschütternden Erleb=nissen gesellte sich noch ein körperlicher Unfall. Bei einer auf ihrer herrschaftlichen Besitzung notwendigen Arbeit, thätig wie sie immer eingriff, stürzte sie von einer be=trächtlichen Höhe zur Erde. Ihr schwer gebrochenes Bein wurde nicht glücklich geheilt, so daß sie fortan nur auf einen Stock gestützt sich mühsam fortbewegen konnte.

Als sie sich einem hohen Alter näherte, nahm ihr Gedächtnis ab, was sie jedem geselligen Verkehre fernhielt. Ihr Leben war fortan ein fast nur traumhaftes Dämmern, ein wohlthätiges Verschleiern ihrer Erlebnisse. Ihr Geist jedoch blieb klar, wenn sie einen Gedanken äußerte, aber unmittelbar ging ihr das Gedächtnis an denselben verloren, und sie sprach, ohne jeden Zusammenhang, wieder einen andern aus, um ihn sofort wieder zu verlieren.

Ich sah sie, auf ihre Einladung, zum letztenmal ein Jahr vor ihrem Tode. Aus ihrem bleichen Antlitze, von schneeweißem Haare umrahmt, leuchteten ihre Augen noch jugendlich verklärt hervor. Noch als Matrone war sie schön.

Sophie schloß, nach längerem Leiden, am 9. Mai 1889, umgeben von ihrer Familie, die Augen. Geboren am 25. September 1810, erreichte sie ein Alter von 79 Jahren, 7 Monaten und 14 Tagen. Sie ruht auf dem Friedhofe des jetzt in Wien einbezogenen Vorortes Meidling. Ihr Sohn Arthur schrieb die Inschrift für ihren Grabstein:

„Du warst an Liebe reich und Geistesgaben,
Viel Herzeleid ist hier mit dir begraben."

Lenau.

Fritz Kleyle

Briefe und Jugendgedichte Lenaus.

————

Das Gedicht „An Fritz Kleyle" von Lenau zählt zu den Perlen seiner lyrischen Kunst. Voll melodischen Zaubers schildert es, leicht verschleiernd, ein Erlebnis des Freundes, indem es zugleich einen biographischen Wert hat. Es bestand zwischen Lenau und Kleyle eine bisher unbekannt gebliebene, durch einen glücklichen Fund erst jetzt aufgehellte Bundesbrüderschaft, welche durch die hier mitzuteilenden Blätter verewigt werden soll.

Im Nachlasse Sophiens haben sich 21 Briefe Lenaus an Fritz Kleyle vorgefunden, die er in den Jahren von 1824 und weiter von Wien aus an den in der Agrarschule in Altenburg sich befindenden Freund gerichtet hat. Sie enthalten sechs bisher völlig unbekannt gebliebene Gedichte aus der Jugendzeit des Dichters, während die Briefe selbst ein lebendiges Bild von Lenaus Studentenleben, seinen wissenschaftlichen Bestrebungen und Anschauungen bieten und den schon damals bei aller Jugendlichkeit ernsten, Hohes erfassenden Geist erkennen lassen. Vor allem aber gewähren sie einen Einblick in das tiefe Gemüt und erste Liebesleben eines Jünglings, der schon wenige Jahre darauf ein bewunderter Dichter war.

Es ist nicht bekannt, wie die Briefe und Gedichte an den Schreiber derselben zurückgelangt sind. Er hat sie, nach dem frühen, ihn tief schmerzenden Tode des Freundes, etwa zurückverlangt und Sophien übergeben, um sie mit einem Stück seines Jugendlebens bekannt zu machen. Sie mochte ein noch besonderes freundschaftliches Interesse an dem Mitgeteilten nehmen, da Fritz Kleyle ihr Cousin war. Die Antworten auf diese Briefe, die erst das Bild des bestandenen Freundschaftsbundes vervollständigen würden, sind nicht vorhanden und wohl, wie die Sophiens an Lenau, für immer verloren.

Um so nötiger erscheint es, einige Worte über Fritz Kleyle selbst und seine erste Begegnung mit Lenau voran zu schicken und Erklärendes in kurzen Worten anzufügen.

Das erwähnte Gedicht diene als Einleitung; es lautet:

Vergib, vergib, Geliebter, dem Gesange,
Der deines Schmerzes leisen Schlummer stört,
Der die Erinnerungen, süße, bange,
Herauf aus ihrer stillen Gruft beschwört!

Gedenkst du noch des Abends, den die Götter
Auf uns herabgestreut aus milder Hand,
So blühend, leicht, wie junge Rosenblätter,
Denkst du des Abends noch am Leithastrand?

Im Haine sprang von Baum zu Baum die Röte,
Sie wiegte sich auf Wipfeln, mischte froh
Sich in den Wellentanz, der zum Geflöte
Der Nachtigallen rasch vorüberfloh.

Wir aber schritten traulich durch die Schatten,
Und, süß geschwätzig, uns zur Seite ging
Die Hoffnung, sprach vom Himmel treuer Gatten,
Wies dir von Lottchens Hand den güldnen Ring.

Schon sah mein Blick, der in die Zukunft spähte,
In langen Reihen Wonnetage ziehn;
Schon baut' ich kühn mit leichtem Traumgeräte
Mein früh zerfallnes Glück an deines hin.

Sanft senkten sich in feierliches Schweigen
Die Züge der Natur, kein Lüftchen sprach,
Sie schien ihr göttlich Angesicht zu neigen,
Als sänne still sie einer Freude nach.

Die Sterne tauchten aus dem Aethermeere,
Der Weste Hauch erwachte nun im Hain,
Die Blume trank des Himmels leise Zähre,
Und selig irrten wir im Mondenschein. —

Doch kommt ein Sturm jetzt über meine Saiten,
Reißt wild mir von der Leier jenen Tag,
Den schönen Tag mit allen Seligkeiten,
Pocht mir ans Herz mit rauhem Flügelschlag.

Herein! herein! du finsterer Geselle!
Du bist in meiner Brust kein neuer Gast;
Ich öffne dir die trümmervolle Zelle,
In welcher dein Geschlecht schon oft geraft!

Des Abends, Freund, gedenk' ich, jenes andern!
Ich seh' im winterlichen Dämmerlicht
Zur Kirche hin den langen Brautzug wandern,
Wo die Geliebte Treu' und Herz dir bricht.

Der Priester sprach den Segen ob dem Paare,
Mir schien ein Mordgewölb' das Heiligtum,
Ich sah die Hoffnung fallen am Altare,
Wie war die süße Schwätzerin so stumm! —

Beflüge dich, mein Lied, denn immer trüber
Und thränenvoller stets wird deine Bahn;
O, führe schnell den Freund mir da vorüber,
Wo ihn der Schauer nächtlichste umfahn!

Vorüber, Lied, am bretternen Geschirre,
Darein der Tod gepflanzt die Rose bleich;
Fort von der Stimmen kläglichem Gewirre,
Da dumpf vernagelnd bröhnt der Hammerstreich!

Wir sind vorbei. Der Sturm lenkt sein Gefieder
Zum dunkeln Horste der Vergangenheit,
Und Wehmut sinkt an meinen Busen wieder,
Die stille Freundin meiner Einsamkeit.

Fritz Kleyle war aus seiner Heimat Haslach in Baden
zu seinem Oheim dem Hofrat Joachim Kleyle nach Wien
gekommen, um hier nach absolviertem Gymnasium die Uni=
versitätsstudien zu beginnen. Niembsch, wie er sich noch
damals, ehe er das Pseudonym Lenau wählte, nannte, lernte
zufällig im Hörsaale der philosophischen Studien den
schlanken, blondhaarigen, treuherzig sich gebenden Badenser
kennen. Er fand an seinem sinnigen und doch lebhaften
Wesen Wohlgefallen. Bald ergab sich, wie unter Studenten
häufig, ein vertraulicher Umgang. Niembsch trieb damals
mit Vorliebe Mathematik und konnte seinem für dieselbe
weniger begabten Freunde nachhelfen. Es stellte sich anfangs
eine Art freundliches Verhältnis wie zwischen einem Lehrer
und seinem Schüler her. Nach Beendigung der philosophischen
Jahrgänge begab sich Kleyle, von seinem Oheim dazu an=
geregt, nach Ungarisch=Altenburg an die Agrarschule, wo früher
schon Niembsch ebenfalls ökonomische Studien betrieben hatte.
Die juridischen Studien, denen sich nun auch Niembsch
widmete, gab Kleyle nicht auf, indem er dieselben privatim
betrieb und Kurs um Kurs, wie es damals vorgeschrieben

war, nach Wien kam, um sich über das Gelernte prüfen zu lassen.

Kleyle betrat darauf auf den Gütern des Erzherzogs Karl in Schlesien die Laufbahn eines Beamten, auf welcher er, durch seine Intelligenz und sein musterhaftes Pflicht= gefühl rasch befördert wurde. Mit einem anmutigen und geistig begabten Fräulein Nathalie Sartorius vermählt und durch drei Kinder beglückt, starb er noch jung, nachdem er zum Erzherzoglichen Güterdirektor vorgerückt war, im Februar des Jahres 1836 in der schlesischen Stadt Friedek.

Niembsch fühlte tief den Verlust seines Jugendfreundes. Ihm trauerte er lange nach und widmete seinen Hinter= bliebenen stets eine ausdrucksvolle Treue.

Das mit der allgemeinen Ueberschrift „An eine Witwe" verfaßte Gedicht ist an Nathalie Kleyle gerichtet und soll hier als ein pietätvolles Denkmal für den geliebten Freund seinen Platz finden.

Nach einem heftigen Gewitter
Wandl' ich allein im tiefen Haine
Und blicke durch das nasse Gitter
Der Blätter auf zum Sternenscheine.

Die sturmesmüden Bäume schweigen;
Nur manchmal rauschen Windeshauche,
Wie eine Mahnung, in den Zweigen,
Dann tropft es nach im dunkeln Strauche.

So fand ich, nach den Schmerzgewittern,
Dich müd versenkt im stillen Grame;
Doch sah ich deine Thränen zittern,
Wenn dir erklang sein teurer Name.

Der Frühling kam, vor seinem Strahle
Suchst du des Schmerzes traute Schatten
Und führest nach dem fernen Thale
Die Kinder an das Grab des Gatten.

Du wanderst mit den Vaterlosen,
Mit Thränen neu das Grab zu tränken,
Auf das du deiner Wangen Rosen
Gestreut zum treuen Angedenken.

O, bring zum Grabe deines Lieben
Von mir auch einen Gruß und sage,
Daß auch mein Herz ihm treu geblieben,
Bring ihm des Jugendfreundes Klage.

Wenn aus dem Aug' dir Thränen brechen,
Möcht' ich am Grabe dich begrüßen,
Mit dir von seiner Jugend sprechen
Und möchte seine Kinder küssen.

Wien, 2. Januar 1824.

Teurer Freund!

Deinen Brief erhielt und entfaltete ich mit Erröten
über mein langes Stillschweigen; denn er rief mir mein
Vergehen schrecklich ins Gedächtnis zurück. Vielleicht wirst
Du mir aber minder zürnen, wenn ich Dir sage, daß ich
mit Drexler [1] eine Reise zu Dir vorhatte, die wir aber so
lange verschieben mußten, bis uns der voreilige Winter in
die Quere kam.

Fast würde ich fürchten, daß über dem langen Schweigen,
das zwischen uns lag, Deine Freundschaft in etwas erkaltet
wäre, denn man muß das heilige Feuer von Zeit zu Zeit

---

[1] Der Dichter Ferdinand Drexler-Manfred.

anschüren: wenn ich nicht bedächte, daß ein reineres Feuer denn ein irdisches für mich in Deinem Busen lebet.

An Deiner Beförderung nehme ich freudigen Anteil und wünsche Dir um so mehr Glück dazu, als ich Dich dadurch für manches, was Du in Altenburg entbehren mußt, einigermaßen entschädiget glaube.

Mein Leben allhier windet sich ziemlich vergnügt ab; Dichterlektüre ist nebst Spracherlernung meine vorzüglichste Beschäftigung; mein Lebensplan unverrückt, sowie das gespannte Verhältnis zwischen mir und meiner Großmutter, die ich noch nicht besuchte, aber insofern loben muß, als sie mir eine monatliche Unterstützung zufließen läßt.

Freund! ich liebe! einem armen, vaterlosen, verlassenen Mädchen von 15 Jahren, ohne eigentliche Bildung, aber mit Anlagen, die sie der schönsten Bildung fähig machen, schenkte ich mein Herz, mit dem festen Entschlusse, es nicht wieder zurück zu nehmen, wenn sie es in der Folge so zu schätzen weiß, wie jetzt. Ihre Gestalt ist sehr anziehend, ihr Grundzug des Charakters tiefes Gefühl, Hang zu liebenswürdiger Schwärmerei, angeborener Sinn fürs Schöne und Schickliche.

Bei des Mädchens großer Anhänglichkeit zu mir läßt sich erwarten, daß sich ihr ganzes Wesen dem meinigen anpassen werde, und daß ich einst schöne Tage an ihrer Seite verlebe.

Da sich meine Muse Dir mit ihren Erstlingen zutraulich nahte, hoffend, daß der Freund einen schonenden Richterspruch über sie sprechen werde, so fahre ich fort, Dich mit den Früchten meiner schöneren Stunden heimzusuchen.

Hier folgt ein Gedicht, diesen Sommer gemacht; nächstens

soll ein Herbstlied an meine Bertha, eine Ueberſetzung einer Ode Horazens, einige Sinngedichte u. ſ. w. folgen. Lebe wohl, geliebter Freund! und ſchreibe bald, denn ich ſehne mich nach Deinen Briefen.

Niembſch.

In einer Sommernacht geſungen.

Sei mir gegrüßet, o Nacht, du Freundin ſtiller Betrachtung!
Sei der erwachten Natur erhabnem Genuſſe geheiligt!
Hoch auf luftigen Pfaden im weiten Himmelsgefilde
Wandelt der Mond, beſcheinet die Flur, die vom Walde begrenzt wird,
Der mich ſchweigend empfängt, und hebet die nächtliche Feier.
Tiefe Stille ringsum — nur einſame Laute vernehm' ich,
Die wie Töne des Traums dem ſchlummernden Walde entſchweben,
Und mit rührender Macht, als wären es Sprecher des Himmels,
In die Seele mir bringen, und wecken die ſchlummernde Gottheit.
Nacht! du enthebeſt das Herz der Macht bethörender Lüſte,
Und mit Zaubergewalt entſtreiffſt du dem Auge die Binde,
Von der Leidenſchaft um ihren Vaſallen geſchlungen.
Einem entheiligten Tempel gleichet die ſündige Seele,
Der den Götzen geweiht, gefüllet mit Bildern des Wahns iſt;
Doch dein Ernſt, o Nacht! erreget des weiſeren Lebens
Kräftigen Keim, das Denken ans letzte Verſtummen des Menſchen;
Denn vom bewegten Gemüt wird jede Erſcheinung gedeutet.
Plötzlich birgt nun der Mond ſich hinter die ſchleierne Wolke,
Dämmerungslicht verbreitend über die waldige Gegend,
Gleich dem Lichte Vernunft; auch dies wird vom Schleier gedunkelt,
Der den himmliſchen Gaſt der irdiſchen Hülle verwahret.
Weiter verfolg' ich den Weg, den gefallene Blüten bedecken.
Lange nicht währet die Blüte, es ſinkt das ſchöne Gebilde,
Wenn's den ätheriſchen Duft in die wogende Luft verhaucht hat.
Wie die Blüte des Baums muß ſinken die Blüte der Schöpfung,
Sinken der Menſch; — doch gleicht er in allem der Blüte, und wird die
Menſchliche Seele bereinſt der Blüte verwehetem Hauch gleich?

Oder lebet sie fort, und lebt ohne je zu vergehen,
Immer sich weitend und inniger immer die Gottheit erfassend?
Seligster aller Gedanken! vielleicht gedacht auch vom Ew'gen
Und geweckt in mir durch seinen empfindbaren Abdruck,
Durch die Natur! Doch jetzt hemmt liebliche Störung den Fortgang
Meiner Betrachtung, es ist das schmelzende Lied Philomelens.
Der begeisterte Vogel feiert nun jubelnd sein Dasein.
Wie mich der Strom melodischer Töne süß zwingend dahinreißt,
Wiegend die horchende Seel' im Wechselschwunge des Wohlklangs.
Heil dir, herrlicher Sänger! als Schöpfungsgenosse verwandt mir,
Wie ein jegliches Wesen der großen Verbrüderung Mitglied!
Schöne Ansicht der Dinge, sie knüpfet mit liebendem Bande
Uns an die Welt, und ist die Mutter beständiger Freuden.

Wien, am 13. Jänner 1824.

Teurer Freund!

Du schriebst mir schon zwei Briefe, die von mir noch
unbeantwortet sind. Ich ließ dies geschehen, um zwischen
unsern Briefen ein gewisses Verhältnis zu erhalten; denn
Du schreibst so kurz, daß zwei Deiner Briefe allenfalls einen
der meinigen ausmachen dürften. Dies als Tadel, und
nicht mehr; denn mir fällt gerade das Sapienti pauca ein,
was auch Dir zu meiner Unfreude gerade dann immer in
den Sinn kommen muß, wenn Du an mich schreibest. Wisse
aber, daß — falls meine Sapientia es ist, welcher zu Ehren
Du so wenig Worte machst, daß ich dies nicht zu den er-
freulichsten Früchten meiner Weisheit zähle, und daß ich
Dir künftig auf jedes Brieflein einen Brief schicken will,
dessen Durchlesen Dich gewiß mehr Zeit kosten soll, als Du
durch Deine Kürze im Schreiben ersparen magst.

Neues kann ich Dir nichts schreiben, als daß ich unlängst

mit dem Professor Stein[1] eine Unterredung über die Un=
sterblichkeit des menschlichen Geistes hatte, die mir diesen
Mann wegen seiner gediegenen Kenntnisse als sehr achtungs=
wert zeigte. Wir sprachen über den Beweis Epikurs (gegen
die Unsterblichkeit): quod dissolutum est, sensu caret; quod
sensu caret, nihil ad nos pertinet; ergo . . .

Das Resultat dieser Unterhaltung sollst Du, wenn es
Dich interessieren sollte, nächstens erfahren. Nur so viel
diesmal: Das Verfahren derjenigen Philosophen (zu welchen
Rembold[2] gehört), die eine Lehre des Uebersinnlichen aus
alleiniger Reflexion auf den menschlichen Geist bilden wollen
und keine Naturphilosophie zugeben wollen, scheint mir des=
halb unwichtig, weil sich die ewige Wahrheit nicht nur im
menschlichen Geiste, sondern auch, und viel deutlicher, in den
Gesetzen der Körperwelt ausspricht, welche doch immer be=
stimmter erkannt werden kann, da hier erkennendes Subjekt
und zu erkennendes Objekt nicht eins und dasselbe ist, wie
bei Untersuchung des Menschengeistes in seiner Gesetzmäßig=
keit. Ich fühle daher nun lebhafter als je den Wunsch,
die Natur in allen ihren Produkten zu studieren.

Aus der Geschichte meines Herzens: Meine Bertha
wird mir täglich teurer, und ich fühle mich in dieser Be=
fangenheit meines Geistes unendlich glücklich, und überzeuge

---

[1] Anton Joseph Stein, geb. 1759, gest. 1844, war Professor der
klassischen Philologie an der Wiener Universität. Er war ein sehr
witziger Epigrammatist, eine originelle Persönlichkeit. Ein Feind des
Rauchens dichtete er ein satirisches Gedicht: „Amor Kapnophilus“
das Aufsehen erregte. Seine deutschen, lateinischen und griechischen
Gedichte gab er erst als 84jähriger Greis heraus.

[2] Ludwig Rembold, geb. 1785, Prof. der Philosophie. Wegen zu
freisinniger Vorträge von der Wiener Universität entfernt; studierte
Medizin und starb als praktischer Arzt 1844.

mich immer mehr, daß selbstgenügende Freiheit nie so be=
friedigt, als mitteilende Teilnahme, weil sie uns auch von
unsren Geliebten abhängig macht. Einige Menschen, unter
die auch Du gehörst, machen mir dies Leben so lieb, daß
ich — wenn sie anders die alten bleiben — nie so unglück=
lich sein kann, daß nicht ein Trost für mich in ihrer
Liebe wäre.

Hier hast Du eine kleine Ode an meine Bertha, nebst
einem Liede:

Erinnerung.

Selige Stunde! Da mir meine Bertha
Mächtig ergriffen von der Liebe Sehnen
An den bewegten, ihr allein geweihten
    Busen gesunken.

Nächtliche Stille lag auf Flur und Hain, es
Ruhten die Weste, um die leisen Seufzer
Nicht zu verweh'n, dem Pochen unsrer Herzen
    Lauschten die Sterne.

Glühende Küsse bebten durch die Seele,
Innig umschlungen hielt ich dich, Geliebte!
Göttliche Bertha! Zierde meines Lebens!
    Selige Stunde!

Das Rosenmädchen.

1.

Ein Mädchen zart und engelrein
Erzog mit liebenden Sorgen
Sich Rosen, doch nur sich allein,
Denn tief im Haine verborgen,

Wo in der Quelle rauschenden Fall
Sich mengen die Lieder der Nachtigall,
    Lag sanft erhöht
    Das Rosenbeet.

2.

Da stand das Mädchen unschuldsvoll
Und schaut mit Wonne die Blüten;
Und höher ihr der Busen schwoll,
Die Augen heller ihr glühten.
So sah ich das liebliche Mädchen dort,
Doch ewig blühen die Rosen nicht fort.
    Des Mädchens Freud
    Währt kurze Zeit.

3.

Und als die Rosen nicht mehr blühn,
Und nimmer flötet die Nachtigall,
War auch des Mädchens Lust dahin —
Sie stand am murmelnden Wasserfall,
Sie stand — von säuselnden Lüften umweht,
Und dachte mit Wehmut: daß alles vergeht.
    Das Auge naß,
    Die Wange blaß.

4.

Da naht' ich freundlich ihr und sprach:
Die Rose sinket wohl nieder,
Doch weine nicht der welken nach,
Es kehrt der Frühling ja wieder;
Und wie im Frühling das Leben erwacht,
So folgt auf des Grames düstere Nacht
    Mit Sonnenblick
    Das beßre Glück.

Auch Du wirst dem Frühlingsblicke mit Sehnsucht entgegensehen; indes lob' ich mir auch die Winterstunden, zumal da Du dich an manchem Abende an die Zeit erinnern wirst, die wir im vergangenen Jahr so traulich verplauderten.

Lebe wohl.

Dein wahrer Freund

Niembsch.

Wien, am 2. August 1825.

Teurer Freund!

Ich habe Dir so lange nicht geschrieben. Sei darüber nicht ungehalten. Gestern macht' ich Prüfung beim Egger. Es ging so ziemlich.

Ich danke Dir für die Statistik-Schriften, die mir v. Wittmann (?) übergab. Die Kriminalschriften, soweit ich sie habe, sollst Du nächstens bekommen. Könnt' ich doch bald nach Altenburg!

Doch' ich will meinem zerstückten Brief ein Ende machen.

Leb wohl, ich bin ewig der Deinige.

Niembsch.

Wien, den 23. September 1825.

Teurer Freund!

Schreibe mir bald, wann Du zur natur- und kriminal- rechtlichen Prüfung herauf zu kommen gedenkst, damit ich meine Sachen so leiten kann, daß ich 14 Tage vor Deiner Heraufreise versehen mit den nötigen Schriften in Altenburg erscheinen kann.

Nun einige vorläufige Bemerkungen: Ueber das natür- liche Privatrecht ist besonders der Kommentar von Egger [1]

---

[1] Franz Ritter von Egger, geb. 1761, gest. 1835, Professor des Natur- und römischen Rechtes an der Wiener Universität. Verfasser zahlreicher juridischer Schriften.

fleißig zu lesen; denn Egger geht in mancher Hinsicht von Zeilers [1] Lehre ab, z. B. im Kapitel von den Verträgen ꝛc. Aus dem Staatsrechte verdient Deine Aufmerksamkeit besonders die Strafrechtstheorie, weil hierauf das Kriminalrecht beruht; sodann die Lehre von den Majestätsrechten insbesondere, als Gesetzgebungs=, Aufsichts=, Vollziehungsrechte. Im hypothetischen Staatsrechte die Oberherrschaftsformen, besonders die monarchische (mit Hinweglassung des polemischen Gewäsches); dann die Formen der Uebertragung der bürgerlichen Oberherrschaft (patrimoniale, fideikommissarische); Erbfolge (die Kasuistik bleibt aus, bloß die Definition von agnatischer, kognater und gemischter Erbfolge nebst dem Schema ist nötig).

Besonders wichtig ist der Paragraph über die Monarchomachen und Machiavellisten und über das Zwangsrecht der Unterthanen gegen ihren Souverän; reliqua legantur (das Polemische ausgenommen).

Aus dem Völkerrechte hast Du die ersteren Kapitel bis ohngefähr zu den Völkerverträgen bloß zu lesen; das Kapitel von den Billigkeitspflichten zwischen Völkern bleibt ganz aus; das Wichtigste ist die Lehre von den Gesandten, von welcher jedoch das Gesandtschaftsceremoniale sowie überhaupt alles positive Völkerrecht (das Kleingedruckte) wegbleibt; und dann das Kriegsrecht.

Aus dem Kriminalrechte ist besonders wichtig die Einleitung, Hochverrat, Mord und Totschlag, Diebstahl und

---

[1] Franz Alois v. Zeiler, geb. Graz 14. Jänner 1791; gest. Hietzing bei Wien 23. August 1828, Prof. an der Wiener Universität, Verfasser bahnbrechender juridischer Werke, Großvater des Präsidenten des k. u. k. Obersten Gerichtshofes Anton Ritter von Schmerling, mütterlicherseits.

Betrug. Aus der Gerichtsordnung bleibt das Kapitel von der Beschaffenheit der Gefängnisse weg. Besonders wichtig ist die Erhebung des Thatbestandes, das summarische und ordentliche Verhör, das Kapitel von den gesetzlichen Beweisen, als Geständnis (Beweis sensu stricto) und Ueberweisung (sensu latiori).

Nun, teurer Freund, lebe wohl und schreibe mir recht bald.

Dein treuer Freund

Niembsch.

—————

Wien, den 23. November 1825.
Teurer Freund!

Dein Schreiben hab' ich erhalten und mit Vergnügen daraus ersehen, daß ich durch meine geringen Dienste zu Deinen Freuden über den guten Erfolg Deiner Prüfung beigetragen; nur bist Du beinahe zu dankbar und schlägst eine Kleinigkeit gar zu hoch an. Nun aber ist die Reihe an Dir, mir einen Dir zwar nicht viel Umstände verursachen-den, aber mir sehr wichtigen Dienst zu leisten. Mir ist nämlich sehr darum zu thun, von meiner Obervormund-schaftsbehörde, dem Landrechte, die Großjährigkeitserklärung zu erhalten, indem ich sonst von meinem Vermögen gar nichts in die Hände bekomme. Um dies zu bewirken, be-darf es eines haltbaren Grundes; und nach meines Rechts-freundes Meinung könnte es mir am ersten gelingen, ob-benannte Behörde für meinen Wunsch zu gewinnen, wenn ich angäbe, ich wolle auf dem Lande bei einem Verwalter praktizieren; denn dies wäre ohne Kostenaufwand, mithin ohne Erfolglassung meiner 900 Gulden, und da die Erfolg-lassung ohne Großjährigkeitserklärung nicht stattfinden kann, ohne die letztere nicht möglich. Um nun diesem, durch meine Umstände notwendigen, Vorwande mehr Gewicht zu geben, wünsche ich von einem Verwalter ein Zeugnis, „daß derselbe bereit sei, mich, unter der Bedingung, daß ich imstande sei meinen Unterhalt aus eigenen Mitteln zu bestreiten, als Praktikanten in seiner Kanzlei aufzunehmen." Für denjenigen, der mir dieses zu Gefallen thun wollte, erwüchse hieraus um so weniger eine Verlegenheit, als nie eine fernere Rede von der Sache sein wird. Kannst nun Du mir dies Zeugnis geben, so ist's mir um so lieber, wo nicht, so bitte ich Dich einen andern Verwalter darum zu ersuchen. Ob Du im letztern Falle Deinem Kollega sagest, daß die Sache nur Vorwand sei, oder ob Du ihn im Ernste zu meiner Annahme als Praktikanten zu bewegen suchest, dies überlasse ich Deiner Klugheit. Ich glaube Du und jeder andre Verwalter könnte mir dies Zeugnis salva conscientia geben, denn es ist im Grunde kein falsches, da es ja bloß die Geneigtheit mich aufzunehmen, nicht aber das Faktum meiner wirklichen Praxis bewähren soll. Uebrigens müßte dasselbe auf einem halben Bogen geschrieben, und mit dem Amtssiegel gegen alle Ungläubigen bewaffnet werden.

Nun, lieber Freund, bitt' ich Dich angelegentlich mir dies Zeugnis womöglich selbst zu schreiben, und nach Möglichkeit bald zu schicken.

Lebe wohl.

Dein Freund

Niembsch.

Im Zeugnis müßte mein Name, Charakter, Geburtsort Csatad in Ungarn angesetzt werden.

Wien, am 29. November 1825.

Teurer Freund!

Dein langes Schweigen auf meine bringende Bitte kann ich mir nicht recht erklären. Sollte Dich die Zumutung, zu einer Täuschung Deine Hand zu bieten, beleidigt haben? Dies kann ich kaum glauben, wenn ich bedenke, daß Du mich gewiß soweit kennst, um überzeugt sein zu können, daß ich zur Täuschung nur dann meine Zuflucht nehme, wann ich sie als einziges Mittel erkannt, eine bringendere Pflicht zu erfüllen, als jene der Wahrhaftigkeit ist. Und hätte ich auch Dein Zartgefühl verletzt, so glaub' ich, würdest Du mir in diesem Falle wenigstens geschrieben haben. Indes sei dem wie immer, ich bitte Dich, mich dieser Ungewißheit ehestens zu entreißen; denn mir ist um baldige Entscheidung meiner Geldangelegenheiten zu thun, und zwar um so mehr, da ich mit der Gewißheit über Deine Entschließung zugleich von dem ängstigenden Gedanken los würde, Dich verletzt zu haben.

Schreibe mir recht bald, ich bitte Dich darum.

Dein Freund

Niembsch.

—————

Wien, am 6. Jänner 1826.

Teurer Freund!

Bald hättest Du von denen, die Dich lieben, um einen weniger gezählt. Eine sehr gefährliche Halsentzündung, an der ich einigemal beinahe erstickte, war mein Los in diesen Feiertagen, die ich an Deiner Seite glücklich zu verleben vermeint hatte. So geht's mit unsern Projekten! anstatt zu Dir zu fahren, wäre ich bald ohne Abschied und Händedruck von Dir in den Tartarus hinab! Nun bin ich aber

gerettet, und zwar durch einen jungen Mann, Doktor Wis=
grill, dem ich's nie vergessen werde; eine starke Blutentleerung
und eine Gabe Merkur (den man nur bei sehr starker An=
gina gibt) zur rechten Zeit angewandt, schoben just noch die
Riegel vor, ehe der Wundervogel davon war (ich meine
nämlich meine Psyche, die nun wieder ganz behaglich in
ihrem Käfig sitzt und vielleicht bald wieder zu singen anfängt).

Freund! für die bewußte Gefälligkeit dank' ich Dir
herzlich, sie hat mir viel genützt, meine Sachen gehen nun
nach Wunsch, wozu das Attest wirklich den Ausschlag gab.

Ich war bei Hofrat Lehmann (?) und fand ihn sehr
gütig, nur konnte er mir für die Gegenwart keine Hoffnung
geben, wohl versprach er mir aber bis aufs künftige Jahr
sich für mich zu verwenden.

Was unser römisches Recht betrifft, so muß ich Dir
ankündigen, daß es dabei nicht so vieler schriftlicher Er=
gänzungen bedarf, als beim seligen Naturrechte. Mir scheint
das Studium sowie dessen Lehrer dies Jahr mehr komplett zu
sein. Daher denn meine Meinung ist, daß Du ohne sonder=
liche mündliche Hilfe mit Deinen alten Kommentatoren
ausreichen kannst. Ich kann in kein Kollegium gehn, mein
Hals verlangt noch eine lange Abwartung, denn die zurück=
gebliebene Disposition zu Entzündungen ist groß.

Nun grüß' ich Dich herzlich und bin froh, daß ich Dich
wieder sehen kann, denn Du bist eins von den Dingen, nach
denen ich mich umsehen werde, wenn ich einst von dieser
Erde abreise, und ein wichtiger Bestandteil des Schatzes, den
ich zurücklasse.

                    Vale.

                              Dein bester Freund.

—————

Am Ostersonntage 1826.

Liebster Freund!

Mit Vergnügen denk' ich noch immer an die Stimmung, die mir aus dem kurzen Umgange mit Dir während meines letzten Aufenthaltes in Altenburg zurückblieb; ich war gewissermaßen gestärkt durch den Genuß eines guten Menschen, welcher Genuß nur selten, sehr selten, allenfalls durchs Lesen der alten Menschen, fast nie durch die Berührung mit den neuen Menschenbildern[1] uns zu teil wird. Daraus magst Du sehen, daß es mir leid ist, Deinen freundlichen Wunsch nicht erfüllen zu können. Die Ursache ist lediglich Furcht vor Erkrankung, womit mich das „nebulae malusque Jupiter terram urgent" bedroht. Doch es naht der Frühling und bringt Blumen — —

Freund! sobald das Wetter schön, schreib' ich Dir, wann ich komme.

Ich lebe jetzt ziemlich vergnügt; ich habe ganz eigentümliche Freuden, von denen ich Dir erzählen werde, zu denen mir nichts fehlt als eine bürgerlich-sakramentalische Legitimation, die, wenn's gut geht, bald kommen wird, nämlich: ich führe den ehrwürdigen Namen Pater Nikolaus

---

[1] Daher die Benennungen: Mannsbild, Weibsbild. Man sagt heutzutage von einem Manne, dem man Achtung schuldig zu sein glaubt, nicht der Mensch, sondern der Mann; denn da die Menschheit sich meist in verächtlicher Form zeigt, hat ihr Name eine verächtliche Bedeutung genommen, die sich am auffallendsten in dem Worte „das Mensch" zeigt, wodurch die Sächlichkeit gewisser Individuen trefflich ausgeprägt ist. Vielleicht verdrängt der Artikel das den männlichen noch ganz; denn die deutsche Sprache wird als eine sehr philosophische gerühmt. Satis.

ohne ein Priester zu sein.[1] Was mein sonstiges Treiben betrifft: ich habe im Englischen schon ziemliche Fortschritte gemacht, worin mich ein Engländer unterrichtet, den ich dafür in der Philosophie unterrichte. Ich kann schon lesen.

Die übrige Zeit geht ans Griechische auf. Und wo bleibt denn das Römische? wirst Du denken. Confiteor, daß ich noch äußerst wenig darin gethan habe. Ich hätte bei Dir müssen Belehrung darüber suchen, wenn ich jetzt schon zu Dir gereist wäre, statt, daß Du sie bei mir ge= funden hättest. Also auch in dieser Hinsicht: nebulae malusque Jupiter! Ich kann Dir übrigens zum Troste sagen, daß Dolliner[2] fast gar nicht vom Schulbuche abweicht, daß also das Ding mit dem Kaufmann abgethan werden kann.

Hier folgen zwei Gedichte, über die ich Deine Meinung haben möchte.

Die Mutter am Grabe ihres Kindes.

Huſch! huſch! wie brauſt der kalte Wind
Ueber beſchneite Gräber her!
Unter dem Schnee da liegt mein Kind,
In meinen Armen nicht mehr!

Wie ſeufzt das Totenkreuz ſo bang
Vom Sturm geſchüttelt hin und her!
Ach! als die Totenglocke klang,
Wie ward der Mutter ſo ſchwer!

---

[1] Bertha gebar ihm ein Kind, das auf den Namen Adelheid von Niembſch getauft wurde — unrechtmäßigerweiſe, indem es nur den Familiennamen der Mutter zu führen das Recht hatte.

[2] Thomas Dolliner, geb. zu Dörfern in Krain 12. Dezember 1760, geſt. in Wien 15. Februar 1839, Profeſſor an der Wiener Uni= verſität, berühmter juridiſcher Schriftſteller.

O weh! nun liegt mein armes Kind
In der Erde tief verscharrt!
Ueber dem Grabe weht der Wind,
Die Thräne zu Eis mir erstarrt!

Der Wangen schöne Röselein
Zerknickte der grause Tod so bald!
Und die holden Aeugelein
Sind geschlossen und kalt!

O weh! nun liegt mein armes Kind
In der Erde tief verscharrt!
Ueber dem Grabe weht der Wind,
Die Thräne zu Eis mir erstarrt!

Folgendes war das Kind einer melancholischen Stunde, welche durch ein Mißverständnis zwischen mir und meiner Bertha herbeigeführt worden war.

```
_ ᴗ _ ᴗ _ ᴗ _ ᴗ
_ ᴗ ᴗ _ ᴗ _ ᴗ ᴗ
_ ᴗ ᴗ _ ᴗ _ ᴗ ᴗ
ᴗ _ ᴗ _ ᴗ ᴗ _
```

Einst, o nächtlicher Himmel! blickt' ich
Selig empor zu Dir, umschlungen
Von der Geliebten, und ich weinte
Dank dem ewigen Gott!

Und sie pflückte mit Küssen mir die
Blüte der Wonne[1] von der Wang', und
Mächtiger zog ich die Geliebte
An die klopfende Brust.

Doch nun sind sie dahin! die Stunden
Seliger Lust; und ach! nun weht der
Brausende Sturm die heiße Thräne
Banger Wehmut dahin!

---

[1] Die Freudenthränen.

Liebster Freund! nun lebe wohl! Ich küsse Dich herzlich.

Dein

Niembsch.

Nachschrift. Schreibe mir bald, ich bitte Dich!

———

Wien, am 9. Juni 1826.

Liebster Freund!

Warum schreibst Du mir nicht? gönnen die leibigen Wirtschaftsgeschäfte der Freundschaft keine Stunde? Da sitzest Du und rechnest und sinnst und ordnest und schaffst für eine fremde Tasche; sed fugit interea, fugit irreparabile tempus! — So geht es in diesem arithmetischen Zeitalter! wo die Genien des menschlichen Lebens, Freundschaft und Liebe, nehmen müssen, was von der Mästung der unersätt= lichen Bestie Sinneslust übrigbleibt. Der Gute selbst muß, um nicht zu darben, sein Leben opfern der Bequem= lichkeit andrer!

Freund, mir ist jetzt nicht wohl zu Mute. Könnt' ich mit Dir leben! das wär' ein Leben! so aber entbehr' ich den edelsten aller Genüsse, den Genuß der befreundeten Seele, die vielleicht die einzige ist, die mich recht versteht! Das schöne Gewebe meiner Freuden hat einen gewaltigen Riß bekommen, und der Riß zeigt mir da einen nackten Fels, wo die gülbene Phantasie ein Blütenbeet sah. [1]

„Wir sind nicht da, um zu phantasieren, sondern um mit klaren Augen zu schauen und zu bauen," so denkst Du vielleicht jetzt, aber glaube mir, Goethe hat recht indem er singt:

———

[1] Mündlich einen näheren Aufschluß!

„Welcher Unsterblichen
Soll der höchste Preis sein?
Mit niemand streit' ich,
Aber ich geb' ihn
Der ewig beweglichen,
Immer neuen,
Seltsamen Tochter Jovis,
Seinem Schoßkinde,
Der Phantasie." —

Hier hast Du ein Lied von mir, das ich eben dichtete:

Der Jüngling.

Der Jüngling sitzt in einem Blütengarten
Und sieht mit Lust des Lebens Morgenrot;
Auf seinem Antlitz ruht ein schön Erwarten,
Die Welt ist Himmel ihm, der Mensch ein Gott.

Ein Morgenlüftchen streut ihm duft'ge Rosen
Mit leisem Finger in das Lockenhaar,
Und ihn umflattert mit vertrauten Rosen
Ein bunt Gevögel singend wunderbar.

Sei stille, stille, daß die flücht'gen Gäste
Ihr nicht verscheucht dem Jünglinge; denn wißt,
Es sind der Jugend schöne Träume, wohl das beste,
Was ihm auf dieser Erd' geworden ist.

Doch weh! jetzt naht mit eisern schwerem Gange
Die Wirklichkeit: und fort auf ewig fliehn
Die Vögel, und dem Jüngling wird so bange,
Da er sie weiter sieht und weiter ziehn.

Lieber Kleyle, schreibe mir recht bald, ich bin
Dein wahrer Freund
Niembsch.

————

Wien, am 27. Jänner 1827.

Teurer Freund!

Ich schicke Dir die versprochene deutsche Sprachlehre und den britten Band Deines Seneca, durch die Herrschaftsfuhr. — Uns Wienern geht's recht gut. — Mein Schwager Schurz hat unsern Ausflug zu einem großen Gedichte von drei Gesängen und dreitausend Versen benützt, worin Du und ich eine bedeutende Rolle spielen. Er will dieses Ge= dicht dem Erzherzog Johann dediziern, und dieser wird, glaub' ich, die Dedikation annehmen, denn es ist etwas sehr Gelungenes. — Auch ich arbeite nun fleißig im Felde des Schönen. In dem Almanache „Aurora“ [1] wird eine kleine Probe von mir erscheinen. — Dies sind die Neuigkeiten, die ich Dir schreiben mußte.

Mein Schwager läßt Dich bitten, ihm zwei Ziegel von eurem guten Käs zu schicken; den Betrag wird er Dir durch mich entrichten.

Ich grüße den Wessely und einige andre, die |Du glaubst, daß sie es verdienen.

Dein wahrer Freund

Niembsch.

Wien, den 6. November 1827.

Geliebter Freund!

Nun sind die Ferien zu Ende, und wir haben uns nicht gesehen. Ich würde Dich besucht haben, wenn ich gewußt hätte, ob Du in Altenburg wärest; von Woche zu Woche wartete ich auf ein Schreiben, das mich davon unterrichten sollte; vergebens! Wir hätten wieder einige vergnügte Tage

---

[1] Ein Taschenbuch, herausgegeben von Johann Gabriel Seidl.

verlebt, einige Tage, die des Merkens wohl wert gewesen
wären. Schade! Teurer Freund! mir geht es leiblich.
Physiologie und Chemie sind dies Jahr meine Schulstudien,
zwei mir sehr angenehme Wissenschaften, vorzüglich die erstere,
wo der Spekulation Raum gegeben ist. Das erste medizi=
nische Lehrjahr hab' ich mit Applaus zurückgelegt, auf alle
Prüfungen Eminenz gekriegt. Diese kleinen Schulfreuden
sind aber auch die einzigen, die mir mein äußeres Leben
schafft; denn an wahren Freunden, die mit mir aus einem
Stücke geschnitten wären, gebricht's mir in Wien. Drexler,[1]
ein fideler Kumpan, wie Du weißt, kurzweilt mich wohl
manchmal; aber da seine Essenz, wie Du auch weißt, komisch
und die meinige mehr tragisch ist, so muß ich meinen wahren
Ton bei ihm schweigen lassen, und sein Umgang befriedigt
mich nicht. Mein Liebstes ist, auf einem Zimmer zu sitzen
und mit meiner Muse zu verkehren, wozu ich täglich mehr
Lust fühle.

Ich habe Endlicher[2] gesprochen. Der Mensch hat ge=
arbeitet, und mit Vergnügen habe ich an ihm Spuren be=
merkt, welche der Umgang mit Wissenschaften im Menschen
zurückläßt. Botanik scheint seine Lieblingssache zu sein. —

Im September war ich mit Schurz auf dem Schnee=
berge. Wir sahen einige neue herrliche Gegenden, worunter
mir vorzüglich das sogenannte Höllthal bei Reichenau gefiel,
welches eine Reihe der schönsten Felspartien darbietet und

---

[1] Siehe Seite 215.
[2] Stephan Ladislaus Endlicher, geb. in Preßburg 1804, war
Professor der Botanik an der Wiener Universität; berühmt durch zahl=
reiche Werke, die auch namentlich die chinesische Philologie behandeln.
Er endete durch Selbstmord im Jahre 1849 in Wien.

von der forellenreichen, smaragdgrünen Schwarza durchströmt
wird; ein wahrer Wallfahrtsort für Dichter, indem hier die
Natur selbst zu dichten scheint.

Lieber Kleyle, ich umarme Dich.

Dein alter

Niembsch.

Vielleicht komm' ich diesen Winter noch zu Dir. Schreibe
mir recht bald. Ich habe meine Wohnung verändert. Gegen=
wärtig ist sie auf dem Grund Windmühl, Rosengasse Num=
mer 63, bei Doktor Vogel. [1]

Vale! et scribe!

Wien, den 17. November 1827.

Geliebter Kleyle!

Mein Hals ward, statt besser, ärger. Besonders auf
der linken Seite hab' ich einen bedeutenden Schmerz. Ich
mußte also durch einen andern mich erkundigen, und habe
erfahren, daß Dein Bruder ohne Erlaubnis von der Re=
gierung wohl als außerordentlicher, keineswegs aber als
ordentlicher Schüler werde frequentieren können, daß die
Regierung übrigens, wenn man gute Zeugnisse vorlege,
keine Schwierigkeit mache. Ich zweifle also nicht, Dein
Bruder werde aufgenommen, nur glaub' ich, daß die Da=
zwischenkunft Deines Onkels, wenngleich nicht nötig, doch
von guter Wirksamkeit wäre. Willst Du es aber ohne den
letztern durchsetzen, so komm immerhin mit Deinem Bruder
hieher, und verwende Dich für ihn; ist das Resultat dennoch
ungünstig (was ich aber nicht glaube), so steht uns ja der

---

[1] Stiefvater Niembschens.

Weg um seine Fürsprache immer noch offen. Vorläufig soll
aber Dein Bruder jedenfalls sich als außerordentlicher Zu=
hörer mit dem Bemerken einschreiben lassen, daß er nur auf
den Bescheid der Regierung warte, um in einen ordentlichen
verwandelt zu werden. Ich bin höchlich erfreut, daß Du
Dich in einer so schönen Angelegenheit, dergleichen die ist,
zur Vereblung eines Menschen beizutragen, an mich gewendet
und Deinen Bruder meiner Freundschaft entgegenführst. Er
muß gut sein, weil Du ihn so liebst, und ich werde ihn mit
offenen Armen empfangen.

Leb wohl, lieber Freund, ich freue mich euch entgegen.

Dein
Niembsch.

Ich wollte schon gestern schreiben, allein mein Abgeord=
neter kam erst spät nachts nach Haus.

———

Wien, den 6. Juni 1828.

Teurer Freund!

Viel ist verronnen der Zeit, und viel des wechselnden
Schicksals, seit wir uns nicht gesehen! Wohl war es an
mir, Dir Worte des Trostes zu senden; allein trösten kann
nur der Ruhige, und ruhig war ich die ganze Zeit über,
dank meinem Geschicke, keine Stunde. Hätte ich Dir ge=
schrieben, so wären es bittere Tropfen gewesen, aus meinem
Kelche in Deinigen getropft; hätte Dir dies den Schmerzens=
trank versüßt? ich glaube nicht, denn das Virgilsche: Solamen
miseris socios habuisse malorum lautet mir so: Elenden
nur ist's Trost, Gefährten zu haben des Unglücks. Wundre
Dich nicht, lieber Freund, über meine Unruhe, und wirf mir
nicht vor, daß mir Gründe des Trostes und der Selbstauf=

richtung zu Gebote stünden, daß es meine Schuld wäre,
wenn sich dieselben an mir nicht bewährten. Bedenke viel=
mehr, daß, solange man kämpft, man nicht ruhig sein könne,
und daß mein Feind in meiner erregten Phantasie einen
unerschöpften Vorrat von Dolchen und Pfeilen finde. Wie
ein angeschossenes Wild durchirr' ich den Wald des Lebens,
je stärker mein Lauf, desto heftiger bluten meine Wunden! —
Doch verzeih' mir, mein Teurer, daß ich dennoch in den
Fehler verfiel, dessen Befürchtung mich abhielt, Dir bis jetzt
zu schreiben. Ich glaubte ruhiger zu sein, als ich die Feder
ergriff; doch einmal bis ins Mark verletzte Seelen bleiben
empfindlich auf immer, — eine flüchtige Erinnerung, und
die Brust ist in Aufruhr. Solche Seelen sind wie die Luft
auf sehr hohen Bergen. Man darf da, wie die Bergbewohner
sagen, kein Steinchen hinabwerfen, sonst steigen sogleich Nebel
auf. So leicht erschüttert ist die Gebirgsluft! —

Dein Schicksal führte Dich an zwei Leichen vorüber, —
gleichsam eine traurige Genugthuung, Dir zu zeigen, wie
wenig die Räuber Deines Glückes ihres Raubes froh werden
durften. Wahrlich, zu traurige Genugthuung! — Fast hat
mich der ganze Vorfall abergläubisch gemacht; denn fast
kommt es mir vor, als hafte Unsegen auf einem Bunde,
welcher seine Lust mit dem Salze fremder Thränen würzet,
und als nage dieser Unsegen am Gedeihen des Bundes. —
Die geliebte Leiche ist fort, aber Du hast ihr Bildnis auf
Deinen Herzgrund gemalt mit sanften Farben der Wehmut;
alles Gehässige haben Deine Zähren weggewaschen, Du ge=
denkst ihrer in Frieden. Vielleicht war sie mehr selbst ein
Raub, als eine Räuberin. Wir wollen es glauben. Eine
großmütige Beurteilung der Toten ist Wohlthat für unser

eigenes Herz, sollt' es auch dadurch mehr zu leiden haben. —
Der Sturm ist vorüber; doch noch bebt das Eichenlaub, und
schwere Tropfen fallen einzeln von ihm herab auf die Ge=
büsche. Der goldne Sonnenstrahl fällt wieder herein in den
Wald, aber auf manchen zerschmetterten Ast. — Ruhe sie
sanft! einst liebte sie Dich ja! — [1]

Lebe wohl, mein Kleyle, ich bin Dein warmer Freund

Niembsch.

Schreibe mir bald!

Wien, 15. August 1835.

Mein Mayer! [2]

Empfange meinen Jugendfreund und Schulkameraden
Friedrich Kleyle, dermalen Oberamtmann, freundlich. Er
ist sehr brav und liebenswert. Empfiehl ihn auch Deinem
Bruder in Wasseralfingen, wo er die Eisenwerke einzusehen
wünscht. Im September hoff' ich Dir zu danken für alles
Liebe, das Du ihm erzeigt haben wirst.

Deinen letzten Brief hab' ich mit großer Freude ge=
lesen. Deine wahre, edle Freundschaft dauert, und ich kann
sie nicht totschweigen, ich Sünder. Auch die meinige dauert
und wächst, wenn auch im stillen. Du dankst mir für den
Almanach; ich habe Dir zu danken, daß Du ihn unterstützt.
Der Almanach freut mich nicht mehr. Man hat ihn und
namentlich meinen Faust angespieen. Das kann mich nicht
beirren in meinem Streben als Dichter; aber es vergällt

---

[1] Es scheint von einer dem Freunde treulos gewordenen Geliebten
die Rede zu sein, während die Ursache des eigenen Schmerzes des
Schreibers unbekannt ist.

[2] Der Dichter Karl Friedrich Hartmann Mayer.

mir die Lust, den Leuten was vorzusetzen. Deine Bemer=
kungen über den Faust haben mich sehr erfreut. Das Ge=
dicht ist in wenigen Tagen fertig.

Fausts Tod ist bereits erfolgt. Ich bin begierig auf
Dein Urteil über die Finalwendung des Gedichts. Stünden
Vorreden vor Gedichten nicht gar so übel, so möcht' ich dem
Faust wohl ein einleitendes Wort der Verständigung vor=
schicken. Z. B. daß bei diesem Gegenstande eine abgeschlos=
sene, durchaus gegliederte Fabel gar nicht an ihrer Stelle
wäre, daß ich nur einzelne, zum Teil abgerissene Züge aus
seinen äußeren Erlebnissen hingestellt habe, zwischen welchen
durch die Perspektive in einen großen Hintergrund offen ge=
blieben, daß die einzelnen Fakta aus seinem Leben mehr
exemplifikativ und gleichsam als Repräsentanten von meh=
rern ähnlichen, ungenannten hingestellt seien, denn als de=
finitive Erzählung. Bei diesem Stoff kommt alles auf
psychologische und metaphysische Einheit an; die historische
würde nur schaden, weil sie zu begrenzend wäre u. s. w.

Deine Idee einer Satire über die Ergebnisse philo=
sophischer Systeme ist gut; aber für den Umfang meines
Gedichts würde so etwas nicht passen. Wäre die Satire
kurz, so wäre sie zu dunkel und unvollständig; wäre sie lang,
so wäre sie zu lang. Ueberdies könnte man mir's als eitles
Auskramen einer philosophischen Erudition mißdeuten. Deine
Gedichte sind allerliebst. Abendschwere ist wahrhaft schön.
Wenn der Almanach wieder erscheint, so bitte ich Dich
wieder um einen beträchtlichen Beitrag. Wenn Brodhag
Schaden hat, was bei der Ungunst der Rezensionen möglich
ist, so steh' ich ab vom Vertrag und geb' eine Sache auf,
die mich ohnedies nicht mehr freut.

Was macht unser Uhland? Grüße ihn von mir, wenn Du schreibst. Ich freue mich wieder recht auf euch, meine lieben Freunde!

Leb wohl! Brukmanns Tod thut mir leid. Er war ein guter Mann. Grüße Deine liebe Frau und Kinder, in specie mein Patchen.

Von ganzem Herzen

Dein

Niembsch.

———

Ohne Datum.

Mein lieber Kleyle!

Wir gehen schon seit dem ersten Jahre unsrer Weisheitsbeflissenheit miteinander um, und werden es thun bis zur letzten Prüfung, wie Du sagtest. Das freut mich recht, aber unser Umgang wird manchmal so still, als wäre es ein Umgang (Prozession) von guten Christen. Beide gehen wir unsres Weges hin, erreichen auch manche Station, eh' der eine oder der andre fragt: wie gefällt Dir der Weg, noch nicht müde? u. s. w. — Lieber Alter! laß nur manchmal Deine Stimme ein wenig hören, daß ich Dich nicht verliere! — Hast Du Dich in Friedeck noch nicht eingebürgert? Kennst Du Dich mit den Leuten noch nicht aus? — Schwerbegreifliche Naturen müssen es allerdings sein, denn Du versprachst mir, gleich nach angestelltem Scrutinium ingeniorum etwas darüber zu schreiben. Was mich betrifft, so hab' ich mich in Wien, überhaupt in der Welt noch nicht eingebürgert, ich komme mir vor wie ein Schlüssel, der in kein Schloß paßt, dann wieder wie ein wahrer Himmelsschlüssel, nämlich dann, wenn ich ein Gedicht gemacht, das mich, auf Augenblicke wenigstens, unter die Götter versetzt.

Ich glaube fürs praktische Leben nicht viel zu taugen, und hiebei tröstet mich bloß der Gedanke, daß schon Seneca einen Unterschied machte zwischen Menschen der Kontemplation und der Praxis, und beiderlei achtete.

Ich liebe auch sehr wenige von jenen Menschen, die dem praktischen Leben angehören. Du bist einer davon, drum bitt' ich Dich noch einmal, laß Deine Stimme manch= mal hören, damit ich mich nicht in irgend einem phantasti= schen Dickicht verliere! —

Deinen Nelkenbrecher hab' ich an Dworsag abgegeben. Hier erhältst Du ein Gedicht von mir; ich empfehle das Kind meines Herzens dem Deinigen. [1]

Lebe wohl!

Dein

Niembsch.

Lieber Freund!

Ich befinde mich in einer Verlegenheit, aus der Du mir durch ein Darlehen von 25 Gulden Konventionsgeld helfen kannst; kommst Du daher dadurch, daß Du mir diese Summe auf ein Jahr (denn bis dahin erhebe ich als voll= bürtiger Mensch 935 Gulden) vorstreckst, nicht in Unord= nung, so bitte ich Dich darum.

Wittman sagte mir von Deiner baldigen Ankunft in Wien, worauf ich mich recht freue, wenn nur nicht die Hof= räte Dich nicht wieder ausschließend für sich behalten. Das letzte Mal, als ich Dich bei Benko [2] erwartete, hatte ich eine

---

[1] liegt leider nicht bei.
[2] Benko's jetzt nicht mehr unter diesem Namen bestehendes Kaiser= haus auf dem Stephansplatze in Wien.

wahrhaftig elegische Stimmung; das Sterbegeläute, das
vom Dome dumpf herabklang, das Treiben der Menschen
auf dem Stephansplatze, die mir mehr als je dem Grabe
zuzueilen schienen, das vergebliche Harren auf Dich, und
eine schöne Stunde vor Deiner Abreise mit Dir — dies
alles stimmte mich zu einer sonderbaren Wehmut.

Nun lebe wohl, lieber Freund, und schreibe mir mög=
lichst bald, ob Du mir helfen kannst, damit ich meine Maß=
regeln danach nehmen kann. Vergiß aber ja die Bedin=
gung nicht, unter welcher ich Dich angehe, nämlich: sofern
es Dich nicht derangiert.

Dein Freund
Niembsch.

Meine Adresse ist:
bei Herrn Doktor Vogel abzugeben
auf der Wieden an der Wien beim
grünen Lamm Nr. 546, zweiter Stock.

———

Ohne Datum.

Lieber Freund!

Deinen Brief samt 25 Gulden Konventionsmünze hab'
ich erhalten. Ich danke Dir herzlich für Deine Gefälligkeit.
Du hast mir durch Deine schnelle Hilfe einen schönen Be=
weis Deiner Freundschaft gegeben, der mich, obwohl die
Verlegenheit groß war, aus der Du mich rissest, mehr freut
als die Hilfe selbst. Möchte doch einst Gelegenheit sich fin=
den, wo ich für Dich thätig werden könnte! Indes manet
alta mente repostum. Das Geld sollst Du vielleicht noch
vor einem Jahre zurückerhalten, damit ist aber meine Schuld
noch nicht bezahlt, Du hast noch immer Forderungen an

mich), solange ich im stande bin, wenn auch nur mit dem Aufgebot aller meiner Kräfte, dem Freunde zu dienen.

Lebe nun wohl, mein guter Kleyle, und besuche mich bald. In den Mittags= und Abendstunden findest Du mich zu Hause.

Dein wahrer Freund
Niembsch.

Wien, am Leopolditag. Das Datum weiß ich nicht.[1]

Lieber Freund!

Ich würde Dir die verlangte Auskunft in betreff Deines Bruders mit Vergnügen heute schon erteilen, wäre ich nicht fatalerweise gerade jetzt an mein Zimmer geheftet, indem ich mein gewöhnliches Uebel, Halsentzündung, eben jetzt habe. Doch morgen geh' ich aus, und kann ich's nicht, so schick' ich meinen Zimmergespann zum Baron Jaquin,[2] um mich umständlich zu erkundigen.

Als außerordentlicher Hörer wird er die Vorlesungen ohne weiteres besuchen, auch Prüfungen geben und Zeug= nisse bekommen können; allein um ordentlicher Hörer zu werden, dazu dürfte wohl besondere Erlaubnis erwirkt werden müssen. Auf welchem Wege dies zu geschehen habe, schreib' ich Dir morgen.

Mich freut es sehr, Dir zu dienen (doch das versteht sich von selbst); auch ein Quartier hätten wir schon, und zwar ganz in meiner Nähe, im selben Hause.

Morgen mehr.

Ich umarme Dich; Dein
Niembsch.

_____

[1] 15. November.
[2] Joseph Freiherr von Jaquin, geb. Schemnitz 7. Februar 1766, gest. Wien 1. Dezember 1839, Professor der Botanik an der Wiener Universität.

Teurer Kleyle!

Diesen Brief schreib' ich mit zerrißnem Geiste und ge=
brochnem Herzen. Meine gute liebe Mutter liegt auf ihrem
qualvollen Kranken= und Totenlager. Die schrecklichste der
Krankheiten, ein Gebärmutterkrebs, wütet bereits seit meh=
reren Monaten im Leben der Unglücklichen und zehrt
schleichend, unter unsäglichen Leiden, an dem kümmerlichen
Reste ihrer Kräfte. Das traurige Bild meiner hinschmach=
tenden Mutter wird mich mein Leben lang nicht verlassen.
Sie wird bald sterben, bald wird das treue Mutterherz still
stehn. Mir wird immer bänger, und ich sehe mich ängstlich
nach einem Herzen um, das für mich schlagen wird, wenn
jenes geliebte stillsteht. Freund! ich klopf' an Deine Brust.
Mir that Deine Liebe nie so not wie jetzt. Du bist einer
von den wenigen Menschen, die mir wirklich gut sind, viel=
leicht der einzige, wenn meine Mutter tot ist. Schreibe mir
bald, wie es Dir geht, denn ich glaube fast, Du seist auch
krank, auch ein Sterbender. Das böse Geschick bleibt ja
nicht gerne am halben Werke stehn; das meinige scheint
mir nehmen zu wollen, was ich liebe, scheint die Lampen
nacheinander austhun zu wollen, die mir mein dunkles Leben
bisher beleuchteten, damit ich im Finstern sei, und schlafen
gehe. Freund, mir ist schwer, schreibe mir bald.

Dein treuer

Niembsch.

_____

Wien, den 13. Februar.

Mein teurer Freund!

Keine Apologie, nicht einmal eine Entschuldigung; denn
das sind nur Manieren der Weltleute, die sich früher an=

melden lassen. Ich schlage keine Brücke über die Kluft unsres beiderseitigen langen Schweigens, sondern lasse mich durch den Flug meines Herzens hinüber tragen und werfe mich Dir in die Arme. Also sei mir gegrüßt, Du lieber guter Kleyle! Diesen Brief schreib' ich Dir im Zimmer und in der Nähe meiner Bertha; es ist daher natürlich, daß ich ihn mit der Nachricht eröffne, daß ich noch immer so glücklich bin, dies Mädchen mein zu nennen, daß mein Ge= müt, vom Odem dieses warmen, fühlenden Mädchens an= gefacht, manche Blüte seliger Empfindung treibt, kurz, daß ich mein Schicksal preise, sollt' es mir auch nichts mehr geben als einen Freund wie Dich, und eine Geliebte wie sie.

Möchte doch wahr werden, was Du in Deinem letzten Briefe sagtest, daß Du nach Wien kommst! Das ist eine schöne Aussicht für mich, wenn nur nicht wieder die Not= wendigkeit, die unerbittliche, mich behandelt wie ein strenger Festungskommandant, der seine armen Gefangenen auf den Basteien wandeln läßt und hinabschauen ins lachende Thal, aber die Thore nicht öffnet!

Auch unsre Studien sollen nun zusammentreffen! Freund! es scheint, als ob wir immer mehr und mehr verbunden werden sollten, da sich nun selbst die Götter (Themis) ins Spiel mengen, und mir wird diese heidnische Gottheit nun lieber als mancher katholische Kalenderinhaber, da sie mir meinen Kleyle zuführen soll! — — Auch ich bin Privat= student, also noch um ein gemeinschaftliches Merkmal mehr!

Nun zu den Neuigkeiten! Daß ein päpstliches Auf= gebot an alle Rechtgläubigen erging, sie zu einer Promenade nach Rom zu bewegen, wirst Du doch wissen. Der gute

Hirt will nun seine Schafe versammeln und einen beiläu=
figen Ueberschlag machen, wie viele dieser frommen Tiere
ihm der Wolf Aufklärung geraubt haben dürfte. Bald
säuseln mildere Lüftchen, und sieh! es schwärmt der katho=
lische Bienenstock! — Sei nicht ungehalten, daß ich das Wollen=
vieh so plötzlich zu Honigsaugern mache; Schafe sind ja gedulbig.

Hier folgen noch einige Gleichnisse:

Es gibt jetzt Dichter (leider sind die meisten unsrer
Wiener Lyrabengel derart), die in ihren Gedichten pure,
pure Phantasie haben, und gar, gar keinen Verstand. Wer
nun ihre Gedichte lesen will, muß seinen Verstand ablegen,
wie einer, der in einen Pulverturm tritt, seine mit Eisen
beschlagenen Stiefel ablegen muß, damit das Gebäude von
den Feuerfunken nicht in die Luft gesprengt werde! Solchen
Dichtern ist der leibige Verstand Ballast, so sie im Steigen
hindert; also hinunter den Sandsack! —

Die Seele eines Dummkopfs gleicht einem schlechten
Magen, der mit einer antiperistaltischen Bewegung alles
Genossene unverdaut von sich stoßt. —

Hier, in Wien, gibt es schlechte Leute, die fremde Kinder
stehlen, um damit betteln zu gehen. Nichtoriginale Dichter!
wie gleicht ihr diesen Leuten! —

Rezensenten tadeln das beste Werk. Finden sie daran
keine Stelle, an die sie ihre spitzen Zähne setzen können, so
verschlingen sie es ganz (denn sie haben gewöhnlich ein großes
Maul) — indem sie den Inhalt desselben anzeigen — und
setzen es dann ab; — nur hat dann das Werk leider an
Farbe, Gestalt und Geschmack verloren. —

Wenn ich einen Laternbuben aufnehme und ihn —

— — — — — — —

Und nun kein Gleichnis mehr!

Was die Büchersendung betrifft, so muß ich Dir leider melden, daß derjenige, dessen Bücher ich Dir zu senden gedachte, nicht ganz vorurteilsfrei ist und Ungarn als Land der Barbarei betrachtet, wohin er seine Bücher nicht wagen will.

Nun lebe wohl zu tausendmal, mein lieber Kleyle! Und sei versichert, daß ich ganz der Deinige bin.

Niembsch.

Schreibe mir bald und adressiere den Brief wie den letzten.

Gedichte an Sophie.

———

Nicht alle Leser, welche sich in die voranstehenden Briefe und Tagebuchblätter vertieft haben, sind auch im Besitze der gesammelten Gedichte Lenaus und dürften sich wohl lebhaft angemutet fühlen, die von dichterischer Phantasie verklärten, rhythmisch geformten Gedanken und Gefühle an die von ihm so heiß geliebte Frau zu lesen.

Nur drei sind in den Biographien Lenaus, als an sie gerichtet, kennbar gemacht, während sechszehn, aber zerstreut in verschiedenen Abteilungen des lyrischen Buches enthalten sind und als allgemeine, an Unbekannte gerichtete Liebeslieder erscheinen.

Wir fassen diese kostbaren Edelsteine zusammen, um sie, in einen Kranz gefügt, auf das bleiche Haupt der Hingeschiedenen zu legen, die, wie ihr Dichter, selbst eine Märtyrerin des Lebens und der Liebe war.

———

Zueignung.

Von allen, die den Sänger lieben,
Die, was ich fühlte, nachempfanden,
Die es besprochen und beschrieben,
Hat niemand mich wie du verstanden.

Des Herzens Klagen, heiß und innig,
Die, liebgeworden, ihm entklangen,
Hat deine Seele, tief und sinnig,
Getreuer als mein Lied empfangen.

Die Schauer, die mein Herz durchwehten,
Die unerfaßlich meinem Sange,
Sie sprachen, tröstende Propheten,
In deines Wortes süßem Klange.

Und durft' ich ahnend in den Bronnen
Der göttlichen Gedanken sinken,
So sah ich klar die dunklen Wonnen
In deinem schönen Auge blinken.

Der Himmel taut in finstern Hainen
Zum Lied der Nachtigallen nieder,
Und deine Augen sah ich weinen
Herab auf meine bangen Lieder.

Seh' ich der Augen Zauberkreise
Gesenkt, geschwellt, in trauter Nähe,
Ist's, ob ich beine Seele leise
Die Luft der Tugend atmen sehe.

Dein ist mein Herz, mein Schmerz dein eigen,
Und alle Freuden, die es sprengen,
Dein ist der Wald mit allen Zweigen,
Mit allen Blüten und Gesängen.

Das Liebste, was ich mag erbeuten
Mit Liedern, die mein Herz entführten,
Ist mir ein Wort, daß sie dich freuten,
Ein stummer Blick, daß sie dich rührten.

Und sollt' ich nach dem hellen Ruhme
Mich manchmal auch am Wege bücken,
So will ich mit der schönen Blume
Nur, Freundin, dir den Busen schmücken.

An eine Freundin.

Dichterherzen können segnen,
Wenn sie lieben; fremd und rauh
Meinem Herzen zu begegnen,
Hüte dich, du schöne Frau!

Eine Sage läßt dich grüßen,
So ich im Gebirg vernahm,
Als ich einst, vor Wettergüssen
Flüchtend, in ein Hüttlein kam:

In den tiefsten Einsamkeiten,
Zwischen Felsen, ruht ein See;
Dem entstieg ein Geist vor Zeiten,
Kam den Menschen in die Näh'.

Kam ins Dorf, erschien beim Feste,
Brachte Segen in das Haus;
Und es blickten Wirt und Gäste
Oft gar sehnlich nach ihm aus.

Plötzlich stand er unter ihnen,
Trug ein dunkles Mönchsgewand!
Doch der Mann mit ernsten Mienen
Freud' an ihrer Freude fand.

Gerne weilt' er eine Stunde,
Nickte und verlor sich sacht
In den See, zum stillen Grunde
Taucht' er heim um Mitternacht.

Glücklich ward die Braut gepriesen,
Wenn er kam und ihr zum Tanz
Brachte von verborgnen Wiesen
Fremder Blumen einen Kranz.

Wohlgeruch durchquoll das Zimmer,
Schöner blühte dann die Braut,
Ward im gleichen Jugendschimmer
Viele Jahre noch geschaut.

Mutter ward sie guter Kinder,
Haus und Feld gedieh; bis spät
Sie der Tod, ein leiser, linder,
Ueberraschte beim Gebet.

Einst mit rauher Ungebühre
Sprach ihm eines was zu leid;
Traurig schwieg er, und zur Thüre
Schwand der Saum von seinem Kleid.

Und sie sahn vom Ufer nieder,
Riefen, klagten je und je;
Doch es kam der Geist nie wieder,
Blieb in seinem tiefen See.

An *

O, wag' es nicht, mit mir zu scherzen,
Zum Scherze schloß ich keinen Bund;
O, spiele nicht mit meinem Herzen;
Weißt du noch nicht, wie sehr es wund?

Weil ich so tief für dich entbrannte,
Weil ich mich dir gezeigt so weich,
Dein Herz die süße Heimat nannte
Und deinen Blick mein Himmelreich:

O, rüttle nicht den Stolz vom Schlummer,
Der süßer Heimat sich entreißt,
Dem Himmel, mit verschwiegnem Kummer,
Auf immerdar den Rücken weist.

Erinnerung.

Einst gingen wir auf einer Bergeswiese;
Tief atmend tranken wir die Blumenseelen,
Das Bächlein kam herab, uns zu erzählen
Den unvergeßnen Traum vom Paradiese.

Wir sahn das Abendrot die Gipfel färben,
Es war ein Spiel vom schönsten Alpenlichte,
Doch wandt' ich mich nach deinem Angesichte,
Das strahlte mir wie Liebe ohne Sterben.

Bald war den Bergen ihre Glut entschwunden
Und wird vielleicht so schön nie wiederkommen;
Auch deinem Antlitz war der Strahl genommen,
Ich sah ihn nicht in allen spätern Stunden.

Hat mich vielleicht in deinen Zaubermienen
Der Wiederschein der Sonne nur geblendet?
Auch dann ein Strahl der Liebe, die nicht endet,
Doch besser wär's, mir hätt' er nicht geschienen.

Die Blumenmalerin.

Brach ein Leben bei den heitern Griechen,
Bog der Freund sich auf den Todessiechen,
Aufzuküssen seinen letzten Hauch.
Blumen, euch in der krystallnen Vase
Fiel ein schönes Los im Sterben auch!

Eure holden Aeuglein blicken trüber,
In den bleichen Todesschlaf hinüber
Neigt ihr schon die Häupter traurig matt;
Während eure Blätter sich entfärben,
Während eure schönen Blüten sterben,
Blüht ihr auf an diesem weißen Blatt.

Blumen, eure letzten Blicke flehen:
„Schöne Freundin! laß uns nicht vergehen!

Tröste unser flüchtiges Geschick!
Deinen zauberischen Pinsel tauche
Eilig noch in unsre Sterbehauche,
Küss' die Seele auf in deinen Blick!"

Und sie blickt und malt und blicket wieder,
Blum' an Blume neigt getrost sich nieder,
Wenn ihr Bild der Freundin schön gelang.
Und es wagt die lieblichste der Frauen
Nicht, vom schönen Werke abzuschauen,
Vom besiegten Blumenuntergang.

Thränenpflege.

Ach, Freundin, ich habe dich gestört
In deinem verborgnen Weinen;
Nun hast du zu weinen aufgehört,
Und ruhig willst du scheinen.

Wenn deine Züge verhüllend auch
Vor deinen Schmerz sich reihen,
Und ihn nicht nennt der Lippen Hauch,
Ich hör' ihn im Herzen schreien.

Pfleg' deinen Schmerz mit Thränen lind,
Als eine weinende Aja;
Einschläfre ihn, als wie ihr Kind
Die Mutter im Himalaja.

Sie legt das Kind im Schattengestein
Dem Tropfbach unter, vertrauend;
Die leisen Tropfen schläfern es ein,
Ihm auf die Wangen tauend.

Frage nicht.

Wie sehr ich dein, soll ich dir sagen?
Ich weiß es nicht und will nicht fragen;
Mein Herz behalte seine Kunde,
Wie tief es dein im Grunde.

O still! ich möchte sonst erschrecken,
Könnt' ich die Stelle nicht entdecken,
Die unzerstört für Gott verbliebe
Beim Tode deiner Liebe.

———— —

Wunsch.

Fort möcht' ich reisen
Weit, weit in die See,
O meine Geliebte,
Mit dir allein!

Die Dränger und Lauscher
Und kalten Störer,
Sie hielt' uns ferne
Der wallende Abgrund,
Das drohende Meer.
Wir wären so sicher
Und selig allein.
Und käme der Sturm,
Ich würde dich halten
An meiner Brust.
Wenn donnernde Wogen
Zum Himmel schlügen,
Doch höher schlüge
Mein trunkenes Herz;
Und meine Liebe,
Die ewige, starke,
Sie würde frohlockend
Dich halten im Sturm.

Du würdest zitternd
Mir blicken ins Auge
Und würdest erblicken,
Was nimmer scheitert
In allen Stürmen,
Und würdest lächeln
Und nicht mehr zittern.

Sieh, nun ermüdet
Der tobende Aufruhr,
In Schlummer sinken
Die Wellen und Winde,
Und über den Wassern
Ist tiefe Stille.
Da ruhst du sinnend
An meiner Brust,
So tiefe Stille:
Mein lauschendes Herz
Hört Antwort pochen
Dein lauschendes Herz.
Wir sind allein,
So selig und sicher;
Doch flüsterst du leise,
Um nicht zu stören
Das sinnende Meer.
Nur sanft erzittern
Die Lippen dir,
Die schwellenden Blätter
Der süßen Rose;
Ich sauge dein Wort,
Den klingenden Duft
Der süßen Rose.

Im Osten hebt sich
Der klare Mond,
Und Gott bedecket
Den Himmel mit Sternen.
Und ich bedecke,

Selig wie er,
Dein liebes Antlitz,
Den schönern Himmel,
Mit feurigen Küssen.

An *

Ach, wärst du mein, es wär' ein schönes Leben!
So aber ist's Entsagen nur und Trauern,
Nur ein verlornes Grollen und Bedauern;
Ich kann es meinem Schicksal nicht vergeben.

Undank thut wohl und jedes Leid der Erde;
Ja! meine Freund' in Särgen, Leich' an Leiche,
Sind ein gelinder Gram, wenn ich's vergleiche
Dem Schmerz, daß ich dich nie besitzen werde.

Meine Furcht.

O stürzt, ihr Wolkenbrüche,
Zum Abgrund nur hinab!
O reißt, ihr Sturmesflüche,
Die Wälder in ihr Grab!
O flammt, ihr Blitzesgluten,
O rase, Donnerklang!
Ihr könnt mich nicht entmuten,
Mir wird vor euch nicht bang.
Wenn ihr aufs Herz mir zielet,
Euch acht' ich Kinder nur;
Daß ihr Vernichten spielet,
Entsprangt ihr der Natur!
Wohl spott' ich Sturmesgrimme
Und wildem Donnerscherz;
Und doch vor einer Stimme
Erzittert mir das Herz;
Die schnell das Herz mir bräche,
Die Stimme fürcht' ich sehr,
Wenn die Geliebte spräche:
Ich liebe dich nicht mehr!

Wunsch.

Urwald, in deinem Brausen
Und ernsten Dämmerschein
Mit der Geliebten hausen
Möcht' ich allein — allein!

Von deinen schlanksten Bäumen
Baut' ich ein Hüttlein traut
Mir aus zu Himmelsräumen:
O komm, du schöne Braut!

Ich legte Moosgebreite
Weich unter ihren Schritt,
Und meine Liebe streute
Ich unter ihren Tritt.

Für sie das Wild erjagen,
Aus tiefster Schlucht empört!
Für sie den Feind erschlagen,
Der unsern Frieden stört!

Ich würd' in Mondesnächten,
Beim stillen Sternentanz,
Von wilden Liedern flechten
Um meine Braut den Kranz;

Und in den Abendgluten
Am Fels hier oben stehn,
Mit ihr die Donnerfluten
Zum Abgrund stürzen sehn;

Und weit hinunter blicken
Ließ' sie mein starker Arm;
Wie würd' ich sie dann drücken
Ans Herz so fest und warm!

Einsamkeit.

Wild verwachsne, dunkle Fichten,
Leise klagt die Quelle fort;
Herz, das ist der rechte Ort
Für dein schmerzliches Verzichten!

Grauer Vogel in den Zweigen!
Einsam deine Klage singt,
Und auf deine Frage bringt
Antwort nicht des Waldes Schweigen.

Wenn's auch immer schweigen bliebe,
Klage, klage fort; es weht,
Der dich höret und versteht,
Stille hier der Geist der Liebe.

Nicht verloren hier im Moose,
Herz, dein heimlich Weinen geht,
Deine Liebe Gott versteht,
Deine tiefe, hoffnungslose!

Bei Uebersendung eines Straußes.

In den trüben, in den kalten
Tagen, die uns heimgesucht,
Hat der Herbst auf ihrer Flucht
Letzte Blumen aufgehalten,
Um sie dir zu schenken!
Diesem Herbste will ich gleichen:
Wenn auf meine lauten Wälder,
Blumigen Gedankenfelder
Mir die Todeslüfte streichen,
Daß sie schweigen und verblühn,
Will ich mit dem letzten Grün
Deiner noch gedenken.

Tod und Trennung.

Gottes Milde mocht' es fügen,
Liegt ein Mensch in letzten Zügen,
Stehn am Sterbepfühl die Seinen,
Daß sie müssen weinen, weinen;

Daß sie nicht vor Thränen schauen
Das unnennbar bange Grauen,
Wie der Geist verläßt die Hülle,
Letztes Zucken, tiefe Stille.

Weh den Thränenlosen, wehe,
Der sich wagt in Sterbens Nähe,
Denn ihm kann durchs ganze Leben
Jenes Grauen heimlich beben.

Doch ein Anblick tiefrer Trauer,
Bänger als des Sterbens Schauer,
Wär' es, könnt' ein Aug' es fassen,
Wie zwei Herzen sich verlassen.

Traurige Wege.

Bin mit dir im Wald gegangen;
Ach, wie war der Wald so froh!
Alles grün, die Vögel sangen,
Und das scheue Wild entfloh.

Wo die Liebe frei und offen
Rings von allen Zweigen schallt,
Ging die Liebe ohne Hoffen
Traurig durch den grünen Wald. —

Bin mit dir am Fluß gefahren;
Ach, wie war die Nacht so mild!
Auf der Flut, der sanften, klaren,
Wiegte sich des Mondes Bild.

Lustig scherzten die Gesellen;
Unsre Liebe schwieg und sann,
Wie mit jedem Schlag der Wellen
Zeit und Glück vorüberrann. —

Graue Wolken niederhingen,
Durch die Kreuze strich der West,
Als wir einst am Kirchhof gingen;
Ach, wie schliefen sie so fest!

An den Kreuzen, an den Steinen
Fand die Liebe keinen Halt;
Sahen uns die Toten weinen,
Als wir dort vorbeigewallt?

——————

Der schwere Abend.

Die dunklen Wolken hingen
Herab so bang und schwer,
Wir beide traurig gingen
Im Garten hin und her.

So heiß und stumm, so trübe
Und sternlos war die Nacht,
So ganz, wie unsre Liebe,
Zu Thränen nur gemacht.

Und als ich mußte scheiden
Und gute Nacht dir bot,
Wünscht' ich bekümmert beiden
Im Herzen uns den Tod.

——————

Lenau-Denkmale.

Es ist keine unbedeutende Anzahl von Denkmalen, die dem Dichter nach seinem Scheiden gewidmet worden sind:

In seiner Geburtsstadt Csatad ist eine Gedenktafel angebracht an dem Hause, wo er geboren worden ist.

Eine ähnliche in Deutsch-Altenburg, wo Lenau seine agrarischen Studien betrieb.

In Weidling, im Wäldchen, das an den Friedhof grenzt, wo er begraben ruht, und in welchem er die „Waldlieder" dichtete.

Eine Büste von dem französischen Bildhauer Leroux, die sich im Besitze des Großindustriellen Friedrich Otto Schmidt in Wien befindet.

Eine Statuette in ungarischem Pelzrock, vom Bildhauer Joseph Hirschhäuter, und von demselben ein kleines Reliefbild.

Die Totenmaske Lenaus befindet sich im städtischen Museum in Wien.

Das bedeutendste Denkmal ist jedoch dasjenige, das dem Dichter auf Anregung des Schreibers dieser Zeilen eben jetzt, zugleich mit dem seines unsterblichen Freundes Anastasius Grün auf dem Schillerplatze in Wien errichtet

Lenaudenkmal auf dem Schillerplatz in Wien
1891.

wird, und in dem vorliegenden Buche abgebildet ist. Dasselbe, eine sieben Schuh hohe Herme, ist von dem Bild= hauer Karl Schwerzek aus weißem Marmor geformt und stellt den Dichter porträtähnlich in seinen jüngeren Mannes= jahren dar. Die unter der Büste im Relief emporschwebende, nach dem Abendstern blickende Gestalt ist die der Melan= cholie. Ein vergoldeter Kranz von Nachtviolen umgibt die Herme, an deren Fuße ein Genius angebracht ist, der einen Schmetterling auf seiner Rechten wehmütig betrachtet — anspielend auf das Gedicht „Der Schmetterling", mit dem der Dichter sein episch=dramatisches Gedicht „Faust" ein= geleitet hat. Gegenüber dem Genius ist das Brustbild der Sphinx.

Die Abbildung des Grabmales Lenaus in Weidling ist in den „Gesammelte Werke" (J. G. Cotta 1855) ent= halten. Der Bildhauer Joseph Hirschhäuter[1] hat es aus geschliffenem grauem Granit hergestellt. Ein Lorbeerkranz umschlingt das Medaillon des Dichters und zeigt keinen andern Schmuck als den Namen Lenau. Das häufig auf katholischen Grabsteinen übliche Kreuz fehlt. Der letztere Umstand wurde von einem Berichterstatter der Enthüllungs= feierlichkeit hervorgehoben, wie bedeutungsvoll es sei, daß auf dem Grabsteine dieses Toten sich kein „frömmelndes Kreuz" erhebt.

Der Verfasser mußte das, zur Zeit des damals zu Recht bestehenden Konkordats mit Kerkerstrafe büßen. Seiner unbedachten Aeußerung verdanken wir aber nachfolgende

---

[1] Joseph Hirschhäuter, geb. 1801 in Wien und daselbst gestorben am 26. April 1859.

geniale Betrachtung von der unsterblichen Freundin des Dichters.

„Kein frömmelndes Kreuz! Nur der Name Lenau prangt am Monument. Hätte nicht gerade zu diesem Namen ein Kreuz gepaßt? Der Mann, der diesen Namen trug, hat das Kreuz getragen und das Kreuz geliebt. Als Kind hat er gläubig das Glöcklein geschwungen, das die Erschei- nung des Herrn ankündigt, und die Wolken des Rauch- fasses trugen seine Seele zu den Füßen des Herrn. Was aber das Kind geliebt hat, das bleibt eins mit der ganzen süßen Kinderzeit, und daran muß der Mensch sein Leben- lang zurückdenken mit wehmütiger Neigung. Daher, wenn auch dem Jüngling, im Gefühle seiner wachsenden Kraft, im Uebermut des ersten Wissens, der Glaube entbehrlich schien, wenn der gereifte Mann, durch die Feindseligkeit seines Schicksals zum Kampfe gereizt, ‚mit den höchsten Mächten begann zu habern und zu rechten,‘ konnte doch ein geringfügiger Anlaß genügen, die bewegliche Dichter- seele aus der Wüste des Zweifels in die Oase des Glaubens zurückzuführen, die sie durch alle Irrfahrten hindurch an- heimelte, wie ihre Kinderzeit. Sagt doch Faust selbst in der Stunde der Versuchung: ‚Den Herrn nicht lieben, wäre schwer.‘ Er strebt durch Genuß und Schuld hindurch nach der Wahrheit. Auf dem Boden des Bechers im Herzen des Weibes, selbst in der klaffenden Todeswunde des Fein- des, sucht er Anfang und Ende alles Seins, sucht er den Herrn.“ Ein von mir an den Sänger gerichtetes Gedicht, in welchem ich tiefen Kummer über den Grund seiner unseligen Verstimmung und den Wunsch, ihn zu heilen, aussprach, ver- anlaßte ihn zu einer schriftlichen Erwiderung, in der es heißt:

„Diesem Liebe verdank' ich meinen Savonarola." Die Geschichte dieses Märtyrers war ein würdiger Rahmen für des Dichters neu erwachte Liebe zu einem persönlichen Gotte. Das war vielleicht die glücklichste Zeit des Dichters. Er schrieb in einem Briefe an mich: „Der Zauber, das Schöne, Unvergeßliche, Alleinbeseligende der Persönlichkeit, die tiefe Bedeutung der Individualität ist mir aufgegangen; ich lerne mich freuen an der individuellen Schranke, und die bemütige Freude hieran, verbunden mit der Liebe zum Schöpfer, ist Religion. Die manchmal noch erwachende, zerstörende Heftigkeit meiner Seele ist ein manchmaliger Rückfall in böse alte Stimmungen, ein plötzlicher Aufschrei meiner heidnischen Zeit. Zuweilen naht sich meinem frieblichen Hause ein wildes Tier aus jener Wüste, in welcher ich mich einst herumgetrieben, und schreit nach mir und will mich zurückrufen. Aber ich folge nicht, ich bleibe bei Gott. Ich habe in früherer Zeit an der Unsterblichkeit gezweifelt, jetzt lehrt mich die Not, mich an diesen Glauben zu klammern; ich muß Vergeltung hoffen, wenn ich nicht ganz verzweifeln und alles hinwerfen und zerbrechen soll." Aber auch auf den empörten Wogen der Leidenschaft in den „Albigensern" wandelt der milde Christus Savonarolas. Den Traum im „Nachtgesang" hat Lenau wirklich geträumt, und die süße Stimme, die ihm „Guten Abend, Freund, und gute Reise" zuruft, war ihm die Stimme eines Himmlischen. Wenn gläubiges Festhalten an dem Schöpfer, erbarmende Liebe zu den Geschöpfen, wenn begeistertes Streben nach dem Wahren und mutiges Ringen mit dem Falschen, wenn Lieben, Leiden und Entsagen — Kennzeichen eines Nachfolgers Jesu sind, so setzt auf Lenaus Denkmal ein Kreuz!"

Dieser Charakteristik des Dichters möge sich eine zweite anschließen, die wohl schon berühmt geworden, aber nicht in aller Hänen ist. Sie macht begreiflich, daß der Dichter den Geist der von ihm geliebten Frau sich „ebenbürtig“ erklärte. Kein schöneres Denkmal konnte sie dem Dichter und sich selbst niederschreiben. So anschauen kann nur ein Geist, dem hohe dichterische Begabung eigen ist:

„An Anastasius Grün würde es mich nicht gemahnt haben, was ich neulich auf der Donau sah, und was mich so heftig und schmerzlich an Sie mahnte. Ein armer Kroate oder Slowake oder Landsmann von Ihnen, ein Wallfahrer, wie deren neulich eine ganze Schiffsladung bei Mariataferl ertrunken ist, trieb in einem kleinen Kahn auf der Donau. Im ärmlichen Zwilchkittel stand er in seinem Fahrzeug und ruderte lässig dahin und dorthin, planlos, und schaute mit seinen dunkeln, schwermütigen Blicken den bewegten Wellen nach, unbekümmert um die Leute am Ufer, die seinem wunderlichen Treiben zusahen. Seinen Hut mußte er weggeworfen haben, den bloßen Kopf setzte er der Sonne aus, kein Kleidungsstück, kein Brot, keine Flasche hatte er in seinem Kahn, nur einen großen, vollen, grünen Kranz, den er an seinem Pilgerstabe, am Vorder=teile des Schiffchens wie eine Flagge befestigt hatte. War das nicht das Bild eines echten Dichters? Ihr Bild, lieber Niembsch? Haben Sie nicht auch im Leben so herumgetrieben, im leichten Kahn, auf dem wilden, dunklen Strom, nach keinem Ufer ausblickend, mit weggeworfenem Hute, und nur den Kranz bewahrend statt allen irdischen Gutes? Und wenn die andern, besonnenen, klugen Leute sorgfältig die Schlaf=mützen und Hüte und alle Arten von Kopfbedeckungen auf ihre Schädel stülpten, haben Sie nicht Ihr edles, schönes Haupt der Sonne und den Blitzen, dem Schnee und den Stürmen preisgegeben, von dem schönen, grünen, ewig grünen Kranz umschlungen, aber nicht geschützt? O die schlanken, glatten Lorbeerblätter schmücken die Stirne nur, sie behüten sie nicht, sie halten die Unbild dieser rauhen Zeit nicht ab, und darum, darum sind Sie krank! Ich habe ihm lange nachgesehen, dem armen Landsmanne, und an seinen Landsmann gedacht mit quälender Sehnsucht."

Verlag von A. Hartleben in Wien und Leipzig.

Gesammelte

Poetische Werke

von

Ludwig August Frankl.

3 Bände. Geheftet M. 9.— Gebunden M. 11.70.

Inhalt:

I. Band: Lyrische Gedichte. 5. Aufl.

II.   „   Balladen, Romanzen, Legenden. 3. Aufl. — Alexander der Große.
3. Aufl. — Salomo. 3. Aufl.

III. „   Rachel, Biblisches Gedicht. 7. Aufl. — Der Primator. 4. Aufl. —
Cristofero Colombo. 3. Aufl. — Don Juan de Austria. 3. Aufl. —
Gusle, Serbische Heldenlieder. 2. Aufl. — Satiren: Hippokrates
und die moderne Medizin. 5. Aufl. — Hippokrates und die
Cholera. 3. Aufl. — Hippokrates und die Charlatane. 3. Aufl.

Verlag von A. Bonz & Cie. in Stuttgart.

Episches und Lyrisches

von

Ludwig August Frankl.

Geheftet M. 3.— Gebunden M. 4.—

Fortsetzung s. a. d. 4. Seite.

Briefwechsel zwischen Goethe und Marianne von Willemer (Suleika). Herausgegeben mit Lebensnachrichten und Erläuterungen von Th. Creizenach). 2. vermehrte Auflage. Mit 2 Porträts „Mariannens" und einer Ansicht „Die Gerbermühle bei Frankfurt a. M."   Preis geheftet M. 1. —

Briefwechsel zwischen Schiller und Goethe. Mit 1 Titelbild in Holzschnitt (das Schiller- und Goethe-Denkmal in Weimar darstellend) und 2 Brief-Faksimiles. 4. Auflage. 2 Bände.   Preis geheftet M. 7.

Briefwechsel zwischen Schiller und Wilhelm von Humboldt. Mit einer Vor-erinnerung über Schiller und den Gang seiner Geistesentwickelung von W. v. Humboldt. 2. vermehrte Ausgabe.   Preis geheftet M. 5. —

Briefwechsel zwischen Schiller und Cotta. Herausgegeben von Wilhelm Vollmer. Mit dem Porträt J. F. Cotta's.   Preis geheftet M. 12. —

Dünter, H., Charlotte von Stein, Goethes Freundin. Ein Lebensbild, mit Benutzung der Familienpapiere entworfen. Mit 3 Abbildungen und 1 Faksimile. 2 Bände.   Preis geheftet M. 16. —

Dünter, H., Charlotte von Stein und Corona Schröter. Eine Verteidigung.   Preis geheftet M. 4. 50.

Goethe und Werther. Briefe Goethes, meistens aus seiner Jugendzeit, mit erläuternden Dokumenten. Herausgegeben von A. Kestner. Mit einem Porträt, 1 Silhouette und 3 Faksimiles. 2. Auflage. Preis geheftet M. 4. —

Schillers Beziehungen zu Eltern, Geschwistern und der Familie von Wolzogen. Aus den Familienpapieren mitgeteilt. Mit 4 Porträts.   Preis geheftet M. 3. —

Schiller und Lotte. 1788—1805. Bearbeitet von Wilhelm Fielitz. Mit Porträt Schillers und der Lotte von Lengefeld, nebst einer Silhouette „Charlotte von Lengefeld im Jahre 1784". 2., den ganzen Briefwechsel umfassende Ausgabe.   Preis geheftet M. 4. —

Schiller, Charlotte von, und ihre Freunde. Mit 6 Abbildungen in Steindruck und Holzschnitt. (Herausgegeben von Ludwig Urlichs.) 3 Bände.   Preis geheftet M. 8. —

Druck der Union Deutsche Verlagsgesellschaft in Stuttgart.